唐山师范学院学术著作出版资助
2019年河北省社会科学基金项目：
2022冬奥会张家口冰雪遗产开发与文化记忆研究（HB19TY008）

百年冬奥遗产开发研究

何胜保　著

人民体育出版社

图书在版编目（CIP）数据

百年冬奥遗产开发研究 / 何胜保著. -- 北京：人民体育出版社，2023
ISBN 978-7-5009-6415-5

Ⅰ.①百… Ⅱ.①何… Ⅲ.①冬季奥运会—文化遗产—资源开发—研究—世界 Ⅳ.①G811.212

中国国家版本馆CIP数据核字(2023)第241885号

人民体育出版社出版发行
北京中献拓方科技发展有限公司印刷
新 华 书 店 经 销

710×1000　16开本　12.5印张　233千字
2023年12月第1版　2023年12月第1次印刷

ISBN 978-7-5009-6415-5
定价：62.00元

社址：北京市东城区体育馆路8号（天坛公园东门）
电话：67151482（发行部）　　邮编：100061
传真：67151483　　　　　　　邮购：67118491
网址：www.psphpress.com

（购买本社图书，如遇有缺损页可与邮购部联系）

序

冬奥会运动项目起初被列入夏奥会中举办，后来，冰雪运动地位和普及程度不断提高，最终从夏奥会中独立出来。冬奥会自1922年倡议通过至2022年北京冬奥会的胜利召开，恰值百年历程，越来越得到人们的认可，赛事项目、赛事规则、场馆要求等也在不断完善，如今已发展成为一项成熟的奥运盛会。北京冬奥会作为百年冬奥发展历程中的关键节点，无论于世界而言还是于中国而言，都极具标识性符号学意义。北京冬奥会的申办、举办站在"两个一百年"奋斗目标交汇的历史节点，为展现国家形象、振奋民族精神提供了重要契机。北京冬奥会自成功申办以来，紧紧围绕习近平总书记关于冬奥会筹办工作的指示精神，对标绿色、共享、开放、廉洁的办奥理念和简约、安全、精彩的办赛要求，以高度的责任感、使命感，高质量、高标准整体推进赛会发展，将赛会服务和属地运行管理精准推进，区域协调发展和产业升级潜能提升，场馆和基础设施从"建好"到"用好"优化提升，全力谱写精彩、非凡、卓越的奥运经典，对于这些过程中的遗产开发彻底把冬奥会推向高潮，彰显社会主义国家办赛的制度优势，并向世界发出了"言必行，行必果"的大国时代强音。习近平总书记在北京冬奥会、冬残奥会总结表彰大会上指出，在冬奥会申办、筹办、举办过程中，共同创造了胸怀大局、自信开放、迎难而上、追求卓越、共创未来的北京冬奥精神。这也是北京冬奥会给世界冰雪运动发展留下的宝贵遗产，见证了百年冬奥由"小众化"赛事走向辉煌的发展历程。

崇礼华侨冰雪博物馆序言中有言，现代冰雪运动，纤柔更蕴刚强，冰刀雪剑、傲雪凌霜，其不言务必阳春白雪，亦尝以高洁适乎于人，假冰雪运动者，非能御寒也，必以顺乎自然之心智，方成驰骋冰原雪野之杰。于中华而言，冬季奥运不起于斯，却必因中国承诺精彩于斯、非凡于斯、卓越于斯。续冬奥"百年"之精神，寄中华复兴之愿望，是以为人杰之诺、中华之志、世界之盼。"绿色办奥、共享办奥、开放办奥、廉洁办奥"，桑梓情深、共襄厚德，遍筹博物以昭世人冬奥之义。"人人参与、人人贡献、人人见证"，拳拳赤子、携手同心，融通中外以图惠及万众民生。

相较以往的奥运遗产开发，北京冬奥遗产无论在开发中还是在继承中都具有更强的整体性、长期性与全局性的价值意义。2022年北京冬奥会由北京市和张家口市携手举办，双城举办的决定表征了我国有相较以往更加整体性的考量。这种整体性不仅体现在区域间协同发展中，也体现在体育产业与城市发展的互相作用之中，以及冰雪文化启蒙和产业的推广之中。在"通过举办北京冬奥会带动三亿人上冰雪"的愿景背后，实则蕴含着国家对国民生活水平提升后，具象化行为选择所表征的幸福感、获得感的期待，这些都是冬奥遗产开发本土实践的成功经验总结。

众所周知，我国的冰雪运动发展总体滞后于西方国家，其中既有地区间自然环境存在差异的原因，也有因经济发展不足而无法提供克服条件限制的技术支撑等原因。北京冬奥遗产的开发，无论对推动国民冰雪运动认知还是冰雪基础建设等，无疑具有积极作用。此时，冬奥遗产的整体性将不仅体现在区域、产业等有形遗产中，也体现在更广泛的国民冰雪运动认知提升等无形遗产中，其整体性隐喻了国家综合实力和国民获得感的整体提升。百年冬奥遗产开发在一定程度上反映了承办国家冰雪产业后续发展的支撑、冰雪设施的完善等诸多范畴，特别是在遗产新兴建设期，承办国家缺乏产业基础，难免投入巨大，此时国家所提供的政策、经济支撑与行动引领，为推进世界冰雪产业的持续发展提供了带头示范作用。百年冬奥遗产开发的长期性不仅体现在相关场馆的长期持续利用中，而且体现在体育相关产业的长期发展支持中，更体现在体育发展战略的长期规划中，为后冬奥时代冬奥遗产的规划利用提供顶层设计的方案支撑。在整体性、长期性的遗产开发中，遗产价值也得到了升华，相关的文化资本、社会资本、符号资本等得到了进一步积累与转化，不仅促进了以体育项目为媒介的区隔淡化，而且提升了赛事集体欢腾后文化景观的生命力，推进了相关文化的再生产。另外，本书的出版为我们了解百年冬奥遗产开发的历史规律，制定冬奥遗产合理开发与赛后的科学规划方案，以及后续的研究提供了很好的学习范本。

高红斌
书于兰州大学二分部

前 言

　　1922年顾拜旦在国际奥委会巴黎会议上极力说服反对者，倡议两年后在法国夏慕尼举办第1届冬奥会，到2022年北京冬奥会，经历了一百年的发展历程。冬奥会从"小众化"向"大众化"变迁，特别是北京冬奥会提出"三亿人上冰雪"的口号，彻底把冬奥会的社会影响力推向了高潮，成为世界各国了解中国文化的重要窗口。"精彩、非凡、卓越"奥运盛会的庄严承诺再现了大国情怀、大国形象、大国风范与大国责任的行动实践，充分彰显了社会主义国家办奥的制度优势。梳理百年冬奥发展的历史进程，并非一帆风顺，在发展初期也曾因战事搁浅（如1940年在日本北海道的札幌举办的第5届冬奥会），"和平符号"作为冬奥会象征也是奥林匹克运动始终不变的宗旨，其所促进人类文明、团结、和谐、进取的力量既表现在历届冬奥会筹办实践的遗产开发中，也表现在冬奥遗产的赛后规划利用中。

　　北京冬奥会是中国与世界政治、经济、文化、科技对话交流的窗口，中国在融入世界的同时，也试图让世界各国更多地了解中国，转变以往对中国的刻板印象，提升中国的国际话语地位，这也是中国全力申办冬奥会的题中之义。梳理历届冬奥会发展的"百年历程"，在体育、社会、文化、环境、城市发展等方面积累了大量遗产，无论是有形的还是无形的、短期的还是长期的遗产形态都在不断丰富和发展，这也是冬奥文化能够得以传承延续的宝贵财富，共同构建了风格多元的百年冬奥遗产谱系。

　　通过历届冬奥会遗产的梳理不难发现这样一个怪象，承办国家在筹备期都高度重视遗产开发，而忽视赛后遗产的保护利用，很多值得记忆和传承的优质遗产由于缺乏有效保护正面临永远消失的可能，特别是赛后有效利用路径单一，遗产价值难以得到充分彰显，大量场馆闲置、年久失修或推倒重建，造成遗产资源的极大浪费，甚至给地方政府带来严峻的财政赤字风险。无论是在百年冬奥遗产开发中，还是赛后持续规划利用中，都有诸多成功经验和失败教训，只有在不断积累成功经验、总结失败教训的基础上，探索和实践世界冬奥遗产开发的文化叙事与演进范式，并立足本国实际，制定冬奥遗产开发的具体策略，对于增强赛前遗产开发的针对性和实效性，提升赛中、赛后遗产的可持续利用价值有着重要的理论和实践意义。

在百年冬奥遗产开发的本土经验研究部分，由于时间和精力所限，对于北京冬奥遗产开发以张家口赛区为例证开展田野考察，重点对崇礼冰雪博物馆、云顶滑雪场、北欧中心、冬季两项中心、太舞小镇、张家口冬奥村基地、冬奥会张家口赛区临时展馆进行调研，并组织北京冬奥、冬残奥组委张家口运行中心负责人、张家口赛区等办工作组人员进行座谈，了解张家口赛区冬奥遗产开发建设情况，如冰雪项目、奥运村、比赛场地、山地媒体中心工程、道路规划、赛场空间结构布局与规划、各类冬奥遗产文化内涵，以及冬奥遗产开发与保护过程中存在的问题等，从而为本书的撰写提供了重要素材，但没有对北京和延庆两个赛区冬奥遗产进行实地考察、总结，也略显缺憾。本书在系统总结历届冬奥遗产开发域外经验的基础上，立足本土实践，探索开发利用的可持续性方案，希望能够为世界冬奥遗产传承与保护、开发与利用提供借鉴。

本书主要包括以下章节：

绪论。从冰雪运动历史叙事视角探索人类与冰雪结缘及滑雪运动兴起，提出"百年冬奥"概念，并对世界百年冬奥遗产开发进展进行系统梳理。

第一章，百年冬奥遗产开发的阶段划分。从历届冬奥会办赛环境、经济水平、赛事规模、竞赛项目、冰雪项目影响力等方面大致可以将

百年冬奥发展历程划分为四个阶段：摸索起步阶段（第1届至第4届冬奥会）、自我寻建阶段（第5届至第8届冬奥会）、稳定发展阶段（第6届至第16届冬奥会）、步入规范化发展阶段（第17届至第23届冬奥会）。

第二章，百年冬奥遗产开发的域外经验。对冬奥会百年发展历程中的场馆遗产、冬奥村遗产、冬奥经济遗产、冬奥科技遗产、冬奥文化遗产、冬奥服务遗产、冬奥精神遗产、冬奥环境遗产、冬奥城市发展遗产9个方面的域外开发经验进行系统总结梳理。

第三章，冬奥遗产开发的本土实践——以张家口赛区为例。在阐述北京冬奥会的申办与筹办工作的基础上，以北京冬奥会张家口赛区为例，对冬奥遗产开发目标、服务保障、遗产开发内容进行系统梳理，并从科技服务、对外交流、文化保护与知识传承、廉洁办奥、新闻报道、遗产管理、城市服务、区域公共服务、人力资源管理等方面对冬奥遗产开发的本土实践进行归纳总结，最后，提出冬奥遗产赛后利用的具体方案。

本书在撰写的过程中由于能力和水平所限，不可避免地存在一些缺陷和疏漏，在此希望能够得到专家、读者的批评指正！

目　录

绪论　1

　　第一节　人类与冰雪结缘及滑雪运动兴起　1

　　第二节　"百年冬奥"的提出　3

　　第三节　冬奥遗产开发进展　4

第一章　百年冬奥遗产开发的阶段划分　7

　　第一节　摸索起步阶段：第1届至第4届冬奥会　7

　　　　一、夏慕尼冬奥会　8

　　　　二、圣莫里茨冬奥会　8

　　　　三、普莱西德湖冬奥会　9

　　　　四、加米施–帕滕基兴冬奥会　10

　　第二节　自我寻建阶段：第5届至第8届冬奥会　11

　　　　一、圣莫里茨冬奥会　11

　　　　二、奥斯陆冬奥会　12

　　　　三、科蒂纳丹佩佐冬奥会　13

　　　　四、斯阔谷冬奥会　14

第三节　稳定发展阶段：第6届至第16届冬奥会　14
　　一、因斯布鲁克冬奥会　15
　　二、格勒诺布尔冬奥会　15
　　三、札幌冬奥会　16
　　四、因斯布鲁克冬奥会　16
　　五、普莱西德湖冬奥会　17
　　六、萨拉热窝冬奥会　18
　　七、卡尔加里冬奥会　18
　　八、阿尔贝维尔冬奥会　19

第四节　步入规范化发展阶段：第17届至第23届冬奥会　19
　　一、利勒哈默尔冬奥会　20
　　二、长野冬奥会　20
　　三、盐湖城冬奥会　21
　　四、都灵冬奥会　22
　　五、温哥华冬奥会　23
　　六、索契冬奥会　23
　　七、平昌冬奥会　25

第二章　百年冬奥遗产开发的域外经验　27

第一节　冬奥场馆遗产　27
　　一、场馆开发　27
　　二、场馆赛后使用　37
　　三、场馆设计　39

第二节　冬奥村遗产　40
　　一、临时型冬奥村　41
　　二、规划型奥运村　41
　　三、可持续发展型冬奥村　42
　　四、绿色环保型冬奥村　43

五、现代科技型冬奥村　44

第三节　冬奥经济遗产　45

　　一、经济效应阶段划分　45

　　二、经济风险分析　45

　　三、媒体转播　48

　　四、赞助收益　51

　　五、门票收益　54

　　六、特许商品收益　56

　　七、经济投入　58

第四节　冬奥科技遗产　60

　　一、训练科技　61

　　二、运动装备科技　61

　　三、竞赛科技　64

　　四、服务科技　65

第五节　冬奥文化遗产　68

　　一、主题口号　68

　　二、会徽　70

　　三、吉祥物　74

　　四、会歌、会旗　76

　　五、主题曲　78

　　六、奖牌　82

　　七、火炬　90

　　八、邮票　94

第六节　冬奥服务遗产　98

　　一、新闻记者　98

　　二、志愿服务　100

　　三、安保服务　104

第七节　冬奥精神遗产　105

第八节　冬奥环境遗产　108

　　一、政策依据　108

　　二、发展阶段　110

　　三、主要措施　112

第九节　冬奥城市发展遗产　115

　　一、不同发展阶段遗产影响　116

　　二、遗产影响个案分析　117

第三章　冬奥遗产开发的本土实践　120
　　——以张家口赛区为例

第一节　北京冬奥会的申办与筹办工作　120

第二节　冬奥遗产开发的重点任务与实施　121

　　一、重点任务　121

　　二、实施步骤　122

第二节　冬奥遗产开发目标　123

　　一、体育遗产目标　123

　　二、经济遗产目标　124

　　三、社会遗产目标　124

　　四、文化遗产目标　125

　　五、环境遗产目标　125

　　六、城市发展遗产目标　125

　　七、区域发展遗产目标　125

第三节　冬奥遗产开发的服务保障　126

　　一、"同心圆"计划　126

　　二、组织保障　127

　　三、机制保障　129

　　四、宣传保障　129

五、监督保障　130

　　六、思想政治保障　130

　　七、经费物质保障　131

　　八、人才保障　131

　　九、运动员、教练员权益保障　132

　　十、外事保障　133

　　十一、后勤保障　134

　　十二、场馆设施基地保障　134

　　十三、文化宣传保障　135

　　十四、科技服务保障　136

第四节　冬奥遗产开发的内容　137

　　一、体育遗产　138

　　二、经济遗产　139

　　三、社会遗产　141

　　四、文化遗产　142

　　五、环境遗产　143

　　六、城市发展遗产　144

　　七、区域发展遗产　145

第五节　冬奥遗产开发的主要经验总结　146

　　一、科技服务经验　146

　　二、对外交流经验　151

　　三、文化保护与知识传承经验　152

　　四、廉洁办奥经验　154

　　五、新闻报道经验　155

　　六、遗产管理经验　156

　　七、城市服务经验　157

　　八、区域公共服务经验　161

　　九、人力资源管理经验　163

第六节　冬奥遗产赛后利用　164
　　一、广泛开展群众性冰雪运动　164
　　二、加快冰雪运动设施建设　165
　　三、全面推进冰雪项目精兵战略　166
　　四、完善冬季项目竞赛制度　167
　　五、加强专业队伍建设　167
　　六、完善后备人才培养体系　168
　　七、加快推进冰雪运动产业升级　169
　　八、创建冰雪人才实训模式　170
　　九、加快推进冰雪运动科学化训练水平　171
　　十、注重科技支持　173
　　十一、创建冬奥博物馆，做好知识传承　175

参考文献　176

绪论

第一节　人类与冰雪结缘及滑雪运动兴起

冰雪是大自然赐予人类最为宝贵的资源之一。早期人类就同冰雪相识结缘，在漫长的岁月流转与文明演进中，与冰雪有关的文化遗产也深深融入人类生产生活和文化之中。世界各地伴雪而居的人们很早之前就开始认识冰雪、利用冰雪，并在日常生产生活中逐渐掌握了滑雪技能，使之在交通出行、狩猎、军事作战等方面发挥重要作用。

人们一度认为滑雪活动最早发生在斯堪的纳维亚半岛，挪威、瑞典发现的最早期岩画、滑雪板等遗迹、遗物也为这个说法提供了充分的证据。20世纪60年代在俄罗斯东北部乌拉尔山脉发现的滑雪残片，在硬木尖端刻有三维驼鹿或麋鹿头，考古学家认为这是距今约8000年的滑雪板制动器，另在挪威北部发现距今约4500年的滑雪雕刻，以及在瑞典卡尔费德拉斯科发现距今约4000年的滑雪板、滑雪杖等。然而，2005年在新疆阿勒泰地区发现了迄今约1万年旧石器时代晚期滑雪岩画（图1），画中有4名脚踏滑板、手持雪杖的猎人追逐牛群的场景，这一发现将人类开始滑雪活动提到了1万年以前，这是目前世界上最早反映滑雪活动的历史资料，新疆阿勒泰地区也成为世界最早的人类滑雪文明发源地。

图1　新疆阿勒泰地区发现的滑雪岩画

梳理古代滑雪活动的历史进程，18世纪以前的欧洲滑雪运动主要发生在冬季，与人们的生产生活密切相关，有一种说法是滑雪运动源于生活、根植于生活，是早期人类在日常出行、狩猎活动中常常用到的一项技能，也是人类挑战自然、征服自然、适应自然，与自然进行博弈斗争的需要。另外，还有一种说法是古代滑雪运动的兴起与军事战争有关，约从12世纪开始，滑雪运动的便捷性、实用性被军队发现并加以利用，芬兰、丹麦、瑞典等北欧国家为满足军事战争需要，相继成立滑雪部队，滑雪逐渐成为北欧地区诸多国家的士兵必备技能之一，在"一战""二战"中均有滑雪部队身影。由此可见，滑雪运动的本初功能在于满足早期人类生产生活需要，与古代狩猎活动不无关联，后又拓展到军事战争活动中。从某种意义上来说，滑雪运动的出现极大改善了寒冷地区人们的生存状态和生产生活方式，在人类征服大自然的进程中具有划时代作用，续写了人类不断超越自然的英雄史诗。

滑雪运动真正走向竞技可追溯到1780年挪威人努尔哈木利用软条制成两侧弯曲的滑雪板，这也是现代竞技滑雪运动的雏形，拉开了世界竞技滑雪运动的序幕。分析竞技滑雪运动生成的元叙事文化逻辑事象，可以得出以下假想，早期人类生产生活、狩猎及军事作战中使用的滑雪技能所展现出来的趣味性、竞技性特征引起了人们对这一运动的热爱和追捧，形成主动参与的运动自觉，在自发式追逐娱乐趣味和挑战性体验内驱力作用下，专门竞技赛事开始出现，如：1843年在特罗姆瑟举行的滑雪比赛被誉为"最古老的平民滑雪比赛"；1860年来自挪威德拉门地区的两位农民在克里斯蒂安尼亚镇举行的滑雪比赛大会上表演了跳台飞跃，之后跳台滑雪成为单独项目得到开展；1877年奥斯陆成立世界上第一个滑雪俱乐部，并于1879年举行第一次大型跳台滑雪比赛，国王和1万名观众一起观看比赛，使竞技滑雪运动成为一项规模性体育赛事，见证了滑雪运动由底层民间走向上层贵族的历史进程；1880年以后，挪威人松德夫·诺德海姆、奥地利人茨达尔斯基又对滑雪装备进行改良；1883年在瑞士达沃斯举行了第1届国际雪橇赛；1903年英国在大不列颠成立第一个国家滑雪组织；1921—1922年被誉为世界高山滑雪运动先驱之一的英国爵士阿诺德·伦恩在瑞士米伦组织了高山滑雪史上的第一次回转和滑降比赛。滑雪运动赛事的组织承办标志着现代竞技滑雪运动基本成型，越野滑雪、高山滑雪、跳台滑雪、雪车、雪橇等雪上竞技的出现标志着现代冰雪运动格局基本确立。

滑雪运动从斯堪的纳维亚半岛地区向周边阿尔卑斯地区的法国、奥地利、德国等欧洲国家广泛传播，引发了欧洲国家参与雪上运动的浪潮。在冬季运动推广中，欧洲人对健康和军事的关注起到了很大作用，1906年法国高山俱乐部成立冬季运动委员会，并接受"滑雪运动对于激发爱国情感和军事的重要性，及其作为一项体育运动的道德力量"的说法，越来越多的人群开始涌入高海拔地区寻找疗愈和健康，如位于阿尔卑斯山谷的小镇夏慕尼成为滑雪爱好者的旅游胜地。在19世纪末20世纪初期，欧洲结核病流行，人们意识到在风景优美、空气冷冽的地方疗养有利于疾病痊愈，由此迎来高山旅游热，这对滑雪运动文化的广泛传播起到积极促进作用。

第一次有组织的国际冬季运动比赛是在1896年现代奥林匹克运动会诞生5年后出现的，这次比赛被称为"北欧运动会"，运动员主要来自北欧国家的挪威和瑞典，1901—1926年间该项赛事共举行了8次。1911年国际奥委会一名成员建议将冬季运动项目纳入1912年第5届斯德哥尔摩奥运会，或在同一年单独举办一届冬奥会，但未能如愿，与此同时，夏奥会上开始出现冬季运动项目，如1908年伦敦奥运会、1920年比利时安特卫普奥运会上进行了花样滑冰和冰球比赛。随着冰雪运动赛事在北欧国家的多次举办和冰雪运动的进一步普及，在奥林匹克之父顾拜旦倡议下，1921年国际奥林匹克委员会决定于1924年在法国夏慕尼举行"奥林匹克周冬季运动会"，共有来自16个国家和团体，共计258人参加，运动项目有滑雪、滑冰、冰球、有舵雪橇等16个项目。1925年国际奥林匹克委员会在布拉格大会上将夏慕尼"奥林匹克周冬季运动会"改为"第1届冬季奥林匹克运动会"，自此诞生了冰雪运动专属盛会——冬奥会。

第二节 "百年冬奥"的提出

冬季奥林匹克运动会源于19世纪末和20世纪初，一些冰雪运动如滑雪、滑雪橇、滑冰、冰球等项目在欧美国家逐渐得到普及和发展。1887年挪威成立了世界上第一个滑雪俱乐部。1890年加拿大成立了世界上第一个冰球协会。1892年国际滑冰联盟在荷兰成立。1893年，阿姆斯特丹举行了首届男子速度滑冰锦标赛。1908年，法国成立了世界范围的国际冰球联合会。在冰雪运动日益普及的情况下，现代奥运会创始人顾拜旦建议单独举办冬季奥运会，但由于1901年北欧两项运动在欧洲斯堪的纳维亚半岛的成功举行而被拖延。

1908年第4届夏奥会上增加了花样滑冰项目。1920年第7届夏奥会上，国际奥委会拒绝接受北欧两项项目，而增加了冰球项目。花样滑冰和冰球加入奥运会后引起了观众的极大兴趣，但因天气条件给组织者带来诸多不便，尽管这两个项目都提前在4月份进行，但大多数比赛和奥运会的开幕式在8月中旬才举行。这使得一届奥运会要长达5个月的时间，在人力、物力上耗费太大。鉴于此，人们倾向于把冰雪项目从奥运会中分离出来，单独进行冰雪项目的奥运会。

正式的冬季奥林匹克运动会始于1924年，法国的夏慕尼承办了当时被称为"冬季运动周"的运动会，两年后国际奥委会正式将其更名为第1届冬季奥林匹克运动会。冬奥会最初规定每4年举行一次，与夏奥会在同年和同一国家举行。从1928年的第2届冬奥会开始，冬奥会与夏奥会的举办地点改在不同的国家举行。1994年起，冬奥会与夏奥会以两年为相隔交叉举行。为将冬奥会与夏奥会时间错开，故只有1992年冬奥会与1994年冬奥会相隔两年。

1922年国际奥委会巴黎会议上，顾拜旦极力劝说反对者，提出在1924年夏慕尼奥运会上设置冰雪运动项目的倡议获得通过，至2022年北京冬奥会的胜利召开，恰值"百年冬奥"历程。世界把目光聚焦中国的同时，也寄予更高的期望，中国也需要在冬奥会百年之际给世界留下一笔重要的冬奥遗产。冬奥会规模的持续扩张趋势也给中国冬奥遗产开发提出了更高的要求，这既是机遇，也充满挑战。尽管承办国家对于冬奥遗产开发可以根据地域自然环境、经济、文化、科技等方面的实际情况加以改革创新，形成具有地方特色、独一无二的冬奥遗产，抑或是能够被其他承办国家吸收和借鉴的经验遗产，但评价冬奥遗产开发质量不是人们的主观臆断，而是要遵循一定的开发标准，这个标准也就称为评判开发绩效的永恒"标尺"与参照"母本"。

第三节　冬奥遗产开发进展

自奥林匹克运动会成立之初，奥运遗产都在悄然发挥着自身传承与延续价值的本质功能，长期以来的遗产价值挖掘实践了奥林匹克运动会经久不衰，它在发生、发展、演进的进程中不断整合、积累世界各国的物质与精神文化成果的基础上，确立了现代奥林匹克发展的思想体系与运行体系，但是，历届奥运会留下的具有开发和利用价值的遗产一直没有形成一个系统的保护体制与机制，这种弥散保护状态也造成大量奥运遗产的消失，后奥运时代自然难以发挥遗产可持续开发的利用价值。从国际上来看，关于遗产的研究兴起于20世纪70年代，受世界文化遗产保护公约的影响，加上新世纪以来非物质文化遗产保护工作的不断推进，学术界对奥运遗产的研究也进入一个新阶段。

在古代奥林匹克运动会上奥运遗产（Olympic Legacy）并没有上升到"遗

产"的高度来加以保护，只是看成先辈的遗留或奥运相关的遗物，主要表现为物质层面，所以用Legacy表达更为准确。为做好遗产的挖掘与保护工作，国际奥委会创建奥林匹克博物馆或专门的研究机构。随着奥运遗产探索的不断深入，冬奥遗产也开始走进学术视域，其内涵也从单一的"物质"层面遗产走向"多元"遗产。通过梳理历届冬奥遗产开发国际概况发现，由于缺乏统一的开发标准，尚未形成可以参照的冬奥遗产开发系统，各承办国家和地区将本土文化渗透、推动城市发展、维护国家形象和带动冰雪运动发展作为遗产开发工作的重点，在这一主导机制下，冬奥遗产开发处于一种被动、泛化的演进格局。但是，在认知层面上逐渐摆脱了传统的以遗址、遗物客观存在的实物状态，除了这些显性意义的遗产以外，还包括具有隐性价值的精神、影响、形象、发展、和平等多元价值的现代性表达，愈来愈丰富的内涵形式需要一个标准加以界定。其中，比较权威性的解释，如2013年国际奥委会颁布的《奥运遗产》中解释为："为主办城市带来持续收益，能够改变城市形象和基础设施，给人们留下美好回忆。具体包括体育遗产、社会遗产、环境遗产、城市遗产和经济遗产5个方面的内容。"但是，对于冬奥遗产的属性和特性还缺乏严谨的概括和说明，由此国际奥委会（IOC）在2017年12月出版的《遗产战略方针：勇往直前》（Legacy Strategic Approach: Moving Forward）把奥运遗产定义为"是某个愿景的结果，它包含因主办奥运会/体育赛事而给居民、城市/地区和奥林匹克运动带来的长期收益。"2019年2月19日北京奥组委发布的《北京2022年冬奥会和冬残奥会遗产战略计划》将奥运遗产定义为："实现奥运会愿景的结果，包含所有通过举办奥运会为大众、城市和地区及奥林匹克运动带来或增加的有形和无形的长期收益。"以此作为北京冬奥遗产开发的标准依据和理论基础。

通过梳理历届奥运会（冬奥会、夏奥会）举办城市的申办书、承诺书、总结报告等档案文本（含电子文本）资料，1951年"奥运遗产"首次出现在奥运文本中，加强奥运遗产的开发与保护开始得到承办国家的重视，国际奥委会也将其纳入组织承办质量的重要评价指标。1956年墨尔本在申奥报告上也谈到"遗产（Legacy）"一词，市长詹姆斯·迪斯尼（James Disney）陈述："建设运动员中心，并作为发扬与延续体育发展的崇高理想。"1968年墨西哥城奥运会总结报告中提到的"遗产"，主要是与玛雅文化和民族舞蹈相关的遗产保护内容；1981年加拿大卡尔加里在申报第15届冬奥会申请书上提到把体育设施作为"遗产"进行开发；1997年，雅典在申办2004年奥运材料中递交了一份《奥林匹克主义遗产》手册；2003年国际奥委会正式将奥运遗产列入《奥林匹克宪章》，并正式启动《奥运会全球影响研究》遗产保护体系。随着夏奥会、冬奥会遗产研究的不断深入，保护的领域和范畴不仅局限于实物遗产，还包括对奥运会可持续发展有影响的国际奥委会世袭权力遗产，是推进承办国家和谐稳定和世界和平、传递奥运精神的重要载体。

2014年12月国际奥委会审议全票通过《奥林匹克2020议程》中的第1条、第2条和第4条建议，也都涉及奥运遗产相关内容。由于奥运前期缺乏对遗产的系统开发规划和赛后利用的有效方案，造成资源的极大浪费，举办地城市发展面临沉重负担，甚至严峻的经济赤字风险。国际奥委会主席托马斯·巴赫将可持续发展作为改革议题，以避免高昂的举办成本给承办国家带来的财政负担，这也是为拯救奥林匹克运动做出的努力。2018年2月21日，国际奥委会组织承办的第9届国际体育产业论坛，确立了新的遗产战略开发框架——《遗产战略方针》（Legacy Strategic Approach），计划在2020年东京奥运会开始全面实施。2018年6月5日在北京召开的国际奥委会平昌冬奥会和冬残奥会总结会上，国际奥委会主席T.BACH谈到，《奥林匹克2020议程》在冬奥会组织与遗产开发过程中的作用已初见成效，2022年北京冬奥会将成为完全受益的一届冬奥会。梳理历届奥运会遗产的开发，并没有对冬奥会和夏奥会遗产做明确的界定，统称为"奥运遗产"。为更好地区分冬奥会与夏奥会遗产特性或特质，把"冬奥遗产"作为遗产开发的依据，同时，结合《遗产战略方针》确定北京冬奥遗产开发的重点工作内容，做好奥运遗产规划，以打造可持续发展冬奥遗产为目标，进一步增强北京冬奥遗产的影响力和历史地位。

第一章
百年冬奥遗产开发的阶段划分

冬奥会自1922年组织承办以来，从前期组织申报、赛事筹备到竞赛期赛事运营、组织管理，再到后期冬奥遗产的规划利用管理，积累了大量的办赛遗产，通过不断总结历届冬奥遗产开发的成功、失败经验，促冬奥会规模扩张、办赛的层次和水平提升、各类遗产的开发和利用逐渐趋于合理，遗产价值更加凸显，冬奥遗产所带来的辐射效应被放大，过高财政支出形成的赤字风险和举办地城市压力风险得到有效释放，冬奥会成为推动举办国家社会、文化、教育、环境、体育、市政、经济发展，以及传播城市形象、打造城市品牌、增强城市国际市场综合竞争力的重要平台和窗口。

在冬奥遗产开发历程中，受办赛环境、经济水平、赛事规模、竞赛项目、冰雪项目影响力和社会发展等诸多因素的制约和影响，决定了不同时期冬奥遗产开发的层次和水平。最初，冬奥会并未作为专门的一个赛事来组织，只是奥运会诸多项目中的一个小项，通常人们把1924年组织的"第8届奥林匹亚德体育周"称之为"第1届冬奥会"，直到1994年挪威利勒哈默尔第17届冬奥会才促成了冬、夏奥会分道扬镳，成为一个独立的奥运赛事体系来加以建设，冬奥遗产开发也开始走向自我探索的发展历程。通过对冬奥会发展阶段划分，探索世界冬奥遗产开发的历史记忆轨迹。

第一节 摸索起步阶段：第1届至第4届冬奥会

前4届冬奥会尚处于冬奥遗产开发的摸索起步阶段，场馆设施简陋、比赛规则制定不健全、参赛规模和赛事全球影响力不高（参赛国家仅是冰雪运动发展较好的欧美国家）成为这一阶段亟须解决的遗产开发问题。同时，也积累了一些宝贵的筹备经验遗产（注重选址），以及开闭幕式组织、项目设置、赛

事推广宣传、高效服务、室内场馆建设、竞赛规则和风险管理等方面的遗产内容。

一、夏慕尼冬奥会

第1届冬奥会于1924年1月25日—2月4日在夏慕尼召开，有16个国家和地区的294名运动员参加4个项目的角逐（图1-1）。按照这一传统，以后各届冬奥会基本都安排在2月份进行，当时冰雪场馆比较简陋，也没有一个统一的场馆标准，所有比赛都是在露天场地进行，如：冰壶比赛在室外天然冰面上进行，运动员服装没有规定标准，有的运动员穿着西装，头戴有帽檐的毛绒帽子；技术动作也没有规范要求，运动员多是根据个人习惯来表现技术风格。本次比赛参赛运动员中女性运动员仅13人，冬奥会创建初期女子冰雪运动发展严重滞后，参赛的都是欧美国家，设置的比赛项目包括滑雪、滑冰、冰球和有舵雪橇。冬奥会开幕前一周突然下雨，冰场变成水池，幸亏在赛前一次冰冻才使得比赛得以顺利进行。冬奥赛事活动受外界自然环境干扰影响较大，存在诸多人为不可控风险。

图1-1　第1届冬奥会法国运动员宣誓仪式

二、圣莫里茨冬奥会

第2届冬奥会（图1-2）在选址上高度重视，在同时申报的达沃斯、恩格尔堡和圣莫里茨3个城市中，考虑到交通、室外冰雪运动开展环境优势，确定瑞士著名的疗养、旅游胜地和冬季冰雪运动圣地——圣莫里茨。比赛时间为1928年2月11—19日，有25个国家和地区的464名运动员参加4个项目的角逐，参赛规模比上届明显增加，参赛项目的变化：有舵雪橇4座改为5座，增加单人冰橇赛和军事滑雪射击表演赛。比赛中出现当地罕见高温，冰雪融化，部分项目被迫中断并取消，5人雪车赛也由规定的3轮临时改为2轮。尽管国际奥委会和承办国家在前期做了充分的准备，但依然没有摆脱天气变化对赛事带来的不可控影响，这些组织办赛的实践经验为冬奥会的承办提供了重要的风险管理经验遗产。

图1-2　第2届冬奥会开幕式

三、普莱西德湖冬奥会

第3届美国普莱西德湖冬奥会（图1-3）于1932年2月4—25日召开，有17个国家和地区的252名运动员参加4个项目的角逐。受前两届冬奥会的影响，欧美国家大众群体对冰雪运动的兴趣增强，申请承办的城市达8个，但是，由于受全球经济大萧条的影响，第3届普莱西德湖冬奥会参赛规模明显减小。为避免天气对赛事造成的影响，选择在冬季寒冷、干燥的山间小镇举行，并建设有室内冰场（花样滑冰），但室外项目依然没有摆脱天气困扰，正常2月13日闭幕式被推迟到25日结束，部分项目因雪太薄造成不少运动员在比赛中摔伤。在竞赛办法方面，由于缺乏明确的规定，导致东道主和欧洲国家产生分歧，这也成为冬奥会史上遗留下来的一大争议，为后来规则演变提供改进依据。本届冬奥会开始倡导"冰雪运动增进人类之间相互了解的作用"，冬奥会遗产价值被扩大，这成为本届冬奥会最为宝贵的遗产财富。

图1-3　第3届冬奥会滑雪场

四、加米施-帕滕基兴冬奥会

第4届德国加米施-帕滕基兴冬奥会（图1-4）于1936年2月6—16日召开，有28个国家和地区的669名运动员参加4个项目的角逐。之前各届在组织承办中都有败笔，引起人们对这一项目的诸多争议和讨论，申办城市也仅德国巴伐利亚州1家。本届冬奥会同样也存在规则争议，如：在高山滑雪项目上，国际滑雪联合会对参赛对象规则要求被国际奥委会否定，认为与国际奥委会只允许业余运动员参赛精神相违背，焦点在于教练员是职业运动员还是业余运动员的争端，直到比赛结束都没有得到很好解决，于是宣布到1940年冬奥会不再进行滑雪比赛。做好"高效率服务"工作是本届冬奥会重要的遗产积累，主办方用公共汽车把50万观众带到比赛场地，成为早期冬奥会完成的一大壮举。从本届冬奥会开始更加重视冰雪场馆遗产建设（奥林匹克冰场），运动场主火炬首次引入赛场，增加闭幕式焰火表演等，另外，德国奥委会依据国际奥委会章程，为提高冰雪文化宣传效果，承办地由1个城市改为2个城市，开创了"双城联合"办奥实践的历史进程，并积累了重要的经验遗产。

图1-4 第4届冬奥会花样滑冰比赛

第二节 自我寻建阶段：第5届至第8届冬奥会

"二战"并没有阻碍滑雪运动传统优势国家的参与积极性，经过一段时间的停滞发展阶段以后，1948年又重新开启了冬奥会自我探索寻建的发展历程，并积累了大量的实践发展遗产，如：计时装置、奥林匹克精神传播、圣火传递、民族团结、城市文化融合、女权运动、奥运文化传承、电视转播与慢回放技术、冬奥会运动员村、计算机科技、奥运主题曲、新材料装备技术、冰雪产业等。

一、圣莫里茨冬奥会

第5届圣莫里茨冬奥会于1948年1月30日—2月8日召开，来自28个国家的运动员参加4个项目的角逐。圣莫里茨作为第2届冬奥会承办城市，冰雪运动发展的影响力和知名度较高，由此在同美国普莱西德湖的竞争中获得承办权。本届冬奥会筹备周期短，没有建设奥运村，运动员居住在临近赛区旅馆，因此也被誉为"旅馆冬奥会"。"二战"后世界冰雪运动得到快速发展，冰雪运动竞争格局改变了以往挪威一家独大的局面，瑞士、美国、法国和加拿大快速崛起，开启了冬奥会的复兴进程。本届冬奥会宣扬"更快、更高、更强"的奥林匹克口号，首次引入自动计时装置，成为推动冬奥会发展的重要人文、科技遗产。

二、奥斯陆冬奥会

第6届冬奥会走进现代滑雪诞生地——挪威的奥斯陆（图1-5），比赛于1952年2月14—25日进行，来自30个国家的运动员参加4个项目的角逐。本届冬奥会首次把举办地定在冬季项目最为强盛的地区，并且重视挖掘传统项目，将其列入正式比赛内容。在圣火传递方面，由94名滑雪运动员接力传递到冬奥会主办场，这也是冬奥会史上第一次正式的点燃圣火，与历届奥运会不同的是火种不是来自奥林匹亚，而是挪威冰雪运动奠基人居住地。挪威政府承办本届冬奥会的出发点在于向世界传达民族团结，人民已经从战争创伤中恢复了精神意志。为确保奥运会如期开幕，奥斯陆几乎人人投入冬奥会筹备工作中，组织广大民众力量从树林、山沟中收集积雪，表现出浓郁的冰雪文化氛围。在文化遗产传播方面，延续上届冬奥会"更快、更高、更强"的奥林匹克精神，突出冰雪运动主题和城市文化内涵。另外，北欧两项开始向女性开放，把五环旗作为冬奥会的专用旗帜也是本届冬奥会的重要遗产。

图1-5　第6届冬奥会圣火传递

三、科蒂纳丹佩佐冬奥会

第7届冬奥会选择驰名遐迩的冬季运动中心、居民人数较少的山间小镇——科蒂纳丹佩佐（图1-6）举行，比赛时间为1956年1月26日—2月5日，来自30个国家的运动员参加4个项目的角逐。冬奥会的组织承办除了延续了以往办赛组织经验和程序以外，开创了电视转播的先河，运动员宣誓也第一次由女性运动员为代表。在文化遗产方面，推出奥运会标志之一波马加尼翁山（Pomagagnon），用雪晶来寓意冬奥会的纯洁。在本届冬奥会中，苏联的加入打破了挪威、芬兰、美国和加拿大的垄断地位，竞赛规模扩大，冬奥会影响力的提升吸引大量观众，仅门票出售就达15.7万张，加上电视转播，有力地推动了冰雪产业市场的形成。

图1-6　第7届冬奥会波马加尼翁山（Pomagagnon）

四、斯阔谷冬奥会

第8届冬奥会举办地点选择在海拔1900米的加利福尼亚州斯阔谷,比赛于1960年2月18—28日,来自31个国家参加4个项目的角逐。本届冬奥会第一次选择在海拔较高的地点举行,把举办地由欧洲大陆转到大洋彼岸。斯阔谷是美国著名的冰雪运动中心之一,建设了可容纳1.1万名观众的冰场,并建设运动员村,开创了冬奥会史上运动员村遗产的先河,但承办过程并不顺利,因为在筹备前斯阔谷没有现成的可改造、开发利用的冰雪场馆设施,其中,雪橇比赛由于报名参与的国家数量较少,冬奥组委会拒绝为组织比赛而专门花费兴建赛道,造成该项目在冬奥会创办以来首次缺席。在冬奥科技遗产开发方面,首次借助"拉马克"电子计算机,实现对竞赛成绩的高速计算,快速检索运动员履历,大大减少了裁判员的统计工作,提高了工作效率;在电视转播方面,设置慢动作回放,既保障了技术评判的客观性,又满足了观众的审美需要;在滑雪装备方面,实现了由木制滑雪板向金属滑雪板的转变,使滑雪装备的科技研发进入一个新阶段;另外,冬奥组委专门制作奥运主题曲,丰富了冬奥会文化内涵。

第三节 稳定发展阶段:第6届至第16届冬奥会

冬奥会在经历自我寻建的探索发展历程以后,依然没有一个成熟的组织运行体制和管理体系,冬奥遗产开发还处于不断积累经验的过程,基本形成了一个较为稳固的冬奥会组织承办方式,国际影响力不断增强,开始由欧美国家为主的参与结构逐渐向亚洲国家渗透,冰雪运动实践着"西学东渐"的演进范式,冬奥遗产开发也步入一个新的稳定发展阶段,并积累了大量遗产,主要包括:冰雪运动装备、冬奥邮票、和平、友谊、重在参与的奥运精神、科技冬奥、性别检测、场馆设施、奥林匹克村、吉祥物、别出心裁的开幕式和闭幕式、会徽注重突出城市文化、冬奥会口号、彩色电视信号和卫星转播、冬奥会宣传管理和运动员管理、新闻媒体、赛事宣传、火炬传递、民族文化、火炬塔、道路交通、政治参与、运动技术、民族平等、团结与和平的冬奥理念、纪念章、观赏性项目、女权主义、奥运海报、禁烟运动、奥运赞助、冬奥筹备等方面的遗产。

一、因斯布鲁克冬奥会

第9届冬奥会举办地在奥地利著名的滑雪圣地因斯布鲁克，比赛于1964年1月29日—2月9日举行，参赛国家36个，设有6个大项和34个小项，共产生103枚奖牌。通过历届冬奥会承办的经验总结，承办过程中面临的最大挑战就是缺雪问题，如果不能得到解决，甚至会直接导致整个赛事承办的失败。奥地利政府为解决缺雪问题，专门派出部队利用卡车将2万块冰砖从阿尔卑斯山运送到赛场，将4万立方米雪铺设到滑雪赛道，并准备了2万立方米雪供后备之用，同时，为全力保障用雪，防止雪融化过快给比赛带来影响，首次在赛场引入造雪机，为以后冬奥会在承办过程中解决缺雪问题提供了宝贵的技术遗产。为传承奥运精神，自本届冬奥会火种不再从挪威采集，而是采自奥林匹克发源地奥林匹亚，宣扬"无私帮助"的冬奥会精神，设立第一个"顾拜旦运动精神奖"；在科技冬奥会遗产建设方面，首次引入精确度达到0.01秒计时设备；为传承冬奥会文化内涵，奥地利奥委会延续1932年发行冬奥会纪念邮票，设计了一套7枚的冬奥会小型张；在参赛规模方面，参赛人数首次突破千人，成为冬奥会进入稳定发展阶段的重要标识。

二、格勒诺布尔冬奥会

第10届冬奥会选择在法国古老城市格勒诺布尔，比赛时间为1968年2月6—18日，来自36个国家的运动员参加6个项目的比赛角逐。格勒诺布尔有着较为完善的体育设施，除了对现有体育设施的改造以外，还专门兴建了一座可容纳1.2万人的冰场、人造冰场和奥林匹克村，配置了较为完备的滑雪设备；在奥运文化遗产方面，首次把吉祥物引入冬奥会，用称之为"雪士"（Schuss）的半人半物小精灵（图1-7）来传递坚强意志的奥运文化品格，把代表城市标识的3朵红玫瑰作为会徽，突出主办城市"工业、文化教育和体育运动"三大主题特色，提出把本届冬奥会建设成为"最有成效、组织最好"的运动会口号；在科技冬奥会方面，首次对女性运动员进行性别检测和运动员尿样检测，第一次采用彩色电视信号和卫星电视转播技术；在冬奥会宣传管理和运动员管理方面，加强对运动员个人行为的广告宣传，提出禁止在使用的物品上张贴广告的管理规定。

图1-7 "雪士"吉祥物

三、札幌冬奥会

第11届冬奥会举办地为日本札幌，比赛时间为1972年2月3—13日，来自35个国家的运动员参加6个项目的比赛。本届冬奥会首次走进亚洲，也标志着冬奥会真正走向世界舞台的开端。以往各届冬奥会都是设在冰雪运动强国或冰雪运动设施完善、群众基础强大的城市和地区，日本冰雪运动发展水平与欧美国家相比还存在较大差距，首次在亚洲国家举办的意义在于更广泛地传播和平、友谊、重在参与而非崇尚竞争的奥林匹克精神，实现冬奥会成为世界人民共同参与的国际性奥运盛会；在运动员管理方面，禁止运动员在参加冬奥会时接受任何金钱酬劳的行为，否则取消比赛资格；本届冬奥会引起了新闻媒体的广泛关注，采访的各类记者规模达到3895人，为实现冬奥会文化的快速传播提供保障；另外，为扩大冰雪运动的影响力，增强冬奥会传播广度，在火炬传递方面，组织了1.5万名青少年进行火炬传递接力活动；在场馆建设方面，兴建大型冰场，增设现代化先进仪器，完善体育设施，开辟了一条工程浩大的滑雪及雪橇比赛场地，大大提升了赛事组织的工作效能。

四、因斯布鲁克冬奥会

第12届因斯布鲁克冬奥会比赛于1976年2月4—15日举行，来自37个国家的运动员参加6个项目的角逐。1976年冬奥会被国际奥委会批准在美国丹佛举办，但政府试图通过发行公债的方式募集资金遭到广大民众的抗议，政府被迫放弃难得的承办机会,这也是历届冬奥会唯一主动放弃承办权的一届,奥地利因斯布鲁克提交申请书得到国际奥委会认证批复,成为本届冬奥会举办地。因斯布鲁克作为第二次承接冬奥会,充分利用第9届冬奥会留下的大量有形和无形冬奥遗产,本次冬奥会又特意在主会场新建一个火炬塔,加上第9届冬奥会遗留的火炬塔遗产,首次点燃双火炬塔(图1-8);在开幕式上,把冬奥会作为宣传民族文化(民族服饰文化和民族舞蹈文化)的窗口,成为各国承办冬奥会的重要借鉴。世界多民族文化的广泛嵌入为冬奥会多元文化创建与传播注入活力。

图1-8 第12届冬奥会双火炬塔

五、普莱西德湖冬奥会

第13届普莱西德湖冬奥会是继圣莫里茨、因斯布鲁克之后第二次承办冬奥会的城市,比赛于1980年2月13—24日举行,来自37个国家的运动员参加6个项目的角逐。在开幕式上,圣火点燃与往届区别在于,不是社会名流、滑雪运动员和政界名流,而是由普通市民点燃,表达了希望通过冬奥会吸引广大社会群体参与到冰雪运动当中的一种期待和愿望。上届冬奥会遗留下来的有形遗产已经不能满足赛事发展需要,因此,整个赛事的筹备工作时间较长,花费近一个奥运周期改建滑冰场馆,新建奥林匹克村,修造跳雪台和雪橇滑道等。本届冬奥会在吸收以往组织筹办经验遗产的基础上,高度重视人工造雪,配备大量人工造雪机器,但是,也遇到诸多难题,比如:面临来自世界各国达5万人的小村镇交通出行压力,为避免出现严重的交通运输堵塞问题,赛前制定交通规划方案为冬奥会组织承办提供交通管理方面的经验借鉴。普莱西德湖冬奥会在中国冰雪运动发展史上有着标识性意义，中华全国体育总会的合法地位得到国际奥委会的承认，命名为"中国奥委会"，使用中国国旗和国歌。

六、萨拉热窝冬奥会

第14届萨拉热窝冬奥会比赛于1984年2月8—19日举行，来自49个国家的运动员参加6个项目的角逐。冬奥会第一次走进社会主义国家，这座城市既是"一战"爆发地，又是"二战"反法西斯代表城市，举国力量办奥经验成为一笔重要的办赛遗产；在花样滑冰比赛中，英国运动员托维尔（Jayne Torvill）和迪安（Christopher Dean）在冰上舞蹈比赛中，运动技术的创新与突破，艺术印象分达到满分，创造了历届冬奥会的最高分，成为运动技术改进的重要遗产；在各项筹备组织工作中，新建奥林匹克村，以及整修、扩建体育场馆受到各国好评，成为他国学习和借鉴的筹备经验遗产；本届冬奥会首次允许黑人运动员参与比赛，成为崇尚民族平等的政治遗产；火炬传递改变了以往单一路线传递的方式，分南北两路同时进行，最后会合于波斯尼亚—黑塞哥维那；闭幕式也是别出心裁，本届奥运会吉祥物和下届奥运会吉祥物拥抱在一起，把闭幕式气氛推向高潮，表达了团结、传承与和平的冬奥会理念；本届冬奥组委与下届夏奥组委首次联合发行的"友谊纪念章"，成为传递冬奥理念的文化遗产，国际奥委会主席萨马兰奇也给出高度评价，是冬奥会60年发展史上最成功、最精彩的一届，并授予"奥林匹克金质勋章"。

七、卡尔加里冬奥会

第15届卡尔加里冬奥会比赛于1988年2月13—28日举行，来自57个国家的运动员参加10个项目的角逐，参赛国家和参赛项目明显增多。本届冬奥会积累的重要遗产主要表现在：第一，为提高比赛的观赏性，设置难度较高的比赛项目，如超级大回转、高山结合项目，满足观众对冰雪运动的审美需求；第二，增强冬奥会冰雪赛事的影响力、文化传播度和社会关注度，首次延长奥运竞赛周期，由12天延长至16天，制定的比赛期跨越三个周末；第三，在场馆遗产建设方面，建造了冬奥会史上第一个400米全封闭"马鞍形"的奥林匹克椭圆馆，以及可容纳5万人的马克—马霍恩体育场；第四，在冬奥会文化遗产方面，吉祥物首次设计了"豪迪"和"海迪"雌雄两个吉祥物，雌性吉祥物是女性运动员的象征,把崇尚女权主义提到一个新的高度,也是冬奥会史上的首次创作。为提高宣传力度,设计了极具民族特色的雪花图案海报,也表达了加拿大人民对冬奥会的强烈愿望。另外,奥运邮票采用马赛克式的设计手法来表达冰雪运动文化内涵;第五,在开幕式上,吸收第12届冬奥会经验,融入民族文化,富有阿尔伯塔民族风格的表演给人留下深刻印象,由观众围成具有世界团结、和平意义的彩色奥运五环、"88"形字样、枫叶图案等,更是为冬奥会留下一抹亮丽的风景线;第六,本届冬奥会崇尚冰雪运动的洁白纯洁,首次借助冬奥会作为宣传"禁烟运动"的窗口。

八、阿尔贝维尔冬奥会

第16届阿尔贝维尔冬奥会比赛于1992年2月8—23日举行,参赛国家达到64个,项目设置也由上届的10个增加到12个。本届冬奥会也是最后一届同夏奥会在一年内举行,比赛地被分散为13个场馆,较大的跨地空间给赛事交通带来较大压力和挑战。为充分发挥冬奥会对法国冰雪运动的影响力,借鉴以往冬奥会的承办经验,把火炬传递作为窗口,组织5000名青少年从首都出发,辐射区域达22个地区60个城市,传递路线全程5000公里。在场馆遗产建设方面,兴建了多个现代化的冰雪运动设施、400米椭圆形冰场、容纳6000名观众的冰球场、容纳3万人的体育场和男子、女子专门的高山滑雪场;在冬奥会筹备遗产开发中,在冬奥筹委会组织下,赞助商签约了58项赞助计划,同时,招募8647名志愿者为冬奥会提供服务,这也是确保冬奥会圆满成功的宝贵遗产。

第四节 步入规范化发展阶段:第17届至第23届冬奥会

自1994年第17届冬奥会以来,冬奥会从夏奥会中分离出来,成为一个独立的奥运赛事。为确保冬奥遗产开发的科学性,国际奥委会出台和制定了多项冬奥遗产开发的法规文件,1996年亚特兰大奥组委把"物质和精神遗产开发"列入项目手册;1999年国际奥委会也倡议奥运会在教育、文化、人道主义、包容、知识传承和经验方面进行遗产开发,发挥奥运会支持人类社会发展的作用;2002年国际奥委会举办国际遗产研讨会,2003年国际奥委会发布报告,指出奥运遗产对举办地场馆、基础设施、经验和知识传承等方面的作用和意义;2014年的《奥林匹克2020议程》中也把奥运遗产开发作为重要内容,以及2017

年国际奥委会发布的《遗产战略方针》等，成为冬奥会承办国家遗产开发的重要依据，有力地推动冬奥遗产开发进入规范化运营阶段。冬奥会开创以来，每一届冬奥会在遗产开发方面都做出了一定的努力，积累了大量的理论和实践经验，为实现规范化发展提供了保障，但各承办国家并没有把这些理论和实践经验提升到"遗产"开发的角度。通过梳理1994年以来冬奥会遗产开发经验成果，主要集中在可持续发展遗产、创造遗产、绿色冰雪运动、科技遗产、环保遗产、安保遗产、冰雪旅游遗产、冬奥会博物馆、反兴奋剂等方面。

一、利勒哈默尔冬奥会

第17届利勒哈默尔冬奥会比赛于1994年2月17—27日举行，参赛国家67个，比赛项目12项。本届冬奥会开创了奥运发展史的新时代，冬奥会与夏奥会交替进行使得奥运周期缩短。每届冬奥会的承办都要投入大量人力、物力、财力支持，为缓解举办国家的财政支出压力，利勒哈默尔冬奥会把资金回流作为工作的重点，而主要收入途径来自电视转播费，本届冬奥会电视转播权由CBS电视台斥资2.95亿美元买断，借助前期的电视媒体宣传，10亿人观看比赛，吸引约120万游客来到利勒哈默尔，创造了历届冬奥会最高接待量和媒体转播量，给当地的旅游、餐饮、住宿、交通、就业等方面都带来良好的带动作用；在场馆遗产开发方面，如同倒立海盗船造型风格、木质结构框架的速滑馆，以独具特色的艺术风格深受世界各国人民的高度评价；利勒哈默尔冬奥会圣火传递人数达6000人，经过19县70个城镇，圣火传递到各地区，通过组织多种类型的文化娱乐活动，包括艺术、绘画、舞蹈、音乐等，这些独具地方特色的文化活动与冰雪运动的结合逐渐形成了具有一定规模和影响力的奥林匹克艺术节，并得以传承和延续。本届运动会把环境保护列入重点内容，为避免环境污染，圣火采用酒精燃烧，开创"绿色冰雪"运动先河。

二、长野冬奥会

第18届长野冬奥会比赛于1998年2月7—22日举行，参赛国家72个，比赛项目14项。时隔26年冬奥会再次走进日本，上届冬奥会因战事未能如期举办，能够重获来之不易的举办权也得到了日本政府的高度重视，围绕"人与自然共存"冬奥会主题理念，开幕式上5个国家的歌唱家通过卫星传输共同演绎《欢乐颂》。冬奥会场馆遗产建设方面的创新之处在于，各冰雪场馆、奥运村配套设施齐全，在奥运村除了满足运动员、教练员、官员住宿以外，还设置电影院、舞厅、商店、图书馆、教堂、健身房、餐饮等非常完善的辅助设施。用印有橄榄枝图案设计的"朝阳"奖牌标识既是对奥运文化遗产的传承，又突出地方特色，四个猫头鹰造型取名为雪精灵（Snowlets）的吉祥物（图1-9）分别代表火、风、地和水的森林生命元素符号，《心手相连》主题曲表达了世界人民团结一心的美好夙愿。

图1-9 第18届长野冬奥会吉祥物

三、盐湖城冬奥会

第19届盐湖城冬奥会比赛于2002年2月8—24日举行，参赛国家77个，比赛项目15项。本届冬奥会在项目设置和参赛规模方面都得到了较大幅度地提升。媒体传播与志愿服务同历届冬奥会相比都创造了历史之最，吸引了大批新闻记者、文字记者、广播记者，招募2万多名志愿服务者以保障赛事服务工作的顺利开展；在文化遗产建设方面，突出"竞争、文化、勇气"主题，传递"更快、更高、更强"的奥运理念，突出犹他州独特的陆地景观与人文景观遗产，推崇具有现代与乡村风格相结合的美国西部文化；美国共投资19亿美元用于场馆建设和安保建设，受美国遭受恐怖袭击的影响，本届冬奥会把安全提升到前所未有的高度，动用警察、军人、特工1.6万人做好赛会的安保工作。"911"

事件后，美国民众爱国热情高涨，激发了人们团结一心的患难精神，开幕式上演唱的《天佑美国》，把废墟中抢救的美国国旗护送至赛会现场，运动员都身穿国旗颜色的服装，试图通过冬奥会表现国家意识和民族情感，增强民族凝聚力；在场馆遗产开发方面，采用投资模式的多元化，新建场馆由政府出资，全国做好场馆的科学规划，赛后主要用于发展公共体育事业，并设立专门的遗产基金，做好场馆维护，另外，把赛场建设成为奥林匹克公园，设立冬奥博物馆，开发旅游观光路线，开创了冬奥遗产旅游产业的成功典范，在赛后利用方面积累了大量值得学习和借鉴的经验；在科技遗产开发方面，花样滑冰首次采用"录像重放技术"，斥资2.91亿美元用于装备电子计时和比赛结果实时处理系统；在绿色环保遗产开发中，依据绿色建筑评估体系对场馆进行评估，环保方案还制定零浪费、零排放、零误差的安全环保目标；盐湖城冬奥会遗产开发的做法得到国际奥委会的高度评价，也被誉为冬奥会史上最成功范本之一。但是，新闻媒体披露贿赂国际奥委会官员的丑闻，存在腐败问题引起轩然大波，为彻查此事，专门成立调查小组，修改奥运宪章，设立"道德委员会"，重新界定国际奥委会组织，完善申办程序等，这一丑闻事件加快了冬奥会管理体制改革步伐，称为步入规范化运营阶段的重要节点。

四、都灵冬奥会

第20届都灵冬奥会比赛于2006年2月10—26日举行，参赛国家80个，比赛项目15项。受上届冬奥会贿赂风波的影响，本届冬奥会按照国际奥委会新颁布的申办程序进行改革，组成"选举委员会"，防范"不适当行为"的发生。在圣火传递方面，2005年11月27日在奥林匹克发源地奥林匹亚采集火种，12月6日到达第1届现代奥林匹克遗址完成圣火交接，火炬传递途经意大利140多个城市，传递路线达1.13万公里。由53名火炬手打出奥林匹克运动（OLYMPICS）标语，每个英文单词分别代表独特寓意，O形意为地球，L（Lian）为联系，Y（You）意指友谊，M（Music）表示音乐，P（Pass）指通过/传递，C（China）指中国，S（Soon）指不久后，是借助冬奥会建立世界各国之间的联系，增进各国之间的友谊和文化交流，接下来圣火接力棒也将交给北京。本届冬奥会所暴露出来的兴奋剂问题值得深思，包括巴西运动员桑托斯药检阳性被驱逐，俄罗斯运动员派列娃因为兴奋剂事件所得奖牌被收回，奥地利10名运动员药检结果均为阳性。自1999年世界反兴奋剂机构（WADA）成立以来，依然缺乏一个统一的执行标准，从而导致无意或有意使用兴奋剂事件无法得到切实解决。2003年3月5日，世界反兴奋剂机构出台第一个《世界反兴奋剂条例》成为兴奋剂治理执行的新法典，2003年国际奥委会正式将奥运遗产开发列入《奥林匹克宪章》，这些具有法度性的制度遗产也是冬奥会进入规范化治理时期的重要转折点，但还需要一个逐步规范和完善的过程。

五、温哥华冬奥会

第21届冬奥会选择在加拿大金融、科技、文化中心温哥华举行，比赛于2010年2月12—28日进行，参赛国家85个，比赛项目15项。温哥华是重要的港口和旅游中心，有着"北方好莱坞"之称的温哥华移民人口数量较多，土著居民和移民共存的生活状态造就了开放、包容的文化品格，这在冬奥会文化遗产开发也得到充分体现，如：张开双臂五彩卡通人物造型寓意着海纳百川、五大洲人民和谐相处；在火炬传递方面，从奥林匹亚点燃后跨越北极点，再送至加拿大，历时106天，传递4.5万公里，火炬手达1.2万人次，创造了历届冬奥会传递里程之最；在媒体传播方面，吸引了1.08万名广播、文字、摄影记者，1000名奥运会广播服务（OBSV）成员，为冰雪赛事转播与冰雪文化宣传提供保障；在场馆建设遗产方面，改建和新建2个奥运村、媒体中心和冰雪场馆，包括可容纳5.5万人、极具特色的空中之城"穹顶"的半封闭式场馆，帮助运动员抵御严寒，以及首次使用的国际冰球联盟（NHL）规则场地，这些场馆的赛后利用主要用于公共健身设施和社区健身服务；用"炽热的心"（*With Glowing Hearts*）作为赛事宣传口号；奖牌设计充分表现了举办地年轻、多元、活力、欢乐的文化特质，宣传海报既表现了举办地本土特质，又能传递历届冬奥会冰雪文化元素。

六、索契冬奥会

第22届索契冬奥会比赛于2014年2月7—23日举行，参赛国家88个，比赛项目15项。本届冬奥会是历史规模最大、设项最多的一届，把"团结、包容、和谐、和平"作为承办主体，圣火由身穿女祭司服装的演员从奥林匹亚山采集，火炬搭载动力破冰船到达北极，攀上欧洲第一山峰，潜入世界最深淡水湖，首次走进太空并载入史册，实现"太空漫步"（图1-10），历时4个月，行程6.5万公里，展现了俄罗斯人不断进取的民族精神；冰雪场馆建设遵循"可持续发展"原则，注重赛后利用，如菲施特奥林匹克体育场赛后可承接大型足球赛事、波尔肖冰宫赛后可作为超现代世界级多用途、娱乐中心,冰山滑冰宫建设称为"可移动"场馆,设计风格方面也充分体现俄罗斯人"热情奔放"的民族性格特征。尽管索契冬奥会组织筹办取得了巨大成功,提供了冬奥遗产开发的国际经验,但也暴露出一些问题,为冬奥会承办国家提供了启示和建议,主要表现在:第一,冬奥会开幕前酒店等基础设施配备不齐全,住宿环境较差,部分工程尚未完工,前期的筹备计划不到位;第二,俄罗斯法律规定的未成年人禁止在公开场合谈论同性恋的规定遭到诸多国家的抵制,甚至部分国家政要表示不出席本届冬奥会,谷歌官方表达了对这一政策的批评,巴赫也强调"反对任何形式的歧视";第三,冬奥会开幕前,索契政府为保障安全,提出"消灭流浪狗"的建议也遭到国际社会的谴责,最终也因投诉而搁置;第四,计时器出现故障,造成成绩"乌龙"问题,以及屡禁不止的兴奋剂问题也为本届冬奥会蒙上一道阴影。

图1-10 第22届索契冬奥会火炬传递的太空之旅

七、平昌冬奥会

第23届平昌冬奥会比赛于2018年2月9—25日举行，来自92个国家和地区的2920名选手参加7个大项、102个小项的角逐。本届冬奥会把创造遗产、可持续发展遗产和社会遗产作为开发目标，通过冰雪运动赛事传播奥林匹克教育，平昌冬奥组委（POCOG）启动奥林匹克教育项目（Olympic Education Programme），让年轻一代人更多地参与冰雪运动，该项目实现直接覆盖130万人，间接覆盖550万人教育目标，为400多所学校提供线上、线下课程，启动世界首个在线Skype（网络电话），建立韩国学生与世界各国冰雪运动员之间的互动联系，同时，完成了2.2万名志愿者培训及酒店、餐厅员工培训课程，提供职业技能教育；在环境收益方面，制定人与生态环境可持续发展目标，注重生物多样性和自然环境修复，节能减排，建设可持续开发和利用场馆，6个新建场馆达到绿色认证标准，奥运村和媒体村在赛后用于居民住宅开发，赋予有形遗产二次生命；平昌冬奥会的"五大奥运"核心目标是遗产开发的亮点工程，包括文化、环境、和平、经济和科技五个维度。平昌冬奥会以技术创新为突破点，具体包括5G技术、运动员可穿戴装备传感技术、GenieTalk人工智能翻译、Furo-D语音机器人和清洁机器人、可穿戴装备支付技术、电视VR、8K转播和360°回放技术，以及具有交互能力的冬奥演播室（图1-11）、"云上奥运"展馆、人脸识别通行系统、KTX高铁和可持续T型环保赛场等，但本届冬奥会依然没有彻底根除兴奋剂事件，以及黑客网络攻击事件等问题，值得思考与警惕。

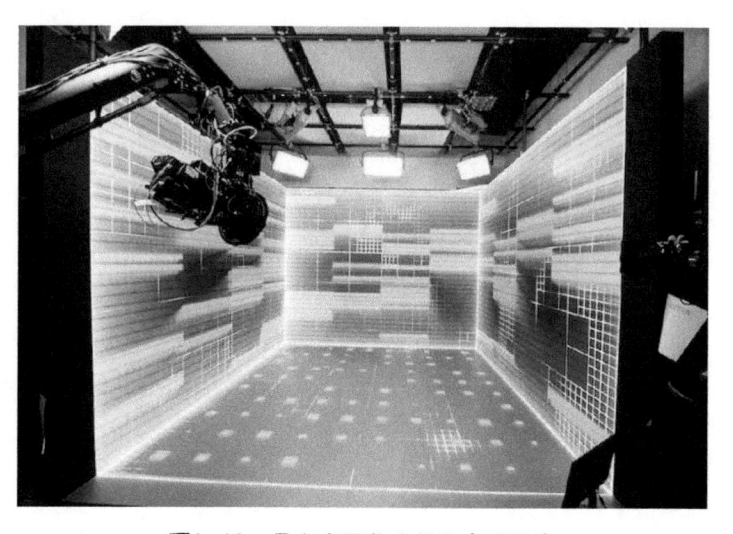

图1-11 具有交互能力的冬奥演播室

冬奥会在经历近百年的发展中，不断总结经验、积累经验，通过历届冬奥会发展史的梳理不难发现，各承办国家都开发了大量冬奥遗产，很多优秀遗产是值得记忆和传承的，也是有待持续开发的遗产样式，甚至一些失败的遗产开发案例也是他国承办过程中需要防范和规避的重要借鉴。为确保冬奥会遗产开发的规范性和科学性，2017年国际奥委会推出《遗产战略方针》，这对于冬奥遗产开发步入规范化阶段具有里程碑意义。

第二章
百年冬奥遗产开发的域外经验

1924年第1届冬奥会发展至今,在近百年的冬奥遗产探索历程中,在经历探索起步、自我寻建和稳定发展以后,逐渐步入了规范化发展阶段,冬奥遗产开发也实践着由体育遗产的单一维度走向体育遗产、经济遗产、文化遗产、社会遗产、城市发展遗产等多元化发展的格局,遗产开发情况也成为评估冬奥会组织承办成功与否的主要标准。按照《遗产战略方针》"预期长期收益"的开发目标,对历届冬奥遗产开发概况进行系统梳理,具体内容整理如下。

第一节 冬奥场馆遗产

19世纪以前,滑雪爱好者们在天然的雪地进行滑雪运动;19世纪中期阿尔卑斯山脉地区的一些国家(如瑞士、法国、奥地利、德国、意大利等)开始对天然雪地进行建设,形成早期的乡村滑雪场,但设施较为简陋;进入20世纪人们对雪场的建设、改造能力升级,引入索道、造雪机、压雪机等设备,为游客提供丰富的滑雪旅游体验。

一、场馆开发

体育场馆是冬奥会组织开展冰雪运动的基础设施。梳理百年冬奥场馆遗产开发的类型,主要包括:依傍天然的简陋型场馆、改造型场馆、个性化设计场馆、多功能开发型场馆、科技型场馆、艺术设计型场馆、可改造利用型场馆、大规模资源消耗型场馆等。

1. 依傍天然的简陋型场馆

第1届（图2-1）、第2届冬奥会专门修建室外冰场，主要是依傍赛场的天然环境进行适当的人工修缮来满足滑冰和冰球项目需要，滑雪和有舵雪橇均在室外天然场地进行。自第3届冬奥会开始才建设室内冰场，冰雪场馆建设开始得到承办国家的高度重视，由于多数比赛在室外进行，在比赛过程中经常受外界天气环境变化因素的影响，特别是严重的缺雪问题造成一些项目不能正常举行，为解决这一问题，承办国家在赛前通过冰雪囤积的方式满足比赛供雪需求，从而进入人力铺设建造滑雪场馆时代。第9届因斯布鲁克冬奥会上，奥地利政府为解决缺雪问题，从阿尔卑斯山取雪、冰砖，铺设赛道，并做大量储备确保赛事的顺利进行。

图2-1 第1届圣莫里茨冬奥会室外冰场

2. 改造型场馆

兴起于"二战"后和20世纪70—80年代，造雪技术促进了欧美国家滑雪场地迅速增加，以欧洲阿尔卑斯地区为代表的高纬度滑雪度假区建成，后起的经济发达国家和新兴工业国家及少数发展中国家借助造雪技术开始建设滑雪场，发展滑雪运动。

特别是第11届日本札幌冬奥会（图2-2）以来，随着赛事组织规模的不断扩张，单纯依赖天然的简陋型场馆已经难以满足赛事需求，因此，各承办国家开始注重对现有可利用场馆的改造，同时，又投入大量资金用于冰雪场馆的新建。这一时期冬奥会承办的主要开支也在场馆建设投入方面，这与冬奥会场馆建设初期（前10届）的简陋型场馆（主要采用天然冰面和天然滑雪道）相比，给承办国家带来较大的财政压力，加上冰雪场馆建设初期，由于缺乏遗产可持续开发利用的经验，不注重赛后的规划利用，造成冬奥会赛后的大量闲置和资源浪费，场馆建设依然处于粗放型规划建设期。

图2-2 日本札幌冬奥会改造场馆

20世纪80年代之前，由于冬奥会参赛规模和影响力较小，承办国家受冬奥场馆改造和新建的经济困扰，甚至不得不放弃承办，如1976年美国丹佛迫于资金压力主动放弃承办权。另外，这一时期"高投入低产出"场馆建设的做法也遭受社会各界诸多非议和批评，如第13届冬奥会修造跳雪台和雪橇滑道，改建冰雪场馆近一个奥运周期。为改变这一现状，承办国家在冬奥会场馆建设中更加注重对现有场馆的改造，以减少资金投入，如第14届冬奥会整修和扩建的可容纳5.5万人的科舍沃体育场，为大型冰雪场馆建设提供了可借鉴的宝贵经验，改造型场馆的创新性尝试得到国际奥委会的高度评价，这一做法也有效规避了声势浩大的场馆建设工程给承办城市和国家政府带来的财政赤字风险。

3. 个性化设计场馆

冬奥会冰雪场馆在经过修建与改建以后，场馆设计进入个性化设计阶段。第15届卡尔加里冬奥会建造的第一个全封闭"马蹄形"速滑馆和马霍恩体育场，也实现了滑冰项目在室内进行，并配有计算机控制的人工造雪机，有效解决了历年难题，成为推动冬奥会冰雪运动发展的重要标志。随着冰雪运动项目的不断增多，所需要的场馆数量也逐渐增加。第16届阿尔贝维尔冬奥会兴建了多个现代化设计风格的冰雪场馆，如莱赛西滑雪场雪道采用奥运五环设计风格，便于观众观看。但是，一个国家承办冬奥会，为节约资金投入，选择最大化利用本土场馆资源，造成冰雪场馆比较分散，这一问题在第16届冬奥会上表现得也比较突出，涉及的57个冰雪竞赛项目分布在阿尔贝维尔及东南部占地面积1000平方公里的奥林匹克公园，加大了冰雪赛事组织的难度。

4. 多功能开发型场馆

随着滑雪装备设施的发展和滑雪群体的增加，欧美国家形成了单体滑雪场、滑雪度假区和度假、旅游、购物等为一体的大型滑雪综合体，实现了冰雪场馆的多功能开发，满足了不同群体多样化滑雪需求。1994年第17届冬奥会与夏奥会间隔承办以来，场馆设计也进入新的发展阶段，如利勒哈默尔冬奥会设计的可容纳1.05万人的哈孔体育馆，附属建设餐厅、会议室、训练中心、射击中心、保龄球馆等，以及堪称世界一流可容纳8000人的奥林匹克速滑馆，设有餐厅、游泳池、接待大厅、贵宾室等，这种设计改变了以往场馆单一属性，实现了赛后的有机转型与过渡。第18届日本长野冬奥会（图2-3）也注重冰雪场馆遗产的长远规划，除赛后场馆利用以外，还注重艺术设计，打造成为城市标志性建筑和城市景观，如M波浪速滑馆、多功能体育馆。

图2-3 长野冬奥会M波浪速滑馆

冬奥场馆的多功能开发实现了场馆的赛后可持续利用，除了满足大众多种健身需求以外，还可承接会议接待、各类赛事、文体娱乐、休闲服务等活动。冬奥场馆的艺术设计使之成为城市标识性景观，为冬奥遗产旅游开发创造了条件。进入21世纪以后，冬奥场馆建设进入绿色科技规划阶段，盐湖城冬奥会犹他速滑馆按照美国LEED标准，达到废弃物零排放，减少资源消耗达到零浪费，符合绿色认证标准，确保冰雪场馆满足环保和安全，赛后冰雪场馆的改造按照生态旅游观光目标，创建冰雪博物馆，开发冬奥遗产旅游线路，成功转型与过渡模式成为冬奥遗产赛后利用的成功典范。

5. 科技型场馆

2006年都灵冬奥会场馆建设情况（表2-1）：室内冰上项目新建场馆3个，改建场馆2个，开、闭幕式场馆通过改建容纳观众由25000人增加到35000人，新建的室内冰上竞赛场馆容纳观众规模20600人，改建场馆容纳观众规模51530人，室内场馆中，新建和改建场馆规模百分比分别为28.56%、71.44%；室外雪上项目场馆新建2个，改建6个，改建场馆容纳观众规模66700人，新建场馆规模22700人，室外雪上项目新建和改建场馆规模所占的比重分别25.39%、74.61%，主要以改建为主。冬奥会场馆以改建为主的筹建方式来减少资源消耗，减少举办国家的财政压力，这也是国际奥委会发展冬奥会的初衷。在这些场馆中，安尼巴勒（Annibale）、乔治·里戈蒂（Giorgio Rigotti）等多位建筑设计大师设计的帕拉维拉（Palavela）短道速滑/花样滑冰馆被誉为意大利代表性建筑作品，奥沃尔林格托（Oval Lingotto）速滑馆为多功能室内建筑，由伦敦、美国霍克建筑事务所（HOK）和佐皮尼（Zoppini）多个部门联合设计，给冰雪场馆注入更多科技，如：屋顶设计中中间不使用任何支撑物，确保场馆地面无障碍。

表2-1 都灵冬奥会场馆建设情况

场馆类别	场馆名称	竞赛项目	场馆规模/人	建设类型
室外雪上项目场馆9个	萨奥兹-杜尔克斯滑雪场（Sauze d'Oulx-Jouvenceaux）	自由式滑雪	12200	改建
	塞萨纳-普里奥体育场（Cesana Pariol）	雪车 雪橇	7000	新建
	巴尔多内加滑雪场（Bardonecchia）	单板滑雪	11700	新建

（续表）

场馆类别	场馆名称	竞赛项目	场馆规模/人	建设类型
室外雪上项目场馆 9个	普拉格拉托滑雪场（Pragelato）	跳台滑雪	11200	改建
	普拉格拉托普兰滑雪场（Pragelato Plan）	越野滑雪	11000	新建
	塞斯特雷科勒滑雪场（Sestiere Sub-area Colle）	高山滑雪	11100	改建
	赛斯特雷-伯加塔滑雪场（Sestriere Borgata）	高山滑雪	10600	改建
	圣西卡里奥费雷特夫滑雪场（San Sicario Fraiteve）	高山滑雪	10600	改建
	塞萨纳圣西卡里奥滑雪场（Cesana-san-sicario）	冬季两项	11000	改建
室内冰上项目场馆 6个	帕拉维拉体育馆（Palavela）	短道速滑/花样滑冰	9350	新建
	奥沃尔-林格托体育馆（Oval Lingotto）	速度滑冰	8250	新建
	奥林匹克帕拉竞技冰球馆（Olympic Palasport）	冰球1	12300	改建
	埃斯波斯兹奥尼体育馆（Esposizioni）	冰球2	4320	改建
	皮内罗洛帕拉吉亚奥体育馆（Pinerolo Palaghiaccio）	冰壶	3000	新建
	都灵奥林匹克体育场（Torino Olympic）	开幕式/闭幕式	35000	改建

6. 艺术设计型场馆

2010年温哥华冬奥会场馆建设情况（表2-2）：室外雪上项目和室内冰上项目场馆均5个，其中，室外新建场馆3个，场馆规模为44000人，改建场馆2个，规模为7700人，室外场馆中，新建、改建场馆规模比重分别为85.11%、14.89%，以新建为主；室内新建项目2个，场馆规模为13200人，改建项目3个，场馆规模为40300人，室内竞赛场馆规模为53500人（除开、闭幕式场馆外），新建和改建场馆规模所占的比重分别为24.67%、75.33%。在这些场馆中，哥伦比亚体育馆是北美最大的空中支撑穹顶场馆，馆内的灯光、投影、音响、特效等方面技术都堪称世界顶端；梅蒂斯艺术公司设计的温哥华奥林匹克中心融入了大量地域土著文化艺术元素，以及位于赛普拉斯省立公园内的塞普拉斯山滑雪场（Cypress Mountain）可以俯瞰温哥华市区及海港景观，为旅游开发创造了天然条件。奥林匹克公园内的体育场全透明玻璃、侧翼是拱形、中间为碗状结构的灵感设计，可以观看山脉和海洋的景观走廊，为冬奥遗产旅游开发提供重要保障。

表2-2 温哥华冬奥会场馆建设情况

场馆类别	场馆名称	竞赛项目	场馆规模/人	建设类型
室外雪上项目场馆4个	惠斯勒奥林匹克公园（Whistler Olympic Park）	冬季两项/跳台滑雪/越野滑雪/北欧两项	12000	新建
	威士拿滑行中心（The Whistler Sliding Centre）	雪橇/雪车/钢架雪车	12000	新建
	惠斯勒河畔滑雪场（Whistler Creekside）	高山滑雪	7700	改建
	塞普拉斯山滑雪场（Cypress Mountain）	自由式滑雪/单板滑雪	观众12000/单板U型池8000	新建
室内冰上项目场馆6个	加拿大冰球场（Canada Hockey Place）	冰球	19300	改建
	太平洋体育馆（Pacific Coliseum）	花样滑冰/短道速滑	14200	改建
	温哥华奥林匹克中心（Vancouver Olympic Centre）	冰壶	5600	新建
	哥伦比亚大学雷鸟竞技场（UBC Thunderbird Arena）	冰球	6800	改建
	里士满奥林匹克馆（Richmond Olympic Oval）	速度滑冰	7600	新建
	卑诗体育馆（BC Place）	开幕式/闭幕式	55000	改建

7. 可改造利用型场馆

从索契冬奥会场馆建设情况来看（表2-3）：举行冬奥会开幕式、闭幕式和颁奖典礼的奥林匹克体育馆菲什特为改建场馆，可容纳的观众规模从25000人增加到45000人，可以堪称一项浩大的改造工程，除开、闭幕式为改建以外，其他所有竞赛场馆均为新建场馆。2014年索契冬奥会场馆建设以可持续发展为主题，场馆规划设计遵循绿色开发理念，尽管所有竞赛场馆均为新建场馆，但注重赛后的可改造利用，多数场馆在保留体育功能的基础上改造成为购物、娱乐、休闲、会展中心等，如：波尔肖冰宫整体设计基于冷冻下降现象达到整体平衡，优美的设计风格在赛后被打造成为超现代、多功能现代运动、娱乐休闲中心；菲什特体育馆赛后改造成为足球场、训练基地、娱乐中心；沙伊巴冰球中心配备有非常完善的配套设施，包括：冰上皇宫大剧院、训练场和马里冰宫，冰球中心每一处的设计都充满科技含量，作为一个可移动场地，赛后可运输到其他城市使用；冰立方冰壶中心也是现代化科技设计的可移动场馆，遵循无障碍简单化特点，设计风格上也充分体现民主与和平，赛后拆除可运输到其他城市和地区使用；冰山滑冰中心内部基础设施设计充分体现灵活性，如：观众席可伸缩、移动，通过简单改变可举办多种体育活动（篮球、体操、网球、羽毛球、乒乓球等）、音乐会、会展等；另外，花样滑冰馆赛后改造成为自行车馆，高加索地区的几个滑雪场赛后除保留室外滑雪的雪上项目竞赛功能以外，还可作为大众滑雪健身、滑雪培训和冰雪旅游度假；阿德勒竞技场采用两个普通轨道和一个椭圆形轨道设计，400米的并轨道长度符合国际滑冰联盟要求，并能够提供最佳计时性能，赛后被改造成为贸易展览中心。

表2-3　索契冬奥会场馆建设情况

场馆类别	场馆名称	竞赛项目	场馆规模/人	建设类型
室外雪上项目场馆5个	劳拉滑雪中心	越野滑雪/冬季两项	7500	新建
	罗萨—胡特滑雪中心	高山滑雪	7500	新建
	高尔基俄罗斯跳台滑雪中心	跳台滑雪/北欧两项	7500	新建
	山崎奥林匹克滑行中心	雪橇/雪车/钢架雪车	5000	新建

（续表）

场馆类别	场馆名称	竞赛项目	场馆规模/人	建设类型
室外雪上项目场馆5个	罗萨—胡特极限公园	自由式滑雪/单板滑雪	6250	新建
室内冰上项目场馆6个	奥林匹克体育馆菲什特	开幕式/闭幕式	45000	改建
	波尔肖冰宫	冰球	12000	新建
	沙伊巴冰球中心	冰球/冰爬犁曲棍球	7000	新建
	冰立方冰壶中心	冰壶	3000	新建
	冰山滑冰中心	花样滑冰/短道速滑	12000	新建
	阿德勒竞技场	速度滑冰	8000	新建

8. 大规模资源消耗型场馆

2018年平昌冬奥会场馆（图2-4）被划分为两个场馆群——平昌山脉场馆群和江陵海岸场馆群，场馆规划设计较为集中，基本沿交通线横向排列，从奥运村出发到任何一个场馆30分钟内均可达到，90%的场馆可在15分钟内到达。这届冬奥会场馆群除区位集中分布便于冰雪赛事组织管理以外，也高度重视对场馆的规划设计，如江陵冰上运动场由heerim Architects & Planners设计，按照"速度滑冰选手的头盔"这一造型设计主题，更强调场馆作为冬奥会遗产所独有的标志性价值。

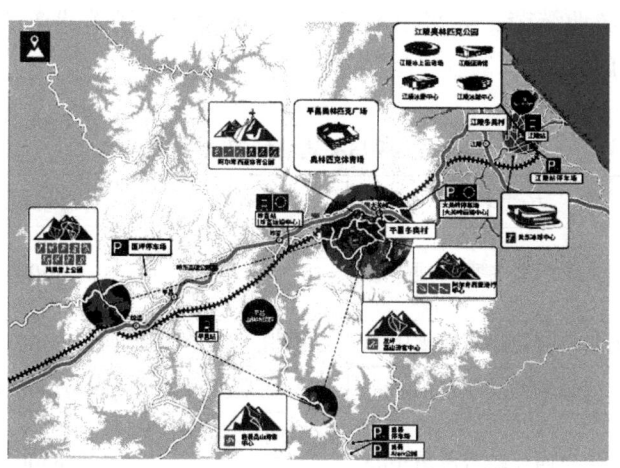

图2-4 平昌冬奥会场馆群分布

从2018平昌冬奥会场馆群建设情况来看（表2-4）：室外雪上项目山脉场馆群由8个场馆组成，其中，新建场馆1个，场馆规模7000人，改建场馆6个，场馆接待观众规模54000人，新建开、闭幕式临时场馆1个，可容纳35000观众；江陵海岸冰上项目场馆群中，新建场馆4个，场馆规模36000人，改建场馆1个，接待规模3500人。从统计结果来看，冰上场馆主要以新建为主，室外雪上场馆主要借助当地原有的场地资源优势，通过改建的方式来达到赛事标准要求。在具体规划方面，平昌冬奥会山脉场馆群用于室外雪上项目比赛，赛后可持续开发利用为滑雪度假旅游、滑雪赛事；江陵海岸场馆空间分布比较集中，除关东冰球中心外，其他场馆均位于奥林匹克公园内，奥林匹克公园内还建设有助威广场、露天表演、江陵艺术中心、NOC/OCCG House、超级商店、赞助商企业宣传馆、观众食堂等。平昌冬奥会场馆群建设耗资巨大，2017年8月国际奥委会组织召开的第9次协调会上，协调会主席林德伯格表示，平昌冬奥会冰雪场馆建设缺乏可持续利用规划，对赛后利用担忧，不愿意看到冬奥会赛后场馆沦为"白象"（white elephants）[①]，同时，也呼吁举办国要减少办赛成本，科学规划与合理开发相结合，充分利用既有场馆设施，赛后能够为举办地留下丰厚奥运遗产，为推进冬奥会可持续发展提供宝贵经验。平昌冬奥会开支预算70亿美元，而实际开支达130亿美元，远远超过初始预算，仅开幕式场馆就耗资1.09亿美元，场馆总投资8亿美元，赛后韩国政府每年用到11万美元的维护费用，被迫关闭奥运滑行中心，甚至部分场馆将拆除，速滑馆也无人维护被搁置，很多体育场馆空无一人，承办冬奥会没有能力带动本国冰雪运动普及和旅游业繁荣，大兴土木工程为后奥运时代场馆遗产的可持续开发利用提供警示作用。

[①] 消耗大量人力、物力、财力，但不能物尽其用或成为无价值的设施。

表2-4 平昌冬奥会场馆建设情况

场馆类别	场馆名称	竞赛项目	场馆规模/人	建设类型
平昌山脉场馆群8个	阿尔卑西亚冬季两项中心	越野滑雪/北欧两项/冬季两项	7500	改建
	阿尔卑西亚越野滑雪中心	越野滑雪/北欧两项	7500	改建
	阿尔卑西亚滑行中心	雪车/雪橇/钢架雪车	7000	新建
	阿尔卑西亚跳台滑雪中心	北欧两项/跳台滑雪/单板滑雪	8500	改建

（续表）

场馆类别	场馆名称	竞赛项目	场馆规模/人	建设类型
平昌山脉场馆群8个	凤凰雪上公园	自由式滑雪/单板滑雪	18000	改建
	龙坪高山滑雪中心	高山滑雪	6000	改建
	旌善高山滑雪中心	高山滑雪	6500	改建
	平昌奥林匹克体育场	开幕式/闭幕式/颁奖	35000	临时
江陵海岸场馆群5个	江陵速滑馆	速度滑冰	8000	新建
	江陵冰上运动场	短道竞速滑冰/花样滑冰	12000	新建
	江陵冰球中心	冰球	10000	新建
	关东冰球中心	冰球	6000	新建
	江陵冰壶中心	冰壶	3500	改建

二、场馆赛后使用

随着冬奥会组织规模的不断扩大，场馆建设成为东道主国家筹办工作的难点，因为有些场馆是长期使用，具有可持续开发的价值空间，而有些场馆则是暂时性的，如颁奖广场、宣誓广场、展厅、部分会场等，使用频率低，赛后利用价值空间不大，可持续发展潜力较小。冬奥会的场馆可以划分为新建、改建和临时建筑三种类型。根据不同国家和地区实际，结合冬奥会筹办工作实际，选择建筑类型应当遵照《奥林匹克2020议程》规范要求，最大化利用现有场馆资源，以可持续发展为基本原则。为有效控制经济投资风险，冰雪场馆的重复利用和现有场馆的改造也成为冬奥会承办国家的首要选择，对于利用率不高，不具备后期开发利用价值的场馆以临时建筑的形式来节省开支，如：平昌冬奥会可容纳3.5万人的开闭幕式场馆建成临时建筑，赛后被整体拆除，如此庞大的建筑工程用临时建筑的形式尽管减少了投资开支和资源消耗，但也引起诸多非议，如：产生资源浪费，因此，要合理规划场馆投资、运营与利用关系，减少拆除、转换和异地重置过程中的资源消耗。都灵冬奥会、温哥华冬奥会在现有场馆改造和重复利用方面取得了较大成功，也积累了一定经验，具体表现为对现有场馆的利用需要在整个生命周期内最大范围发挥场馆自身价值，新建或改建的冰雪场馆在承接同类大型赛事要做到尽量减少场馆角色转换和功能的频繁转换。

基于上述冬奥场馆建设的经验总结，历届冬奥场馆开发与利用以赛后功能转换为依据，雪上项目场馆赛后主要用于大众滑雪健身、冰雪旅游开发、雪上项目教学训练、竞技滑雪训练等。冰上场馆赛后功能以都灵冬奥会、温哥华冬奥会、索契冬奥会、平昌冬奥会为例（表2-5）：主要用于多功能场馆开发，包括组织一些大型文化活动，以服务大众多样化需求为目的，带有一定的公益性特点，以及承接多种类型的体育竞赛、冰上项目比赛来延续场馆功能，部分被拆除的冰上场馆被安排异地重组利用，以提高场馆使用效率和效益最大化。还有一种类型的冰上场馆利用学校资源进行改建或新建，赛后可用于学校体育工作的开展，使之成为改善学校体育教育环境的一种手段。冬奥场馆建设不管采用哪种利用方式都要充分考虑场馆的弹性功能，在满足赛事需要的前提下，合理进行空间规划和整体布局，尽量满足场馆的赛后利用、通用适需、灵活过渡。

表2-5　冬奥会场馆赛后利用方案

举办地	场馆名称	赛时功能	赛后功能
2006年都灵冬奥会	埃斯波斯兹奥尼体育馆	冰球比赛	会展
	奥林匹克帕拉竞技冰球馆	冰球比赛	体育、音乐会、大型会议、展览、集会、大型活动等于一体的多功能场馆
	奥沃尔-林格托	速度滑冰比赛	展览、展会、冰雪运动
	帕拉维拉	短道速滑/花样滑冰	音乐会、集会、展会多功能场馆
	皮内罗洛帕拉吉亚西奥体育馆	冰壶比赛	冰球、冰壶、短道速滑、花样滑冰比赛及大型汇演活动
2010年温哥华冬奥会	温哥华奥林匹克中心	冰壶比赛	冰壶俱乐部、社区娱乐场所
	里士满奥林匹克馆	速度滑冰比赛	医疗、商品零售、运动训练、表演、文化交流、室内赛艇池、划船机、健身、娱乐中心
	哥伦比亚大学雷鸟竞技场	冰球比赛	延续比赛功能
	太平洋体育馆	花样滑冰/短道速滑	冰上、拳击、篮球、冰球运动、音乐会、马戏、商贸、大型集会
	加拿大冰球场	冰球比赛	学校、社区冰球比赛

（续表）

举办地	场馆名称	赛时功能	赛后功能
2014年索契冬奥会	冰山滑冰中心	花样滑冰/短道速滑	赛后拆除为内陆城市提供高品质滑冰场馆
	波尔肖冰宫	冰球比赛	多功能娱乐、会展、会议中心、音乐会等
	阿德勒竞技场	速度滑冰比赛	贸易展览中心
	冰立方冰壶中心	冰壶比赛	赛后拆除异地重组利用
	沙伊巴冰球中心	冰球/冰爬犁曲棍球	赛后拆除异地重组利用
2018年平昌冬奥会	江陵速滑馆	速度滑冰比赛	冰上运动中心、低温仓库
	江陵冰上运动场	短道竞速/花样滑冰	体育馆、游泳、全民健身场馆
	江陵冰球中心	冰球比赛	大学多功能体育馆
	关东冰球中心	冰球比赛	全民健身多功能体育馆
	江陵冰壶中心	冰壶比赛	承接冰球、冰壶训练和比赛

国际奥委会在"2024申办流程"中对场馆建设规范要求进行调整，为减少资源消耗，充分考虑场馆的赛后利用率，举办国家可以根据实际来建设座席数量，不再规范场馆的最低座席数。各承办国家开始注重冰雪场馆的科学化设计，如：1998年日本长野冬奥会速滑馆对于座位的设计采用可移动、伸缩功能，赛后便于多种功能自由转换；2006年都灵冬奥会冰球馆顶部高度采用可调节设计，以适应多种活动需要，速滑馆座位的移动设计可以扩大场地空间，利用移动隔断进行多空间划分，实现了向展览功能开发。从历届冬奥会冰雪场馆赛后利用方式可以看出，主要采用通用空间设计、灵活分割、可伸缩、移动座椅、场地变换、多功能组合开发的设计原则，符合场馆可持续发展的要求。

三、场馆设计

《奥林匹克2020议程》中规定，奥运新建场馆要有明确的赛后需求，且财务资金可行的情况下，冰雪场馆设计之初就要充分考虑赛时利用和赛后运营，遵循以馆养馆的设计理念，在尽量减少空间容积的基础上节能降耗。这种新型的冰雪场馆设计思路非常注重内部结构和功能，强调场馆的实用性价值，而不是过度追求风格创新而忽视场馆应有的本体功能。目前冬奥会大道速滑馆通常设计风格为100米（宽）×200米（长）平面空间、400米赛道，外部形状轮廓采用矩形、椭圆或梭形，剖面为拱形、折线、马鞍形或M形结构，空间上采用悬索、张拉、鞍壳等较为成熟的技术，如：利勒哈默尔哈马尔速滑馆结构选型为胶合木双桁架梁三铰拱结构；长野速滑馆采用悬索结构单索为基本单元的渐进排列，滑冰馆采用钢木混合悬索结构体系；盐湖城冬奥会犹他奥林匹克馆采用张悬结构体系；温哥华里士满奥林匹克馆为胶合木拱结构体系设计。在整体结构设计风格上遵循先进性、适用性与建设便捷性要求，从造冰造雪、通风、采光、电视转播、智能化的角度加强技术改革，在进行科学化设计的同时，减少资源消耗，提高场馆利用率和赛后多功能转型。2000年以后，国际奥委会对场馆建设提出绿色认证要求，建立奥运会知识管理系统，提供LEED认证标准，符合绿色环保建筑结构体系要求，如盐湖城、索契、平昌冬奥会场馆建设选用高性价比的PTFE、ETFE环保材料。《奥林匹克宪章》也强调采取防止危害运动员健康的措施，国际奥委会颁布的《竞赛场馆设计标准技术手册》对场馆的物理环境提出了明确要求，包括空气质量、物理环境、污染物、室内颗粒浓度都要达到无害化标准，另外，对雪面、冰面硬度、强度、弹性和粗糙度都要做好舒适和无害控制，如：长野冬奥会速滑馆设计高低变化的天窗可以使阳光经过折射后进入室内，从而避免炫光对运动员视觉影响。冬奥会场馆在观众看台设计方面，加强高度、视角、视距设计，确保观赛的舒适度。在场馆绿色节能消耗方面，采用能源循环利用技术、节能减排技术、自然采光技术和遮阳保温技术等手段，降低场馆照明、空调消耗运行成本，如：温哥华奥林匹克中心和速滑馆采用热能循环技术节能降耗，平昌冬奥会关东冰球中心采用太阳能、地热、LED光源、雨水收集等技术，大大提高了能源利用效率，减少了能源消耗。

第二节　冬奥村遗产

奥运村又称为运动员村或奥林匹克村，是为教练员、运动员和赛事服务人员提供住宿的场所，为奥运赛事提供后勤服务保障，通常在开幕前两周投入使用，闭幕式结束后3天停止使用。奥运村作为重要的体育遗产，在1920年之前的奥运会并没有建造专门为运动员、官员、教练员等提供住宿的运动员村，赛事期间都是安置在距离赛场较近的宾馆内，但由于不同地区、不同住宿场所服务环境差异，造成不同国家、运动队待遇问题的分歧，于是在1923年，国际奥委会就提出为所有参赛者提供平等服务层级的住宿条件，第8届夏奥会筹备期间，久查里克首次提出建设奥运村的设想，并得到奥组委的评议通过。1924年法国巴黎举行的夏奥会就统一把运动员安置在巴黎科龙布体育场周边专门建造的临时奥运村，所有住宿房屋均为特制的木质平房，每间3人标准，并配备淋浴和卫生间设施，这就成为奥运村发展史的早期形式——仅提供住宿服务的单一功能属性，可以称之为临时性奥运村建设期。1932年第10届夏奥会建造的奥运村是由550栋木屋组成的住宿区，在配备的辅助性设施方面更加完善，除了房间内沐浴室、更衣室及生活必需品等基本配置以外，奥运村还增设了餐馆、商店、游艺厅、图书馆等生活休闲设施。自此每届奥运会都要修建专门的奥运村，为运动员提供专门的居住环境，并列入《奥林匹克宪章》，规定奥运村必须配置的辅助性设施包括：餐厅、商店、医院、文化娱乐中心。筹建奥运村已成为组织筹备奥运会一项必不可少的工作，早期这些临时性建筑（赛后拆除）的功能除居住、娱乐、餐饮、休闲外，也成为世界各国进行国际交流活动的重要空间。梳理冬奥会奥运村建设发展历程，大致分为五个阶段：临时型冬奥村、规划型冬奥村、可持续发展型冬奥村、绿色环保型冬奥村、现代科技型冬奥村。

一、临时型冬奥村

冬奥会在开创初期，由于参赛规模较小，并没有专门设置奥运村，直到1960年第8届冬奥会，第一次专门修建供运动员住宿的奥运村，开创了冬奥会修建奥运村的先河。第10届格勒诺布尔冬奥会和第14届萨拉热窝冬奥会专门新建奥林匹克村，发展初期的冬奥会主要是由于规模较小，运动员村也仅仅是满足运动员临时住宿，为运动员提供舒适的居住环境，但由于缺乏长远的规划设计，冬奥会后面临拆除。

二、规划型奥运村

1994年冬奥会与夏奥会间隔承办以后，冬奥会举办国家借鉴夏奥会奥运村建设方面的成功经验，对赛后利用进行规划，功能表现：竞赛期为运动员、教练员、官员代表等提供服务，赛后以房地产商品房开发的形式对外销售。奥运

村遗产开发借助专门的规划理念，注重环境的美化、绿化，为运动员、教练员和官员提供宜人的居住环境。在1998年日本长野冬奥会上，奥林匹克村经过精心的设计规划，除可容纳2000多名运动员、1000多名教练员和官员居住以外，还规划设计商店、餐馆、图书馆、教堂、健身房、舞厅、影院等非常完善的娱乐设施。随着冬奥会组织规模的持续扩张，奥运村既要满足运动员的居住需求，还要提供购物、餐饮、娱乐等配套服务设施，多种服务功能减少了与会人员的交通压力，提高了赛事组织运行效率。

三、可持续发展型冬奥村

21世纪受全球可持续发展的影响，冬奥会奥林匹克村在可持续发展理念的指导下，为举办地留下一笔永久性可持续利用的宝贵遗产。盐湖城冬奥会投资1.2亿美元建成30万平方米奥运村，满足来自84个国家3500名运动员、教练和官员住宿服务需求。本届冬奥会的奥运村并不是专门新建，美国冬奥组委通过与犹他大学合作，把学校的部分建筑改造成为满足冬奥会居住条件要求的住宿区，表现为大学公寓的形式。冬奥会比赛期间，冬奥组委会通过租用的合作方式暂时获得公寓使用权，比赛结束后还是归大学生居住，既满足了赛事筹办需要，又改善了学生的居住环境，从而实现了奥运村的有机过渡与转型。

2006年都灵冬奥会奥运村建设注重照明（CMH地灯、GE地灯、GE发电设备、电子反应器）、发电（219兆瓦电力）、医疗（GE LOGIQ Book XP超声系统、Vivid I book超声扫描设备）和安全（Lexan* Soundglaze SC* 板、CTX9000型爆炸物探测系统、火灾控制箱）方面的技术创新，分别在都灵、巴多内基亚和塞斯特列雷地区建设3个奥运村，可接待住宿人数约5000人，村内设置健身、图书馆、医院、餐厅、银行、商店等配套服务设施。其中，都灵奥运村可接待2500人，设置诊所、餐饮、运动健身等齐全的娱乐、商务设施；巴多内基亚奥运村可接待700人居住，赛后转型用于居民区；塞斯特列雷奥运村可容纳1700人居住。都灵冬奥会将绿色环境保护作为可持续发展的主题，所有奥运村都要通过ISO14001：1996认证和EMAS认证标准，建立绿色环境评价体系，符合可持续发展的标准要求，加强水循环、土地利用、废弃物排放、能源消耗等方面的绿色可持续工程建设，制定环境遗产项目的"零"碳排放、废弃物综合治理计划、绿色采购计划，建立全方位的生态系统，确保奥运村规划与生态环境的包容性。

四、绿色环保型冬奥村

2010年温哥华冬奥会奥运村（图2-5）按照绿色环保的建设方式，获得美国绿色建筑委员会认证LEED体系铂金奖和绿色环保建筑金奖，被国际奥委会认定为全球最可持续发展、最绿色、最高效能社区。奥运村占地15万平方米，冬奥会期间接待2730人，残奥会期间接待350人，整体设计风格别致，独具匠心，室内装饰设施配套齐全，温馨的整体设计给人以家的感觉。两处奥运村分别建址于温哥华和惠斯勒，旧址曾是老工业区，经过城市建设部门多年改造计划，在能源循环利用、废弃管理和水资源管理等方面借助高科技环保技术，实现节能40%以上，奥运村也被称之为"节能环保之家"。配套设施有奥运村广场，用于各国代表团入住举行升旗仪式；餐厅根据不同国家饮食习惯，提供美式、欧式、亚式等多种样式，满足运动员多种生活习惯需求；奥林匹克村中心是运动员广场，旁边设有运动员健身中心和休闲中心，提供各类健身器械、吧台、台球及乐队演奏服务，给世界各国运动员提供休憩交流活动空间。奥运村"千年·水"赛前已面向社会公开销售（包括：商品房、出租房和经济适用房），赛后开发利用，变成综合性社区，这种绿色环保型居住环境更有利于满足现代人群的消费需求。由于受全球经济危机的影响，温哥华冬奥会的承办使温哥华政府面临6.3亿美元的财政赤字，直到2014年政府通过销售奥运村奢华公寓和大楼才偿还清冬奥会遗留的债务危机。绿色环保型冬奥村成为深受大众追捧喜爱的一种遗产类型。

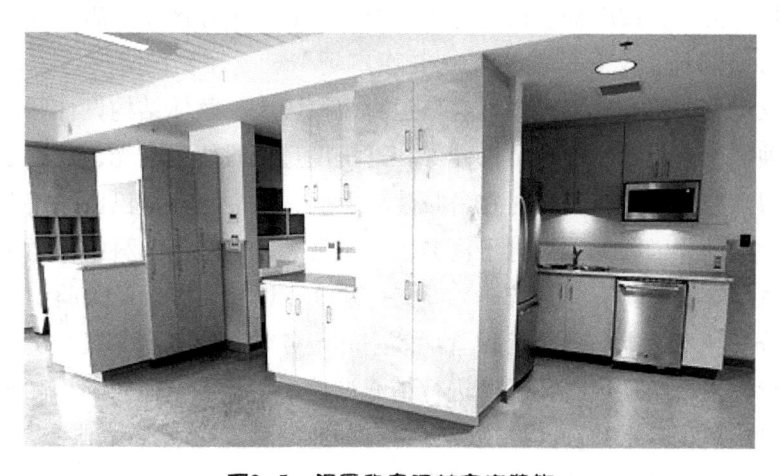

图2-5 温哥华奥运村室内装饰

五、现代科技型冬奥村

2014年索契冬奥会分别在黑海沿岸和索契山区建设了两个运动员村，设有1个可容纳1000多人的"补充"奥运村，以备接待弹性使用，与往届不同的是每个奥运村都设计了不同吉祥物——豹、北极熊、野兔。黑海沿岸奥运村建设有47座建筑，占地72公顷，运动员村的建设规格非常高档，甚至超过夏奥会奥运村的生活条件，可以同时满足超过6000人住宿、饮食服务。在整体设计方面，遵循现代科技设计理念，建设规模巨大，空间设计紧凑，黑海海滨奥运村到冰上项目场馆步行仅需5分钟，索契山地奥运村到雪上项目场馆建设有专门索道连接。奥运村配套服务设施齐全，主要有医院、银行、健身俱乐部、餐厅、商店、电影院、图书馆、游泳池、邮局、运动馆、休息室等，为确保奥运村安全，装备X光、金属检测仪和爆炸材料扫描仪。在绿色科技建设方面，奥运村有水循环系统、太阳能板和再生能源绿化天台等。赛后索契冬奥会奥运村遗产的开发转型方案：运动员住宅楼变为公寓、度假村归滑雪胜地所有。

2018平昌冬奥会投资3.5亿美元建设平昌、江陵2处奥运村，平昌奥运村建设8栋15层住宅楼600户，满足超过3500名雪上项目运动员、教练员和随行官员住宿，每间公寓3个卧室，卧室设有床铺2张，以及餐桌、衣柜、厨房等，家具齐全，奥运村距离阿尔卑西亚滑雪比赛场地仅20分钟车程；江陵奥运村建设922户住宅设施，具有2400人的居住接纳规模。奥运村设有娱乐室（游戏机、桌球、按摩椅、台球等）、医疗中心、国际区（商店、理发店、展示中心、邮局、文化体验中心、升旗广场）、餐厅、健身房、宗教祈祷室、洗衣房、花园等。平昌冬奥会奥运村规模巨大，整体结构设计紧凑，设计风格独特，确保每个运动员都能够在这里度过一段休闲时光，比赛之余身心能够得到充分放松。奥运村在科技建设方面，建立与阿里巴巴战略合作伙伴关系，借助"云服务""电子商务服务平台"，建立云上科技奥运平台，利用IT系统、云计算支付系统、Visa支付系统，以及大数据、人脸识别技术和视频分发技术，提高赛事组织管理效率和服务效率。平昌冬奥会奥运村按照可持续性发展的现代科技理念进行精心设计，注重再生能源利用和环境友好交通设施建设，平昌和江原道奥运村有形遗产赛前均已售出，冬奥会和残奥会后将作为居民住宅的形式实现遗产的开发利用。

第三节 冬奥经济遗产

一、经济效应阶段划分

冬奥会自诞生以来始终无法摆脱经济属性而独立存在，没有财政支持不可能实现赛事的正常组织运行，赛事的层次等级也受到举办国家经济水平的制约和影响，可以说冬奥会既是一项体育活动，也是经济活动或商业活动。冬奥会所带来的经济效应主要表现在赛前、赛中和赛后三个阶段，其中，赛前表现为举办地"白色经济"投资热，包括：城市基建工程、酒店、餐饮、环保、房地产、冰雪旅游、交通、体育等方面的产业带来发展的良好机遇；赛中经济收入主要有4个来源，即商业营销赞助（供应商、合作伙伴、赞助商）、赛事转播权、特许经营、门票等；赛后冬奥遗产可持续利用需要经济投入，通过创建冬奥遗产产业链、产业集群辐射带动城市经济发展水平的整体提升。以上冬奥遗产开发和利用的经济效应属于"显性经济"范畴，除此之外，冬奥遗产还包含提升城市品牌形象和知名度，增强城市影响力，加快推进城市经济产业转型升级，提升城市服务水平和服务质量方面的"隐性经济"价值，这对于实现城市经济可持续发展具有深远意义。

二、经济风险分析

依据《奥林匹克2020议程》，国际奥委会对举办地提供资金支持和具体的规划指导，实现资源的最大化利用，避免资源过度消耗，推进奥林匹克运动的可持续发展，同时，承办国家和地区也需要具备良好的经济基础，才能确保冬奥遗产开发工程的顺利实施。加大冬奥遗产开发投资有助于加快推进属地产业经济的跨越式发展，但举办冬奥会的大量资金投放导致区域经济的"虹吸效应"，也就是说区域经济发展资金聚集用于举办城市冬奥遗产工程开发建设，可以较快提升举办城市的国际市场影响力，从而为当地的经济产业注入活力，并带来快速增长的良机，但用于周边区域经济建设的资金则会减少，导致周边区域经济发展受阻、赛后举办地产业投资热急剧下降等问题。从历届冬奥会承办经验可以看出，冰雪赛事结束后，投资和消费内驱力减弱，冬奥遗产所形成的产能不能被及时消化，冬奥遗产建筑利用率不足，新建场馆维护又需要大量资金，各类遗产不能形成"赛前、赛中、赛后"的有机转型过渡，造成城市冬奥遗产资源的浪费和经济衰退风险。

梳理历届冬奥会申办条件都把节约资本这一经济指标作为评选的重要依据，国际奥委会以可持续发展为宗旨，不希望举办国大兴土木工程给举办国家和地区带来沉重的经济负担，这就需要具备良好的场馆基础，节约承办国家和地区的投资资本。从历届冬奥会承办地举办条件来看（表2-6）：前6届冬奥会举办地选址倾向于具有良好的冰雪运动开展天然优势，且开展较好的地区；自第7届冬奥会之后，举办地除具备以上条件以外，还需要具备现有的冰雪场馆，有着较为完善的滑雪场地设施，以及交通便利、冰雪旅游业发达。场馆建设是早期冬奥会筹办工作的主要开支，现有的冰雪天然优势成为减少经济支出的有效方式。进入21世纪，自美国盐湖城冬奥会以来，举办地更加倾向于具备完善的滑雪场地设施，承办国家还要拥有良好的经济基础和冰雪服务条件，以避免资源过度消耗给城市生态环境带来的经济压力和财政赤字风险。

表2-6 历届冬奥会举办条件

届次	举办地	举办条件
第1届	法国夏慕尼	坐落于欧洲屋脊勃朗峰脚下，得天独厚的自然滑雪条件成为著名冬季运动中心
第2届、第5届	瑞士圣莫里茨	四周被阿尔卑斯山脉环绕，交通便利，被誉为冬季运动天堂
第3届	美国普莱西德湖	山峦起伏，气候寒冷干燥，是著名的避暑胜地和冬季运动场所
第4届	德国加米施-帕滕基兴	背靠德国最高峰楚格峰，是国际疗养地和冬季运动中心
第6届	挪威奥斯陆	被丛林、群山环绕，背倚巍峨耸立的霍尔门科伦山，有着几百年滑雪传统
第7届	意大利科尔蒂纳丹佩佐	地处阿尔卑斯山脉，冬季运动中心，冬运设施齐全（大型冰场），多次组织冰雪赛事
第8届	美国加利福尼亚州	地处内华达山脉盆地，著名的冬季运动中心，体育设施完备

(续表)

届次	举办地	举办条件
第9届、第12届	奥地利因斯布鲁克	阿尔卑斯山脉心脏之处,冬季旅游胜地,交通枢纽,滑雪场地设施优良
第10届	法国格勒诺布尔	阿尔卑斯山山区交通中心,滑雪胜地,体育设施完善,著名冬季运动城
第11届	日本札幌	日本冰雪运动中心,旅游业、商业、服务业发达,完善的交通网络,经济繁荣
第13届	美国普莱西德湖	地处阿第伦达克山脉,冬季运动训练中心,滑雪场地设施齐全
第14届	南斯拉夫萨拉热窝	群山环抱,积雪周期长,冬季运动设施完善,经济文化中心,交通便利,旅游业发达
第15届	加拿大卡尔加里	地势高,旅游、交通发达,冬季运动中心,经济、金融、文化中心,主要运输中心
第16届	法国阿尔贝维尔	著名高山旅游区,冰雪运动设施完备
第17届	挪威利勒哈默尔	商业和旅游中心,冬季体育运动胜地
第18届	日本长野	地处中央高地,多降雪,交通便利,旅游业发达
第19届	美国盐湖城	地处瓦萨奇山前区,金融、商业、度假中心,户外运动发展普及
第20届	意大利都灵	欧洲工业、商业和贸易中心,经济发达,交通便利
第21届	加拿大温哥华	主要港口城市和重要经济中心,国际大都市,冰雪场馆设施完善
第22届	俄罗斯索契	全球著名黑海海滨度假城市,休假疗养胜地,健康、休闲和文化运动等旅游服务业发展水平高,交通便利
第23届	韩国平昌郡	著名度假山城,滑雪度假服务业发展水平高,滑雪基础设施完善

三、媒体转播

冬奥会只有具备较高的影响力、辐射力和传播力，才能表现出显性或隐性的经济价值，借助媒体的传播力量让更多的人关注冬奥会，了解冰雪文化，提升举办地城市品牌形象，辐射和带动当地冰雪服务产业发展。本研究把新闻媒体纳入经济遗产范畴来加以考察，梳理历届冬奥会新闻媒体发展演变历程大致可以分为三个阶段：平面媒体报道阶段（报纸、杂志）、电波媒体报道阶段（电视、广播）和立体媒体报道阶段（电视、网络等）。

1. 平面媒体报道

自1924年第1届冬奥会就出现新闻媒体报道（图2-6），当时主要通过报纸、杂志、海报平面媒体形式传播冬奥文化，这些图片、文字等记忆资料成为考察历届冬奥会发展史的一笔宝贵遗产。冬奥会发展至今，每届冬奥会上都专门设计宣传海报，如1936年加米施—帕滕基兴冬奥会，专门设计了官方海报，表达了滑雪运动员向奥林匹克运动致敬的文化内涵。

图2-6 1924年冬奥会加拿大—美国比赛新闻报道图片

2. 电波媒体报道

在1956年冬奥会上，电视媒体首次介入，新闻媒体报道进入电波媒体时代。电视媒体动态的声像画面给观众留下深刻记忆，以直观了解赛事动态，从而达到更好的文化传播效果。1968年格勒诺布尔第10届冬奥会开始出现彩色信号电视转播。随着电视转播技术的不断创新，冬奥会电视转播权商业化运作带来更多的经济效益，由此滋生冬奥会电视转播权垄断问题，制约电视转播产业的可持续健康发展。国际奥委会通过多次修改《奥林匹克宪章》，加强奥组委对电视转播权垄断，通过与电视转播公司商业谈判维持转播费的持续增长，但近年来，由于受全球经济危机的影响，低迷的金融市场环境造成电视转播产业链面临可持续发展的现实困境，甚至出现严重亏损的局面，冬奥会稀缺的电视转播资源面临价高难售局面，国际奥委会只能选择将冬奥会与夏奥会电视转播权以捆绑的方式转让，用夏奥会来带动冬奥会电视转播产业增长，解决可持续发展的艰难困境，从而走向新的转型期。

3. 立体媒体报道

20世纪，国际奥委会在出售电视转播权时，并没有将新兴媒体纳入商业操作层面，对手机、网络等保持排斥的态度，以维护电视转播商的经济效益。近年来，手机、互联网络成为大众消费选择偏好，且使用的普及化程度逐渐升高，新兴媒体加速介入冬奥会电视转播产业转型，迎来立体媒体发展时代。立体媒体互动、即时、灵活的传播特点深受大众喜爱，因此，网络媒体作为不可忽视的新生力量销售对象，电视转播垄断地位也面临立体媒体时代竞争威胁。冬奥会转播资源作为一类稀缺产品，竞争对手也仅局限于媒介组织系统的超级巨擘，一些小的媒体组织无法涉足，冬奥会电视转播的市场化运作机制尚不完善，处于垄断机制，这使冬奥组委成为"商业机构"，违背了奥林匹克精神的初衷。需要在转播技术创新的同时，吸收更多国家和媒体介入，降低转播费用，拓宽信息传播渠道，让更多的人了解和关注冬奥会，以达到更广泛的传播效应。

4. 电视转播收益

电视转播是冬奥会承办国家获取经济收入的主要渠道之一。自1956年科尔蒂纳丹佩佐冬奥会首次出现电视转播，观众通过每天3分钟的电视新闻报道了解冬奥会相关新闻信息，自此各承办国家开始注重电视转播权转让获取收益。由于在冬奥会承办早期，赛事影响力和规模较小，举办地区主要是欧美一些小城镇，为补偿冬奥会投资运营缺口，除政府投资以外，制定转播计划，通过转播权营销手段来取得收益并得到承办国家和地区重视。1960年斯阔谷冬奥运会第一次出售电视转播权，美国哥伦比亚广播公司CBS花费45万美元将其购买，共计915分钟的冰雪赛事电视转播画面深受大众欢迎，表明

媒体宣传成为传播冬奥会冰雪文化的重要窗口。1964年因斯布鲁克冬奥会开启电视转播技术的全面革新，东道主国家与德国ARD合作，借助卫星实现了全球直播。1968年格勒诺布尔冬奥会电视转播向欧洲电视网（Eurovision）、电视联播网（Intervision）两大网络传输信号，首次实现了彩色信号电视转播，参与转播服务的解说员、记者、技术人员高达1607人，这对冬奥会电视转播技术发展产生了极大的推动作用，同时，电视转播创收的快速增长使之成为一笔重要的经济收益。

从历届冬奥会电视转播费收入情况的统计结果来看（图2-7）：冰雪赛事转播费用逐渐升高。从1976年因斯布鲁克冬奥会1000万美元到2018年平昌冬奥会9.63亿美元，实现了快速增长。1994年利勒哈默尔冬奥会电视转播权被CBS电视台以2.95亿美元购买，通过前期的电视、网络宣传，吸引超过百万游客，有力带动当地餐饮、住宿、冰雪旅游等各类服务产业快速发展；1998年日本长野冬奥会电视转播获得利润5.135亿美元，比上届冬奥会电视转播利润增长73.48%，2002年盐湖城冬奥会电视转播创造了多项冬奥纪录，电视转播公司面向全球160多个国家和地区提供900个小时的转播时间，相较于1998年长野冬奥会转播时间（600小时），实现了50%的增长速度。另外，非洲、新加坡、印度等国家也实现了首次转播，其中，南非的4个电视频道同时直播，电视转播伙伴、电视转播全球覆盖面、收视率和观众数都达到了历史最高水平；2006年都灵冬奥会电视转播收入突破6亿大关，面向200个国家和地区直播比赛实况，蒙古、阿塞拜疆等国家首次直播赛况，收视人口约32亿人，创造了历史电视转播收视率新高，欧洲20个国家首次使用无线便携式收视机，网络直播收视人口快速增长成为提高收视率的主要渠道；美国全国广播公司（NBC）与2010年温哥华冬奥组委签订8.2亿美元的电视转播费。冬奥会电视转播费用的不断增加给转播商带来较大压力。根据GE公司季报显示，公司80%的股份用于转播温哥华冬奥会，面临2.5亿美元的亏损，导致美国全国广播公司对索契冬奥会转播权支付了7.75亿美元，比上届冬奥会减少0.45亿美元，这也是冬奥会电视转播史上首次出现转播费下调。转播公司所面临的严重亏损问题成为制约冬奥会电视转播产业发展的关键因素，如果不能很好地加以扭转，将会制约冬奥会整个赛事的可持续发展。但随着冬奥会在全球影响力的不断提升，参与国家、组织规模的不断增长，电视转播也将迎来新的产业商机，美国全国广播公司对平昌冬奥会电视转播费用支出就达到9.63亿美元，仅广告收入就达到9亿美元，比上届广告收入8亿美元高出12.5%。

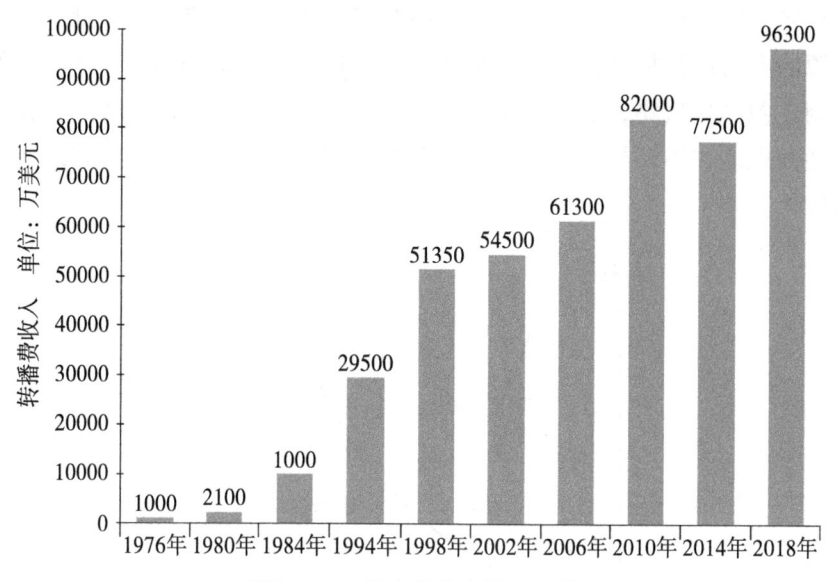

图2-7 历届冬奥会电视转播费收入情况

四、赞助收益

体育赞助（Sports Sponsorship）是指企业通过提供资金、技术、产品、服务等内容形式为体育赛事提供支持，并享有冠名权、标志使用权、特许商品销售权或广告宣传权等，同时，凭借体育赛事的影响力和赞助关系来达到市场营销、提高企业知名度、打造企业品牌的战略目的，这也是赛事主办方与企业达成双赢（Win-Win）模式的需要。冬奥会作为全球体育赛事，随着赛事规模的不断扩张，国际影响力逐渐增强，冬奥组委会与赞助商逐渐结成稳固的合作盈利关系。从经济学角度分析，冬奥会赞助按照市场供求规律进行商业化运作，企业赞助的多少要根据冬奥会产业市场的供给水平，冬奥组委会作为卖方市场主体，企业作为买方市场主体，二者之间存在一种由"价格"决定的市场竞争关系，并在相互博弈的过程中寻求利益关系平衡点，由此形成市场供给与需求曲线（图2-8）。在冬奥会中赞助商进入市场的门槛越高，对冬奥会国际市场影响力需求越高，冬奥会体育赞助的价值才会越大，这样才能够给赞助企业带来更多的外在或内在价值，才能争取更多的赞助资金、技术、产品或服务。冬奥会的供给水平曲线与赞助商需求曲线之间存在一个最佳组合关系，这个最佳结合点称之为均衡点（Equilibrium Point），双方都追求在有限的利益空间内实现自身收益最大化，赞助商的需求高而冬奥会供给能力不足则表现为"供给短

缺"，反之，则表现为"供给过剩"。而在整个赞助产业市场中，价格是决定市场资源的有力调控杠杆，冬奥会组委运营管理部门要根据不同"产品"的供给水平制定差异化战略，实现资源的最优化配置，以获取最佳的赞助收益，同时，赞助商也能在不断寻求利益博弈均衡的过程中达成双赢格局，实现双方利益均衡优化。

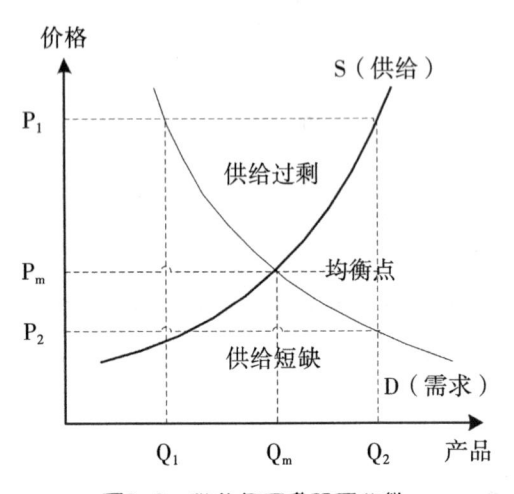

图2-8 供给与需求关系曲线

梳理历届冬奥会赞助发展史，经历了从早期国际奥委会赞助到商业赞助的发展历程。在第9届奥地利因斯布鲁克冬奥会之前，国际奥委会没有开拓商业赞助市场，基本都是靠自负盈亏的方式，以承办国家和地区政府拨款为主，而又在缺乏资金回流的情况下，多处于亏损状态，给举办地带来严重的经济负担和财政压力风险。在1964年冬奥会上，美国施乐公司开启了商业赞助的先河，为大会提供了5台914型复印机，负责文印服务，并一直延续至今，成为冬奥会数字文印服务的顶级赞助商。1980年美国普莱西德湖冬奥会上，佳能公司提供纪F-1LOMO135BC纪念款相机的赞助服务，还包括费得（Fed）、泽尼特（Zenit）、基辅（Kiev）、柯达 Instamatic X-30等奥运纪念版相机，以及苏联制造的LOMO 135BC奥运版相机。1992年第16届法国阿尔贝维尔冬奥会赞助商开始形成一定规模，赞助商与国际奥委会、筹委会签署了58项赞助计划。从1998年至2018年冬奥会赞助商数量与赞助收入情况的统计结果来看（表2-7、图2-9）：赞助商的数量与赞助收入并不存在正比关系，俄罗斯索契冬奥会赞助商44个，收入则达到8.5亿美元，而1980年普莱西德湖冬奥会231个赞助商仅获得3000万美元的收益，当然不排除受全球经济增长因素的影响。美国盐湖城冬奥会、俄罗斯索契冬奥会和韩国平昌冬奥会赞助收益相对较高，均达到8亿美元以上，盐湖城和

索契冬奥会赞助收益较高主要是受大国因素的影响，赞助商希望通过承办国家的全球影响力提升企业形象。平昌冬奥会赞助收入来自三个渠道：企业赞助、国际奥委会赞助和合作企业赞助，其中，大部分来自韩国公共机构和企业赞助，如三星、松下、现代汽车、SK、KT集团、韩国铁路公司（Korail）等。国内赞助热潮高涨主要源自汉城奥运会的成功实践，20世纪80年代末，韩国正处于经济快速发展阶段，汉城奥运会给韩国带来巨大的经济收入，直接拉动韩国人均GDP增幅2个百分点，一大批韩国企业（三星、现代等）得到国际市场认知。平昌冬奥会除各级赞助商以外，签约了阿里巴巴在内的13家国际奥委会TOP计划成员，三星企业推出"做你不能做的事"的广告主题、阿里巴巴发布"相信小的伟大"的奥运宣传片、可口可乐公司"合而为一（Together as One）"系列宣传片，以及松下"更美好的生活，更美好的世界"的营销目标给人留下深刻印象。

表2-7　1998—2018年冬奥会赞助商数量与赞助收入

年份	举办地	赞助商数量	收入（亿美元）	增幅
1998年	日本长野	26	5.32	—
2002年	美国盐湖城	53	8.76	64.66%
2006年	意大利都灵	57	2.75	−68.61%
2010年	加拿大温哥华	56	1.96	−28.73%
2014年	俄罗斯索契	44	8.50	333.67%
2018年	韩国平昌郡	66	8.17	−3.88%

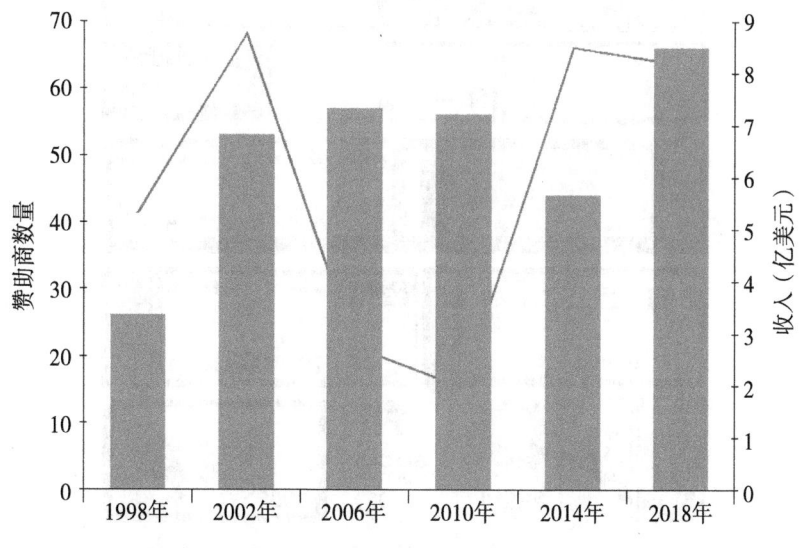

图2-9　1998—2018年冬奥会赞助商数量与赞助收入

五、门票收益

近年来，冬奥会筹备和竞赛工作需要投入大量的人力、物力和财力，为减轻举办国家的财政负担，除电视转播、商业赞助获取经济收入以外，冬奥组委会还通过门票发行与销售的形式实现资金回流。自1932年冬奥会以来，各届冬奥会都设计门票（图2-10），门票销售成为一笔重要的经济来源。早期冬奥会门票以"通票"形式销售，每张票面额相对较高，这种销售模式难以满足观众的多样性需求，因为观众对冰雪项目的选择偏好差异，从而对冬奥会项目需求不同，为此冬奥会门票销售进入"精细化"阶段，出现了诸如冬奥会开幕式门票、闭幕式门票及各单项比赛门票。从历届冬奥会门票内容设计来看，主要包括冬奥会举办时间、地点、届次、门票价格、门票编号、使用说明、冬奥会会徽、地图等信息，但关于冬奥会相关知识介绍的内容较少涉及，因此，把冬奥会门票作为冰雪知识信息传播的重要媒介，针对不同类型门票进行个性化设计的同时，在门票背面或正面增加冬奥会相关知识介绍或举办地主要景观、地域民族文化信息，通过门票传达冰雪文化、地域民族文化。

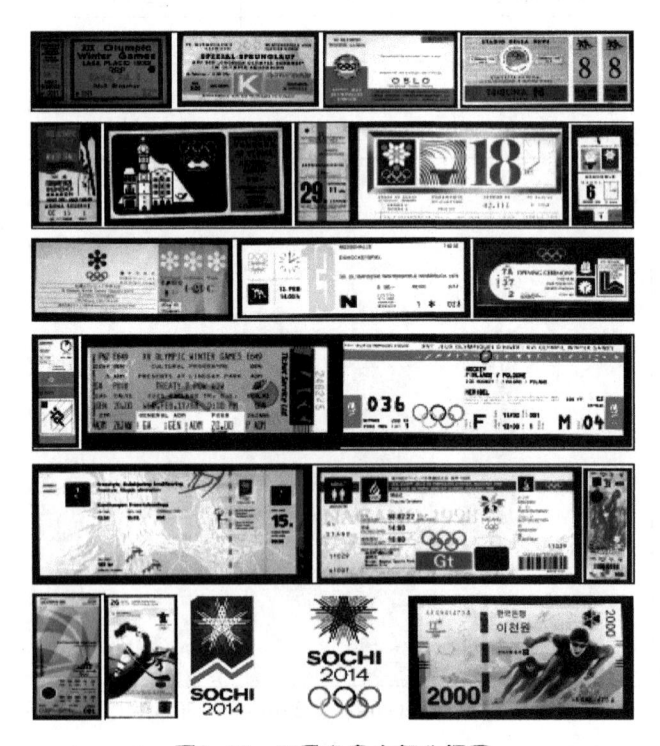

图2-10 历届冬奥会部分门票

通过对1988—2010年冬奥会门票销售情况的统计，结果显示（表2-8）：加拿大卡尔加里冬奥会门票销售数量最高，达160万张，组委会收入仅0.32亿美元；美国盐湖城冬奥会门票销售的数量为149万张，门票收入达1.83亿美元；加拿大温哥华冬奥会门票销售百分比达96.75%，几乎所有门票售罄，组委会门票收入也达到2.5亿美元，创历届冬奥会门票收入新高。在门票销售渠道选择方面，倾向于多种路径，如：都灵冬奥会门票在本土销售，通过冬奥组委官方网站（www.torino2006.org/tickets）、门票呼叫中心（torino2006 Call Center）、350个门票销售点和3000个圣保罗银行分支机构等；在欧洲经济体的门票销售通过冬奥组委官方网站和门票呼叫中心；在其他国家门票销售主要通过该国家和地区奥委会。另如2010年温哥华冬奥组委会（OCOG）通过设立门票"再销售市场"，即"Fan to Fan"（观众对观众）市场，观众手里的门票不再需要或者想更换另一个场地门票，可以将自己的需求借助网络平台发布，以达到交易目的；还有一种称之为再销售市场，即"Partner to Partner"（合作伙伴对合作伙伴）市场，是合作伙伴相互之间以门票面额价格的转让行为，确保门票在安全的环境下被观众购买。

表2-8 历届冬奥会门票销售情况统计

年份	举办地	届次	供销售门票数量（百万张）	售出门票数量（百万张）	门票销售百分比（%）	组委会收入（百万美元）
1988年	加拿大卡尔加里	15	1.9	1.6	84.21	32
1992年	法国阿尔贝维尔	16	1.2	0.9	75.00	32
1994年	挪威利勒哈默尔	17	1.3	1.207	92.85	26
1998年	日本长野	18	1.434	1.275	88.91	74
2002年	美国盐湖城	19	1.605	1.525	95.02	183
2006年	意大利都灵	20	1.1	0.9	81.82	89
2010年	加拿大温哥华	21	1.54	1.49	96.75	250

2014年索契冬奥会门票销售超过120万张，近60亿卢布（合0.98亿美元）的经济收入，门票最低价格1000卢布（16.39美元），最高票价达4万卢布（655.59美元），其中，开闭幕式门票价格最高，最低价格也达到4500卢布（73.75美元）。据美国CNBC相关报道，2018年平昌冬奥会开幕前一个半月，组委会提供107万张销售门票中仅售出65.5万张，对于往届销售较好的冰球、

花样滑冰门票销售比例甚至低于61%，到正式比赛，韩国较受欢迎的花样滑冰、短道速滑、高山滑雪门票销售百分比依次为62.4%、81.8%、82.3%，钢架雪车、北欧两项的门票销售百分比仅为45.2%、52.5%。《洛杉矶时报》报道，平昌冬奥会观众较少，很多赛事为增加上座率，存在志愿者充当观众的现象，很多公司购买了门票，观众却没有如期前往，门票销售百分比并不能体现上座率，比如：在比赛进行到第八个工作日时，冬奥会组委会宣布已售出90%的门票，而美国和加拿大女子冰球顶级赛事能容纳6000座席的场馆仅上座3885人，实际上座率64.75%。CNBC认为，平昌冬奥会门票销售"遇冷"与本届冬奥会筹办"质量"有关，NHL（国家冰球联盟）集中了世界最高水平的冰球运动员，而NHL赛季与平昌冬奥会重合，赛事冲突降低了冬奥会热门冰球项目竞技层次水平，加上，俄罗斯冰雪运动员兴奋剂事件受到国际奥委会制裁，以及韩国平昌城市的国际市场影响力不足，这也是导致上座率低的主要原因。

从历届冬奥会门票销售情况的统计可以看出，门票发行总量和实际销售量、上座率（现场观众数/可容纳座位数）存在较大差别，这种结果应当说受多种因素的影响。其中，门票总量的印制要综合考虑冬奥会比赛项目设置数量、举办国家人口数、冰雪人口普及程度、冰雪场馆容量、比赛场地和参赛国家数量、运动员数量、冰雪竞赛水平等；门票实际销售量受举办地居民生活水平、比赛时间安排、门票价格、举办国家旅游资源、冰雪竞赛水平、交通、安保、住宿等因素影响；现场观众数量的影响因素涉及观众兴趣偏好、门票销售量、比赛时间、场馆位置、交通、安保、住宿、举办地旅游资源、竞赛水平、举办国家人口、举办国家胜算等。从近几届冬奥会门票配额情况来看，国际奥委会（IOC）在争取更多的门票配额和免票量，门票配额重点针对赞助商提供，其中TOP计划赞助商占据的比重较高，此外，还包括新闻媒体、奥林匹克家庭成员等，这在一定程度上也影响冬奥组委会的门票收入。冬奥会门票销售对象主要还是本土民众，观众数量和销售收入有很大的不确定性，这也是冬奥会门票销售价格策略的难点。

六、特许商品收益

特许经营和纪念品销售是特许与被特许双方达成的一种合约关系，特许人将所拥有的商标、标志等无形资产作为经济资源供被特许人使用，被特许人支付一定费用获取经营许可权力的经济行为。冬奥会特许商品包括带有奥运标志、吉祥物等特许产品，以及会徽、商标、著作权、专利和商业机密等具有高度垄断性质的专有权利都属于特许商品开发范畴。冬奥会特许商品开发作为一种经济行为，生产、销售与冬奥会、冬残奥会知识产权相关的商品，通过向承办地冬奥组委会缴纳特许权费的形式获取生产或销售特许商品权利，并从中获利，奥组委获取的特许权费用于冬奥会的各项筹备工作。冬奥会特许商品可分为两大类：国际奥委会直销的全球冬奥标志特许产品（场馆、运动员村、市区商店、机场等地销售的带有全球冬奥会标志的商品）、国际奥委会直销的冬奥会标志产品（这类商品主要以纪念品为主，不允许出现国际奥委会五环标志，只能使用冬奥会标志或吉祥物，销售渠道面向全球市场）。冬奥会作为大型体育赛事，特许商品所涉及的领域较多，如：石化、纺织、交通、邮政、电信、水电、日用百货、机电、建材、食品、医疗等，各类产品正式销售与发布必须申请国际奥委会批准后方可实施。

2002年盐湖城冬奥组委会副主席马克·刘易斯谈到，商标保护、特许销售和私人捐助成为本届冬奥会经济收入的主要来源，特许商品销售比预期高出30%～40%，特许商品零售业增长势头非常强势，日均达100万美元，其中，美国代表团授权带标志的服装和吉祥物最热销，曾一度出现脱销局面。此届冬奥会特许商品销售远远高出预期，预计收入达到2000万～2500万美元。但此届冬奥会也出现特许商品销售问题，涉及58起知识产权侵权行为，没收价值超过几十万美元的假冒伪劣专利品，出现多起刑事起诉案件，美国海关对部分案件开展刑事侦查，涉及上万枚冬奥会假冒纪念章、假冒服装等，严重扰乱了冬奥会特许商品竞争市场。为此，美国冬奥组委会专门成立由联邦调查员、海关专家和科学家组成的"五环冬季行动"执法小组，专门负责调查是否存在奥林匹克知识产权侵权问题，一旦发现可疑物品及时采取行动没收销售的非法物品，以达到净化特许商品市场的目的。

特许商品作为冬奥会主办国家经济收入的主要来源之一。2010年温哥华冬奥会特许商品开发以打造多种类别为依据，如各代表队服装、大脚奎特奇、北极熊米加、雷鸟苏米吉祥物，印有冬奥会标志的镜框、胸针等。种类繁多的冬奥会特许商品实际销售情况并不理想，比如奥运会纪念章早在1896年第1届现代奥林匹克运动会就出现了，冬奥会纪念章在1980年美国普莱西德湖冬奥会首次发行，温哥华冬奥会纪念章并没有给加拿大政府带来经济回报，甚至出现50亿美元的亏损，每个纪念章价格平均达到8美元，其中，EBAY上销售的最贵成套纪念章达3.65万美元，包含2800多个盐湖城冬奥会纪念章，多数纪念章与本届冬奥会无关。加上，温哥华冬奥会纪念章发行数量巨大，导致很多纪念章没有收藏价值，相比1936年柏林奥运会捷克斯洛伐克代表团限量版纪念章销售价格达到399.99美元，2004年雅典奥运会发行的1000个3D版纪念章400美元/个，2008年北京奥运会中国移动奥运纪念章169.99美元，这类限量版纪念章发行量小，且没有公开发售，从而受到广大收藏爱好者的追捧，价格一路飙升。正是因为温哥华冬奥会纪念章大量发行，各类商店随处可见，奥运特许商品销售店各柜台纪念章严重积压，60万人的温哥华城市无力消化，在冬奥会后更是一文不值。总结温哥华冬奥会特许商品开发失败经验，一定要在全面深入考察各类商品需求的基础上，严格控制生产量，重点开发具有较高艺术价值和收藏价值的特许商品，才能实现特许商品收益最大化。

2014年索契冬奥会各特许经营商高度重视特许商品开发，据统计，共有5000多种商品进入销售市场，其中，最受大众欢迎、大众优选的吉祥物——雪豹、北极熊和小兔，被誉为"吉祥三宝"的特许商品最为热销。据统计，索契冬奥会特许商品收入达5亿美元，55个奥运合作伙伴给冬奥组委带来3000万美元的经济收益。但是，在特许商品开发的过程中也存在一些问题，如五颜六色手指的巨型白手套本来是本届冬奥会最为热销的纪念品，一时出现"脱销"局面，索契奥运会主要特许商、俄罗斯零售公司Bosco di Ciliegi经营的奥林匹克公园超市出现严重拥堵现象，进入超市甚至要等一两个小时。Bosco营销副总裁奥尔加（OlgaChernosvitova）称，赛前低估了消费者对此类商品的购买力，远远超出市场预期，主要是考虑本土观众在观看比赛时没有购买纪念品的传统，对国际市场特许商品需求考虑不周，Bosco原本计划开放1/3的商店，对于出现大量商家进入市场竞争始料未及，引起消费者强烈不满。

七、经济投入

每一届奥运会成功举办的背后离不开经济支持，经济投入直接决定办赛的层次和水平，但是，如果缺乏对经济遗产开发长远规划和合理利用，也势必会带来负面效应，甚至给举办国家带来沉重的经济负担和财政赤字压力。从历届冬奥会经济投入情况的统计结果来看（图2-11），经济投入的动态变化曲线基本可以划分为三个阶段：第一个阶段为，1998年第13届冬奥会之前基本表现为稳定增长，2002年盐湖城冬奥会为第二个阶段的拐点，经济投入与上届相比，投资明显减少，然后，进入一个经济投入规模快速增长的过程，到2014年俄罗斯索契冬奥会又出现第二个拐点，2018年韩国平昌冬奥会经济投入明显下降。这种经济投入表现为一定的规律性变化，但又不存在一个持续增长的态势，这也表现出各举办国家和地区对于经济投入规模并没有参照的标准依据，投入量的大小与国家经济实力存在直接关系。同时，这种规律性也体现出冬奥会经济投入与产出之间的矛盾效应，当低投入不能达到预期经济产出或获得较大的综合效益的时候，人们就会期待用更大的投入来达到预期产出，获得更大的综合效益，这样也就形成经济投入与产出效益的博弈关系，并逐渐达成一种均衡效应。

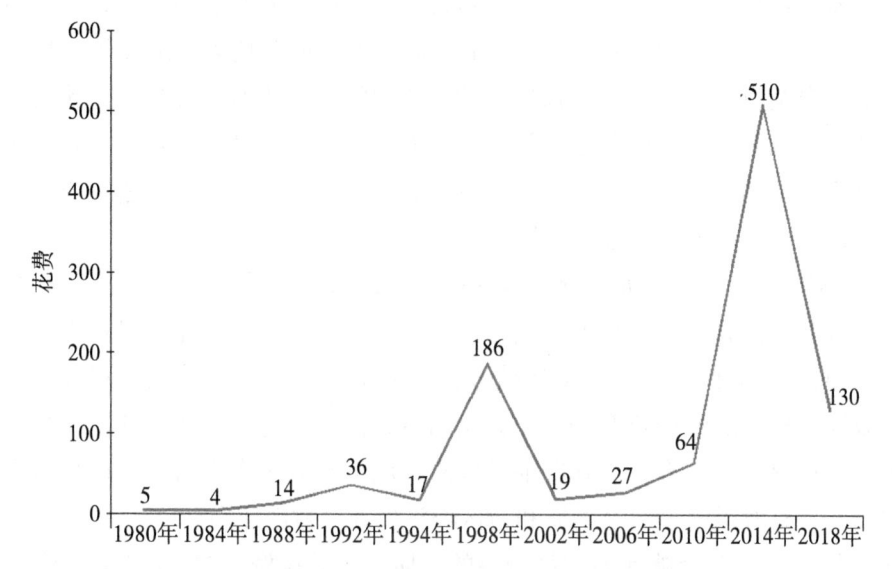

图2-11 历届冬奥会经济投入情况的统计

在历届冬奥会筹办、举办的经济投入过程中，也出现了一些金融性灾难案例，如：1980年美国普莱西德湖冬奥会，美国国会为筹办本次冬奥会专门拨款4900万美元，据《纽约时报》报道，扩建高山滑雪雪道就花费1550万美元，表演场馆建设花费1490万美元，雪橇、跳雪台、速滑等场馆设施开支1600万美元，总开支约5亿美元。尽管美国冰雪项目取得了骄人成绩，国家冰球队创造了"冰上奇迹"，冰雪训练、健身场地设施也得到了明显改善，但同时也给普莱西德湖这个小城带来850万美元的经济漏洞，这对于一个仅几千人的小镇政府来说经济压力还是非常大的。

1994年利勒哈默尔冬奥会开启了"绿色奥运"为主题的先河，按照各种环保型场馆设施筹建要求，所有建设项目必须坚持可持续开发利用、可回收、与自然环境相适应的基本原则，主办方尽可能选择和使用天然材料来避免对生态环境的破坏，根据环保型场馆建设规划要求，本次投资规模达17亿美元，因环保因素造成实际投资比最初预算暴涨5倍，利勒哈默尔这座仅有2.3万人的小城镇仅筹集资金2.89亿美元，其他费用基本都是来自挪威政府，这对举办国家和组织承办地带来较大财政负担。

1998年日本长野冬奥会总投资估算数据达186亿美元，由于本届冬奥会申办委员会为避免腐败丑闻销毁了部分资金往来明细，故无法获取具体数据。据日本媒体报道，真实的经济投入可能比这更高，申办委员会向国际奥委会62名成员每人行贿数额达2.2万美元，成为冬奥会史上难以抹去的贿赂丑闻事件。日本政府希望通过冬奥会迎来当地旅游热，为避免旅游人群过多对长野带来的交通压力，专门修建了"长野—东京"新干线动车，时间比以前缩短了一半，煞费苦心的资金投入并没有达到预期目的，便利的交通非但没有起到带动长野餐饮、住宿、旅游及配套服务业的繁荣，反而造成长野大量新建餐饮、旅店闲置，耗巨资新建的五座冰雪场馆在赛后也没有得到有效转型利用，造成资源的极大浪费，这也给其他国家敲响了警钟。

受2008年全球经济危机持续蔓延的影响，2010年温哥华冬奥会筹办资金的对冲基金几近停止供应，冬奥组委会面临较大的经济压力，导致温哥华背负6.3亿美元的债务危机，政府为偿还债务，被迫于2014年变卖奥运村和大楼。温哥华政府这种被迫性的资产变更方式反而给其他国家赛后遗产的开发和利用提供了经验借鉴。冬奥会组委在赛前筹办阶段就把奥运村作为商品房进行销售的营销模式，有效缓解了举办国家和地区经济投入的财政压力。

2014年索契冬奥会被誉为"最烧钱的一届"，总投资达510亿美元。索契作为俄罗斯最著名的海边度假胜地之一，城市缺乏冰雪运动开展的天然优势基础，同时，也没有举办冬奥会所需的冰雪场馆和基础设施、配套服务设施，增加了资金的无形消耗，造成资源的极大浪费，仅索契海岸线到冬奥会滑雪、滑板赛场地的卡拉斯拉雅波利亚纳公路、铁路交通线就耗资100亿美元。受伊斯兰圣战组织不断爆发的恐怖袭击事件影响，俄罗斯为确保冬奥会的顺利进行，在安保工作方面也做出了较大的经济投入，另外，国际奥委会调查揭露了俄罗斯冬奥会期间的腐败证据，反对派估计普京支持者私吞300亿美元，有专家认为实际花费比官方公布的要高，更确切的数目应为700亿美元。俄罗斯这种大兴土木工程的做法有违奥林匹克精神的初衷。

第四节　冬奥科技遗产

科技是第一生产力，冬奥会发展史也可以看成人类科技史的一部分，世界各国通过科技创新创造更多的经济、人文、社会价值，从而为人类社会和冬奥会可持续发展提供服务。梳理历届冬奥会的科技发展主要表现在以下几个方面：

一、训练科技

1.医疗科技

运用生物学、医学、训练学、人体科学的研究成果，来解决冰雪运动训练问题，通过科学化训练，做好科技攻关服务，不断提高冰雪竞技水平，如借助乳酸分析仪、血样分析仪、彩超技术、全自动生化仪等科学监控冰雪运动员训练过程中的身体机能状态，及时消除机体疲劳。借助生物传感器提高冰雪运动员训练水平，发挥可穿戴装备的技术优势，解决训练实践问题，如：Readiband电子腕带监测运动员睡眠质量和机体疲劳程度；BSX Insight压缩袖套测量乳酸阈，采用近红外光谱传感器测试血氧和其他血样参数；Myontec Mbody Pro结合肌电图分析肌肉放电特点，检测肌肉用力，帮助冰雪运动员改进技术，防止肌肉痉挛和受伤。

2.动作技术分析仪

Motus Sleeve压缩袖套的蓝牙传输功能，借助加速计和陀螺仪捕捉冰雪运动员技术动作，完成技术动作分析，防止运动损伤；Optim Eye S5传感器记录冰雪运动员运行轨迹，借助加速计、磁力计、陀螺仪和GPS接收仪科学监控运动员加速、减速及身体不同方位变化，科学计量运动员运动量和强度；英国冰壶队备战2014年冬奥会训练装备的核心技术——装有传感器和记忆卡的刷子，可以记录扫传手全程压力和刷子的运动路线轨迹，通过电脑数据分析来提高运动员的感知觉训练，改进技术，提高竞技水平。

二、运动装备科技

冰雪运动在一种特殊的竞赛环境下进行，特别是雪上项目，运动员要忍受极度严寒的室外环境，这在历届冬奥会上都是一个需要不断克服和挑战的难题。从早期冰雪运动员服装设计与研发经历保温材质选择、轻便保温，符合空气动力学原理、黑科技运动服装发展演变历程。

1. 滑雪服装

最初人们进行滑雪运动时，以穿着保暖、美观的服饰为主，随着滑雪运动专业化程度的提高，技术的融入使滑雪服装也发生了较大变化，不同年代表现出不同风格的滑雪着装。18、19世纪至20世纪早期，滑雪服基本以日常运动服为主，20世纪20年代，简洁利落的束腰外衣和马裤开始在滑雪服饰中出现。20世纪50年代，滑雪服饰出现了无檐小便帽，人们也将冬日主题的毛衣当作滑雪服。20世纪60年代，滑雪套装出现，专门为滑雪运动设计的专属服装深受滑雪爱好者欢迎。20世纪70年代，真正出现滑雪服的概念，成套滑雪服开始大规模普及，连体滑雪服也已出现。20世纪80年代，滑雪服采用宽松设计，以多种霓虹色、荧光色拼接为主的风格。进入21世纪，滑雪服不断融入新科技，同时，在面料和材质上进行技术革新，注重提升滑雪服的功能性。如：加拿大滑铁卢大学研发的"Athos"高科技运动服，内置传感器，能够感应和追踪运动员肌纤维活动状态，运用EMG技术记录和采集肌纤维放电信号，由于价格昂贵，并没有广泛使用；2014年索契冬奥会上，速滑项目的运动服装进行了较大改进，如：运动员大腿处所用的橡胶材料弹性比普通纤维强度高出数十倍，可以帮助运动员在滑冰过程中减少体能消耗，胯部附着"3M"合成纤维减少运动过程中的摩擦力，以此节省体能，另如：日本代表团所采用的特制内裤可以减少档部摩擦力，测试结果显示，还能够削减5%的空气阻力，韩国代表团采用蜂窝式的聚氨酯材料来减少空气阻力；2018年平昌冬奥会上，为对抗极端严寒天气困扰，美国代表团运动服装备有电子导热金属加热装置，运动员可以根据实际情况自行调节温度，采用ColdGear红外线新型材料帮助运动员保持体内温度，借助尼龙和氨纶材料增加弹性，减少空气阻力。

2. 滑雪器材

雪上运动的推广、发展与滑雪器材的改良密不可分。随着雪上运动的普及，滑雪板、雪靴、固定器等滑雪装备器材的科技含量越来越高，为适应人们的运动需求，滑雪板的制作材质、工艺等一直在变化，随着滑雪项目的分化，出现了适合不同滑雪项目的装备科技。在20世纪30年代以前，滑雪板、滑雪杖多为木质（图2-12）、竹制，科技的融入开始出现复合材料（图2-13）、钢材、铝的金属材料和玻璃等；滑雪板固定器经过不断的技术改良，发展成为现代固定在雪板上的样式。20世纪30年代起，涂有不同颜色胶合木滑雪板变得越来越流行，到了20世纪50年代底，随着滑雪板的载荷越来越大，人们开始尝试不同原材料，并通过改进制作方法，使滑雪板的承载量、样式和型号有了较大变化，出现了可调节金属滑雪杖、有金属固定器的滑雪板、超长竞速滑雪板等。1965年，美国工程师谢尔曼·波彭发明了单板雪板，20世纪70年代杰克·波顿·卡彭特尝试采用新材料工艺和设计方法使单板滑雪板发展成为常见的样式。21世纪以后，现代新兴材料科技在滑雪器材中被广泛应用，如：宝马公司与美国雪橇队联合研发的新型碳纤维雪橇，这种应用于航空航天领域的高科技材料具有更轻便优势，有助于运动员节省体能，提高运动成绩。

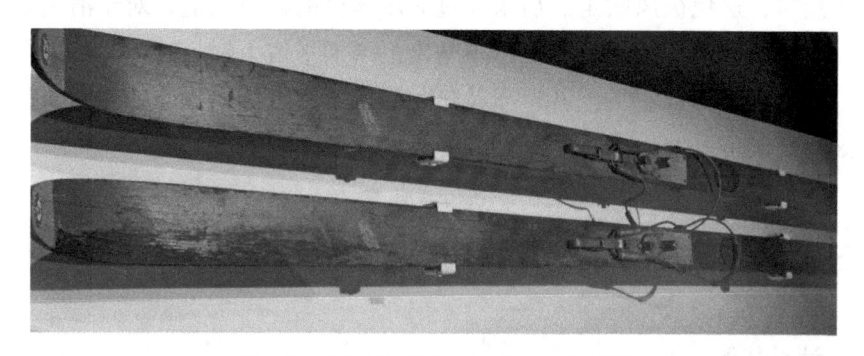

图2-12　20世纪40年代木质跳合滑雪板

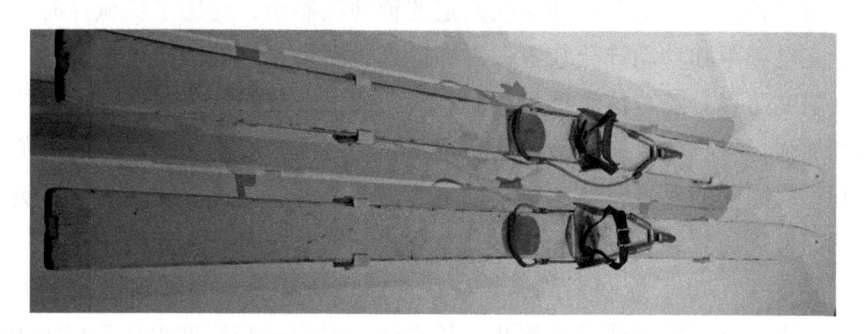

图2-13　20世纪50年代复合材料制成的高山滑雪板

3. 雪场设备

滑雪场的设备包括为滑雪者提供移动服务的设施，以及为雪场整备提供服务的设备，前者如：魔毯、托牵、架空缆车等，后者如造雪机、压雪机等。雪场升降装备的发明使高山滑雪成为可能，为那些没有体力在高海拔地区长距离攀登的人普及了冰雪运动。雪场的上行设备以缆车、索道较为普遍，也有其他设备逐渐投入使用。早在1936年联合太平洋铁路公司在新建的太阳谷度假村建造了由公司桥梁设计师詹姆斯·柯伦发明的世界上第一条吊椅索道，也被称之

为"空中滑雪缆车",并在1936年滑雪季节安装在普罗克托山上,并逐步引入冬奥会赛场。直到20世纪80年代,吊椅逐渐成为滑雪缆车界的行业标准,随着科学技术的发展而出现的各式吊箱、空中缆车成为冬奥会滑雪场的必要设备。20世纪80年代以后,开始出现魔毯式索道,因其单位时间内运输量大、运行平稳、安全性高、上下移动迅速、维修方便等特点较受雪场欢迎。目前国内大部分滑雪场的初级区域与教学区域普遍装备魔毯式索道。另外,雪场设备中的压雪机是用来压雪、平雪、推雪、打碎硬雪,早期冬奥会使用的压雪机只是为了压住天然雪,避免被风吹走。后来经过对压雪机的科技改造,对于滑雪场地势高低、雪道凹凸不平的问题,在压雪基础上增加平雪、铺雪功能,使雪场更加平整。20世纪50年代,美国新罕布什尔州引入了带有浮筒钢轨的压雪车,通过拉动滚筒打破雪道上的冰面,完成雪道的修复工作。

三、竞赛科技

1. 计时装备

计时装备作为冬奥会运动成绩判定的辅助性器械,经历了机械计时、电子计时、光电测距和自动计分装置,再到计算机网络整体控制的全自动操作系统的发展演变历程。随着信息技术、尖端科技的不断渗入,冬奥会计时科技水平将逐步加强,科技计时装备的使用实现了运动成绩的精确识别,有效避免了成绩评判争议问题的发生,使竞赛结果更公正、客观、准确。梳理历届冬奥会计时装备的发展历程,1948年首次使用光电管,Slit camera终点摄像机俗称"魔眼",功能采用电子控制系统,传统的麦布里奇线(这条线与机械表关联,运动员奋力冲刺过这条线秒表终止)被淘汰,时间精密程度也达到1/1000秒;1992年法国阿尔贝维尔冬奥会迎来计时科技变革,终点电子摄像技术与计时系统技术结合,实现了成绩的实时播报;2002年美国盐湖城冬奥会,红外光速取代光电管应用于雪橇比赛,无线应答器的接收处理信号系统首次应用于远距离滑雪比赛,实现运动成绩的实时监控。

2. 造雪装备

自1964年首次引入造雪装备以来,实现了由普通造雪机到高科技造雪机的演变,如:1988年卡尔加里冬奥会首次采用计算机控制的人工造雪机;2014年索契冬奥会从芬兰引进高科技造雪设备,采用冷冻技术造出冰浆,同时,不受外界温度的影响，降雪覆盖面积达1000个足球场大小，造雪原理是在-15℃的蒸发器上快速结冰，以满足滑雪场供雪需求。

3. 雷达收发机

为确保竞赛公平、成绩裁定准确，冬奥会上开始出现雷达收发机，在速度滑冰和越野滑雪运动员双腿上装备轻便、可靠的异频雷达收发机，欧米茄计时器可以实现比赛过程中的同步监控，准备记录并公布运动员实时成绩和最终排名，精确度达到1/1000秒，运动员冰鞋光电子眼红外光束可以实现异频雷达传输，即时确定比赛成绩。

4. 检测器械

一种名为Eye on the Hog的辅助性器械亮相平昌冬奥会，应用于冰壶比赛中，有效规避肉眼观测误差对竞赛结果的影响。根据冰壶规则，运动员必须在投掷区完成冰壶离手，为准确判断，冰壶手柄内的电路装置用红灯、绿灯感应提示投掷是否有效。在速度滑冰项目中采用数据追踪系统，即时测量比赛成绩，精度达到1/1000秒。

四、服务科技

1. 音频、视频处理控制技术服务

为保障电视转播技术高水准、高清晰度和客观性，国际奥委会专门设立广播服务公司（OBS），负责电视、广播制作、报道服务，国际广播中心（IBC）负责广播电视信号传输、运行、通信服务。2010年温哥华冬奥会上，OBS首次实现赛事转播信号全球覆盖，采用高清信号源传输技术和5.1环绕声道音频传输技术，电视转播服务质量提升；在2018年平昌冬奥会上，ICT技术首推UHD（超高清）电视服务，韩国三家电视台从2017年5月开始提供地面电视塔发送的地面波UHD电视节目，采用数字压缩技术，拥有4K画质。2017年年底，UHD频道开始支持4K节目回放点播的双向服务，平昌冬奥会的开幕式、重要比赛都将在UHD频道提供转播，在现场的大屏幕电视上观赏4K分辨率的冰雪运动细节，毫发可见、剔透晶莹的感受堪称震撼。为方便报道，IBC首次设立在雪山场馆，广播中心总面积达4.6万平方米，包括OBS、制作区、组委会办公区和RHB工作区，正式启用4K国际公用信号，通过10路4×3G光传输分发给转

播商，音频系统引入AOIP化系统架构、智能化监听系统和自动侦测混技术等，给远程观众提供犹如身临其境的视听觉体验，以下为移动外场AOIP系统框架（图2-14）。

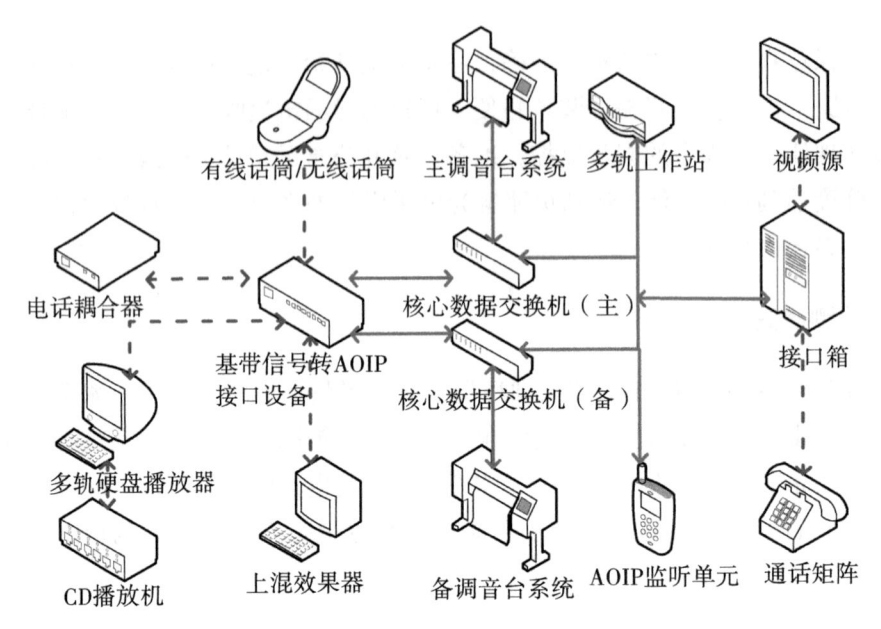

图2-14 移动外场AOIP系统框架图

2. 个性化定制服务

在索契冬奥会上，为方便民众及时了解和关注赛事动态信息，韩国电子商务专门为Galaxy手机用户设计开发了一款应用程序软件，用户可以通过个性化定制追踪自己感兴趣的比赛项目，了解冬奥会各项赛事进展和竞赛结果信息。平昌冬奥会官方标语被确定为"Passion Connected"，官方翻译任务由韩国电子通信研究院开发的翻译软件GenieTalk担任，它可胜任英、中、日、法等29种语言翻译。各国运动员和观众还可以在江陵的物联网大街，通过手机App和机器人KIOSK，享受交通、比赛、住宿、旅游和购物等个性化定制服务。

3. 无人机、机器人服务

为达到最佳的拍摄效果，借助无人机航拍技术给观众呈现多角度，更加震撼的视觉体验，近距离捕捉运动员赛场的细节表现，而且可以节省人力、物力、财力资源。在2018年平昌冬奥会开幕式上，1218架无人机呈现的五环标志，创造了无人机同时飞行的吉尼斯世界纪录。平昌冬奥会还专门配备85台机器人志愿者、壁画机器人、水中机器人、无人驾驶清洁机器人、饮料服务机器人等。另外，由现代汽车研发的G80和氢动力汽车亮相平昌，自动驾驶技术首次在冬奥会上投入使用。

4. 支付服务

冬奥会竞赛期间，承办地气温较低，平昌冬奥会平均气温-4.8℃，设计开发的可穿戴装备手套产品除了具有良好的保温性能以外，手套内置双接口芯片和非接触式天线，可以在奥运村便捷完成商品支付，作为奥运会的独家支付技术合作伙伴，Visa组织推出了三种储值型的可穿戴支付设备，包括手套、纪念贴纸和奥运纪念章，可以在受理Visa业务的NFC支付终端轻松完成非接触支付。

5. 网络服务

索契冬奥会上，奥运村实现Wi-Fi网络全覆盖，保持54Tb/秒传输速度和超大宽带传输能力，相比2010年温哥华冬奥会4TB传输速度有了质的飞跃。在2018年平昌冬奥会上，韩国开通全球首家5G通信网络，据报道，平昌冬奥会网络最高数据传输速率达到20Gbps，比目前最高速率为400~500Mbps的4G LTE技术快40~50倍，系统容量也增加100多倍。带宽、延迟等指标符合下一代网络技术联盟定义的5G网络标准。在转播方面，借助虚拟现实、高清直播、VR技术实时转播，使用180°摄像机和360°相机创建VR实况平台和视频点播，给用户带来全新的网络体验。另外，2018年平昌冬奥会以"新视界"（New Horizons）为专题，昭示着韩国组委会希望用全新的IT技术，创造一场卓尔不群的冬奥会新体验。为展现ICT强国的面貌，韩国科学技术信息通信部特地搭建了一个大规模的"平昌ICT体验馆"。体验馆三个展区囊括了即将启用的5G技术、物联网技术、超高清电视系统、人工智能和虚拟现实5个当红的ICT技术成果，包括很多互动性很强的体验项目，如感受冰雪运动的UHD超高清电视体验IoT Live、侧重5G的Imagination ICT等。

6. 导航服务

冬奥会的组织承办要承接来自世界各地的运动员、教练员、官员和观众，出行导航服务成为提升服务层次等级的一项重要工作。在温哥华冬奥会上，谷歌公司专门开发的一个能够支持40种语言的网络平台，借助平台导航服务系统可以随时查看到达场馆和赛区的最优路线，同时，可以查看赛场街景视图、相关比赛信息和运动信息。随着AR技术的成熟，AR导航、AR游戏、商品AR

说明、人脸识别等应用越来越广泛，传统金融机构正在不断寻求转变，拥抱互联网、拥抱移动和社交媒体革命，同样也利用最新的技术为用户谋求更好的体验。根据以往冬奥会赛事承办经验，针对前往赛场观战的观众经常会出现找不到赛场和座位的情况，平昌冬奥会推出的AR导航应用将利用最新的AR技术打造，能够准确地帮助人们到达相应的地点，同时还能帮助人们了解周边环境，让这次旅途变得更加愉快，这款AR应用将成为畅游冬奥会的宝贵工具，这种AR导航应用要求要比GPS更加精确，以追踪用户兴趣点所在的位置，另外，通过信用卡和导航与AR的结合，不仅为用户带来炫酷的科技体验，更是一种高效、便利的产品体验。

第五节　冬奥文化遗产

冬奥会本身既是一项以筹办冰雪赛事为核心的体育活动，也是一个充满文化主题的盛大狂欢，申办、筹办、举办的全过程无不充斥着文化因子，历届各承办国家通过文化遗产的开发创造，构建了具有世界多元文化基调的风格谱系，共同续写着冬奥会可持续发展与传承的历史脉络，文化层面的辐射力变得更深刻、更久远，不断为冬奥会影响力的提升注入内涵力量。梳理历届冬奥会口号、会徽、会歌、主题曲、奖牌、火炬、吉祥物等具有典型意义的文化遗产，并对其深层意义加以解读和认识。

一、主题口号

主题口号的解释可能由于不同视角所形成的观点和看法而不一致，因为，冬奥会口号用简短的几个文字符号来表达主办国家赋予赛事的精神意义俨然是多维的，主办方给出的解释意义只是置于本国文化背景下的内涵指向。在不同的时间、空间场域也会形成不同的观点和认知，在此不必学术介怀。好的口号能启发更多思考，使口号内涵不断丰富，外延不断扩展，这一认识和理解过程表现为现实性或愿景性两种思维逻辑进路，以此对历届冬奥会口号所表达的文化内涵加以释读。

自1994年利勒哈默尔开始，冬奥会与夏奥会每间隔两年举办，并确定了以冬奥会为主题的口号。通过对历届冬奥会主题口号梳理（表2-9）：第17届冬奥会确定"建立保护好地球"的主题口号，表达用呼唤和平的反战思维共守美好家园的精神所指，期望世界人民能够在奥林匹克旗帜下，用神圣休战规避战争冲突，追求更加美好世界；日本长野冬奥会从人与自然为主题的角度出发，确定"让世界凝集成一朵花"的主题口号，意在表达世界各族人民团结、和谐、共同进步的美好夙愿，用同一个世界倡导平等、理解与尊重，国家与国家之间跨越政治、宗教信仰、经济、文化分歧，在奥林匹克光环下共同生活、进步；美国盐湖城冬奥会"点燃心中之火"的主题口号，暗喻"希望"，用心中之"火"来表达正义、纯洁，用激情和希望振奋国人精神，这种饱含极强视觉感染力的主题口号，可谓意蕴深远、感人至深；意大利都灵冬奥会主题口号——"永不熄灭的火焰"，包含了希望冬奥会能够永远传承下去的精神，显然冬奥文化意义表达已经超越了时空界限，成为世界人民交流、互动、文化对接的重要载体，是世界体育遗产不断延续的文化力量；加拿大温哥华冬奥会提出"用灼热的心·辉煌的探险"主题口号，表达了加拿大人以开放兼容的心态欢迎世界各国人民到来，用激情、热情激励人们永攀高峰，只有付出卓越的努力和艰辛才能创造更高的辉煌；俄罗斯索契冬奥会"激情冰火属于你"主题口号，从字面上理解存在思维逻辑的混乱，"冰与火"的矛盾对立关系也正是主办方期待打开咒语的内在表达，希望通过冬奥会来消解西方的种种质疑和批判之声，在异常艰难的文化舆论氛围中凸显冬奥会的独一无二与神秘话语色彩，另外，这种强烈对比性的表达方式意味着在寒冷的冬天给予俄罗斯人至上的热情；韩国平昌冬奥会主题口号是"激情平昌·和谐世界"（Passion Connected），"Passion"意味着韩国人民的热情、热爱与憧憬，"Connected"表达了世界各族人民相通、结合、联系，创造一个共同参与空间、和谐世界的美好愿景，传递奥运精神与韩国热情、温情与友好。由此可见，历届冬奥会用"火""和谐"来诠释冬奥会的精神实质与普世价值，共同追求团结、友谊、进步、参与、和谐的美好愿望，冬奥会把世界不同肤色、种族、语言、文化的人民凝聚在一起，彰显在奥林匹克精神感召下追求世界和平的理想诉求。

表2-9　历届冬奥会口号

届次	举办地	口号（英文）	口号（中文）
第16届	法国阿尔贝维尔	One Light One World	一束光一世界
第17届	挪威利勒哈默尔	To Build and Protect a Better Planet Earth	建设保护更好的地球
第18届	日本长野	From Around the World to Flower as One	让世界凝集成一朵花
第19届	美国盐湖城	Light the Fire Within	点燃心中之火

(续表)

届次	举办地	口号（英文）	口号（中文）
第20届	意大利都灵	An Ever Burning Flame	永不熄灭的火焰
第21届	加拿大温哥华	With Glowing Hearts、des Plus Brilliants Exploits	用灼热的心·辉煌的探险
第22届	俄罗斯索契	Hot Cool Yours	激情冰火属于你
第23届	韩国平昌郡	Passion Connected	激情平昌·和谐世界
第24届	中国北京	Together for a Shared Future	一起向未来

二、会徽

自冬奥会组织筹办以来就设计了专门会徽（图2-15），它作为冬奥盛会的一个特殊标识性意义的文化符号，除了一般意义层面上的举办时间、地点、国家或地区、主旨等内容信息以外，还有表征特殊文化的寓意所指。通常人们把会徽称之为冬奥会"图腾"，在经历百年发展历程中，会徽也经历了不断的发展、进化，从早期以具象写实风格、招贴画样式为表现手法的直观呈现，到过渡期充满意象色彩的情感艺术表达，再到具有抽象简约意义的徽记艺术设计，描摹了冬奥会发展演化的历史进程和文化现象变迁逻辑，诠释了不同国家和地区人民对奥林匹克精神意义的现实表达。

图2-15 1924—2022年历届冬奥会会徽

1924—2022年历届冬奥会会徽设计中，除第1届夏慕尼冬奥会和第13届普莱西德湖冬奥会以外，均有奥运五环标识，确定了以五环为主题的设计理念，具有奥林匹克精神传承意义，表达了"奥林匹克大家庭"主题，期待世界各国冰雪运动能够围绕在奥林匹克旗帜下，用公正、坦诚的体育精神来传递团结、友谊与和平象征。另外，多数会徽的整体设计图形都包含雪花形象，或由雪花造型演变而来，这也表现出冰雪运动的独特魅力。通过对会徽造型的直观分析和内涵解读，本研究将冬奥会会徽设计风格演变大致划分为三个阶段，具体分析如下。

1. 具象写实阶段（1924—1956年）

第1届冬奥会会徽上振翅的雄鹰和五人雪橇图案体现了早期冰雪运动的特殊性，是冰雪赛事和滑雪运动员表现力的真实写照；第2届冬奥会会徽标识有举办国家国旗与国际奥委会旗，在洁白阿尔卑斯山脉和清澈蓝天的映射之下显得格外庄重、神圣，象征冬奥会的纯洁和世界人民的和平友爱；第3届冬奥会会徽前景是一名跳台滑雪运动员空中优美的身体姿势，背景是标明普莱西德湖位置的美国地图，整个造型把普莱西德湖比作一面天然明镜，激发运动员敢于挑战自我的勇气和毅力；第4届冬奥会会徽来自阿尔卑斯山的创作灵感，彰显冰雪运动特点，奥运五环和阿尔卑斯山脉被一条直通山脉的雪道联系在一起，这些具有典型冰雪运动元素的写实风格成为会徽文化的核心元素；1948年第5届冬奥会也是"二战"后恢复的第1届冬奥会，会徽创作也充满时代感和历史感，跑道上的奥运五环在太阳的照射下向着光明奋进，希望通过举办大型体育赛事使人们从悲伤的战争情绪中走出来，完成心理重建，不断迈向新的理想境界；第6届冬奥会第一次由国家首都承办，会徽的设计从335个方案中筛选出来，突出公众主题要素，整体上为圆形包含的五环，五环背景图案为奥斯陆新市政大厅的外部轮廓，会徽设计时把主办城市作为文化标识，希望通过筹办冬奥会带动城市冰雪运动发展，将城市发展与奥运会、其他国家紧密联系、相互融合的实然性意义范畴；1956年第7届冬奥会会徽设计以主办城市宣传为主题，外部轮廓为雪花边饰，内部有阿尔卑斯山脉衬托下的奥运五环标志，五环上方有一颗五角星，既传承了历届冬奥会的文化传统，又突出冬奥会主办地的山城文化特色，米黄色的外部轮廓给人温暖、舒适、温馨的画面，使人们能够在寒冷冬季体验冰雪运动的活力与热情。

2. 意象表达阶段（1960—1988年）

冬奥会会徽设计作为艺术通象，渗透创作主体的主观情感因素，而达到独特的艺术表现效果，形成意象表达，如果不对创作意图加以解释和说明，我们很难从中解读创作者的真实意图。冬奥会会徽设计风格样式自1960年第8届斯阔谷冬奥会开始出现明显变化，会徽主体是3个三角形不规则叠加，五环置于三角形组成的重叠区域，三角形颜色取自主办国家国旗色调，叠加起来形成的立体效果给人无限空间想象，像一枚类似雪花形状的结晶，又似一颗冉冉升起的新星，昭示未来冰雪运动发展的无限可能性；第9届、第12届冬奥会举办地因斯布鲁克第二次举办冬奥会，在会徽设计上体现出很强的连贯性，两届冬奥会设计主题风格惊人相似，除颜色、轮廓略有差异以外，其他基本一致，表现出因斯布鲁克环抱的两座桥梁，桥梁把新老城区连接在奥林匹克旗帜下，共享奥林匹克带给人们的友谊、和平、进步与荣誉，同时展示了奥地利人两次举办冬奥会的自豪感；1968年第10届冬奥会会徽中间是围绕着雪花的三支红玫瑰图案，代表格勒诺布尔城市工业、文化教育、旅游和冬季运动三大标志，并以此为主题宣传城市文明，提升城市形象的意象表达；第11届冬奥会在日本札幌举行，会徽由三个独立分割的部分组成，上面是日本国旗，代表升起的太阳，中间用雪花来表现冰雪运动文化和札幌冬季城市符号，下面是五环和札幌、72字样，希望本届冬奥会能够在五环的映射之下顺利开展；1980年普莱西德湖冬奥会会徽的意象设计，右侧隆起部分象征奥林匹斯山，与左侧变形的爱奥尼亚式的石柱融为一体，具有现代奥运会发源地雅典建筑风格，把冬奥会作为现代奥林匹克文化传承的重要内容，左侧石柱顶部两个锯齿状圆弧与五环的完美结合，代表普莱西德湖第二次承办冬奥会之意；第14届冬奥会分为上中下三部分，上方为五环，中间象征雪花形状的图案，下方为举办地萨拉热窝和举办时间，采用地方传统文化刺绣设计风格，用火红的雪花给人纯美、和谐而宁静的质感；1988年冬奥会会徽延续上届冬奥会设计的主题色调，且雪花造型风格形同姐妹会徽，又吸收卡尔加里最具传统民族风格枫叶文化元素，枫叶由不同的字母C组成，C是加拿大和卡尔加里首字母，表现出加拿大人民对冬奥会的殷切期盼和美好向往。

3. 抽象简约阶段（1992年至今）

冬奥会会徽表达了多重文化内涵，通过抽象设计把具体、复杂的意义范畴简约化，整体设计出现含糊不清的泛指对象，实现了多意义事物的整体构建与有序组合排列，给人以无限的遐想空间。自1992年冬奥会会徽设计风格开始呈现出明显的转折点，会徽主体图案有山脉之光，把现代质感和运动元素混为一体，吸收和借鉴历届冬奥会来自阿尔卑斯山的创作灵感，使奥运圣火与滑雪板的简洁勾画融为一体，内容丰富而简洁生动，表现出法兰西民族对冰雪运动热爱的奥运情愫；1994年第17届冬奥会从夏奥会中分离出来，会徽的创作设计源自大自然的灵感猜想，蓝色的天空、北极光与洁白的雪花融为一体，和谐、自然、相互辉映，抽象简约风格的艺术创作隐喻了北方挪威城市形象的文化表征，以及回归自然的奥林匹克价值理念寄托；第18届长野冬奥会会徽图案是由抽象动感的运动员形象和雪花图案混合组成，象征运动员在冰雪文化场域的博弈竞争，由雪花和运动员共同组成的图案又像一朵绽放的雪莲花，以此作为宣传环保、热爱自然、人与自然和谐相处的意象表达，另外，"五彩雪花"极具动感抽象简约的设计风格，暗示了希望各国运动员通过比赛竞争，达到相互了解、增进友谊的文化指向；2002年美国盐湖城冬奥会会徽主体图案由蓝、橙、黄三种色彩搭配组成的雪花结晶形状，三种色彩也是犹他州户外景观色彩的表现风格，象征勇敢与活力，突出冰雪运动"竞争、文化、勇气"主题，彰显犹他人试图通过别样的陆地风景给人留下深刻记忆，用地方特有的人文遗产给奥林匹克注入更多的精神元素；2006年都灵冬奥会会徽以都灵著名建筑安托内利尖塔（Mole Antonelliana）为设计灵感，该塔被誉为19世纪全球最高建筑，把具有地方标识性建筑幻化为冰和雪组成的山峰造型，从外在形状来看，又像一张紧密编织的网，突出奥林匹克大家庭团结主题，会徽向上逐渐延伸的状态和趋势预示着冰雪运动不断攀越高峰的美好愿望。这一抽象简约的设计风格所隐含的普遍意义与奥林匹克所推崇的普世价值完美契合，把两种理念的和谐状态表现的淋漓尽致；2010年加拿大温哥华冬奥会用抽象简约的"人"字造型元素来表现会徽主题，整体构思题材取自古印第安人路标塔图案，5块蓝、绿、红、黄彩色的石头叠加成人字造型，像站立的冰球运动员，又似灯塔，绿、蓝、红色调分别象征加拿大大西洋、太平洋沿岸、枫叶，黄色寓意旭日东升，体现加拿大人"友谊、热情、力量、视野和团队精神"的文化标识；2014年索契冬奥会设计风格简单，采用蓝色圆形小写字体书写，除奥运五环以外没有其他图案，这也是冬奥会会徽首次将国际域名作为主体图案。会徽色彩选用俄罗斯国旗颜色绘制，sochi.ru图案与2014相对应，如同水中倒影，生动形象，象征这座城市位于黑海沿岸的独特滨海位置，设计抽象简约但意蕴深远，给人无限的遐想空间；2018年平昌冬奥会会徽看似简单的几笔勾画，用"平昌"二字子音加以形象化后完成设计，会徽色彩取自韩国传统五方色（青、赤、黄、白、黑）搭调，在韩国传统文化中，五色象征东西南北中五个方位、五种味觉（咸、酸、甜、苦、辣）。图案中雪花与冰凌相互映衬，包含天地合一，来自世界各地的冰雪运动员欢聚一堂。

2022年北京冬奥会会徽依然延续抽象简约的设计风格，以汉字"冬"为创作灵感，把中国传统的书法艺术融入其中，会徽上半部分为冰雪运动员造型，下半部分为滑雪动作的抽象形态，中间线条勾画流畅而富有律动性，犹如飘舞的丝带，把中国传统节庆欢乐的氛围融入其中，整个画面又似起伏的山峦、赛场和滑雪赛道，给人舒适的视觉感受。会徽整体色调以蓝色为主调，寓意冰雪运动的纯洁、梦想与未来，红色和黄色搭配，融合了中国国旗颜色，也表现出冰雪运动富有激情、青春与活力。"BEIJING 2022"字样融合了中国书法与剪纸特点，表现出丰富的文化内涵与表现力，给人以形神一体的视觉冲击力。

三、吉祥物

吉祥物作为表现冬奥会文化的独特视觉符号，是传播冰雪运动形象与运动精神的文化载体。通常吉祥物以承办国家代表性的动物为创作原型，既能表现冬奥主题，又能反映承办国家或举办地地域文化特征，成为传播冬奥文化的重要媒介，堪称一种历史的积淀和文化的延伸。吉祥物的出现使冬奥会所表现出来的形象价值被拟人化，充满活力的个性创新，以及独特的文化内涵与表现力，为奥林匹克精神在现代青年中的广泛推广起到了重要作用，也是冬奥会文化传承的重要物质文化载体。

1. 冬奥会吉祥物形成背景

冬奥会吉祥物创作背景来自1968年格勒诺布尔冬奥会，开始设计的吉祥物命名为雪士（Schuss），吉祥物来自法国普罗旺斯语"Mascotto"，暗示能给人带来吉祥、好运的事物，表达了人们对幸福、欢乐和美好世界的向往、憧憬。由于之前冬奥会并没有吉祥物，也没有把雪士作为吉祥物来看待，只是冬奥会文化传播过程中的一个角色，由于其可爱的形象备受人们喜爱和欢迎，并把雪士形象附在各类冬奥纪念商品上销售，人们通常也就称"雪士"为冬奥会吉祥物，开创了冬奥会吉祥物文化创作的先河。1972年慕尼黑奥运会吉祥物小猎狗"Wad"也是第一个被官方认定的奥运会吉祥物，五彩的设计显得格外可爱。吉祥物造型来自德国著名的腊肠犬，用以表现冰雪运动员坚韧、敏捷的性格特征。

2. 冬奥会吉祥物创意设计特点

受慕尼黑奥运会吉祥物设计思维的影响，1976年因斯布鲁克冬奥会推出官方吉祥物施奈德尔（Schneemand），德语为雪人的意思，雪人头顶着当地居民传统服饰文化——红色帽子，外形丑陋但又不乏呆萌可爱，形象表达了本届冬奥会文化理念；1980年普莱西德湖冬奥会首次出现以现实存在的动物形象为创作原型，吉祥物罗尼（Roni）将普莱西德湖代表性的动物浣熊拟人化，它举起左手的动作姿态寓意欢迎八方来客；1984年萨拉热窝冬季奥运会吉祥物创造源自漫画故事主人公小狼，在传统的思维模态系统里，人们通常会把狼与冷血、凶狠联系起来，但是，吉祥物小狼形象利用夸张设计和创意设计手法，夸张的鼻子和可爱微笑的面部表情与传统认识形成鲜明对比；1988年加拿大卡尔加里冬奥会的吉祥物是一对北极熊兄妹豪迪（Howdy）和希迪（Hidy），他们是一对孪生兄妹，在数量上改变了以往一种形象的呈现方式，并出现性别差异的设计风格，"Howdy"可以看成是"How do you do（你好）"的缩写，"Hidy"是由Hi扩展演变而来，寓意世界冰雪运动员能够相互交流、理解和进步；1992年法国阿尔贝维尔冬季奥运会吉祥物被称之为"冰上精灵"，由一个冰块立方体和星星组成，代表了传播冰雪运动文化、创作梦想的意义所指，蓝色身体和红色帽子采用法国国旗色调搭配，胸前有法国国旗蓝、白、红三种色条，其创意之处还体现在这是首次出现与动物无关的吉祥物；1994年挪威利勒哈默尔冬季奥运会用两个可爱、快乐的孩子作为吉祥物，名字分别叫作哈康（Hakon）和克莉丝汀（Kristin），吉祥物创作来自挪威童话故事主角，充满了故事性与传奇色彩，非常形象的设计表达了年轻人的兴趣和愿景，其创意之处在于第一次选择人物形象作为创作原型；1998年日本长野冬奥会吉祥物以猫头鹰为创作原型，四只猫头鹰分别取名Sukki、Nokki、Lekki和Tsukki，代表火、风、地和水四种森林生命自然元素，合起来可以拼成雪精灵（Snowlet），表现出要把人与自然和谐相处作为不变的理想与追求目标，四个吉祥物也是冬奥会史上最多的一次；2002年美国盐湖城冬季奥运会吉祥物为三种不同的动物形象，分别代表美国盐湖城雪靴兔（Powder）、北美草原小狼（Copper）和美洲黑熊（Coal），三种动物分别代表更快、更高、更强的奥林匹克精神；2006年都灵冬奥会吉祥物由拟人化的雪块和冰块组成，代表冰雪运动的基本要素，两个吉祥物分别命名"内韦"和"格利兹"，"内韦"的形象是穿着红色服装的小女孩，圆圆如雪球般的脑袋和流畅的形象设计代表冰雪运动的和谐、优雅，"格利兹"是身穿蓝色衣服的小男孩形象，棱角分明的头部宛如冰块，代表运动员的力量和毅力；2010年温哥华冬奥会的吉祥物米加（Miga）和魁特奇（Quatchi），分别代表北极熊、北美野人形象，另外，还首次设计了陪衬吉祥物穆克穆克（Mukmuk），三个吉祥物整体上看起来非常和谐，像是三口之

家，意蕴冬奥会也是大家庭聚会的舞台；2014年索契冬奥会吉祥物征集首次采用全国投票的形式确定，选出更符合民意、最受欢迎的吉祥物，最终确定雪豹、北极熊和兔子三只可爱的动物形象为吉祥物，分别代表帅气矫健、憨态可掬和乖巧灵动的冰雪运动意义；2018年平昌冬奥会吉祥物为白色的老虎形象，命名为守护郎（Soohorang），象征给冰雪运动参与者带来保护、吉祥、平安；2022年北京冬奥会吉祥物"冰墩墩"以中国国宝熊猫为设计原型，极具中国动物符号的形象设计，象征纯洁、坚强又不乏敦厚、健康、活泼、可爱，左手掌心形图案也代表主办国家对世界的热情欢迎，彰显中国好客国度与大国情怀（图2-16）。

图2-16 历届冬奥会吉祥物设计

四、会歌、会旗

在1896年第1届奥林匹克运动会奏响的《奥林匹克圣歌》，是由希腊人塞玛拉斯作曲，派勒玛作词共同完成，用希腊文撰写，内容主要讲述了通过体育竞技塑造钢铁般的躯干，竞赛的崇高发起对强者的顶礼膜拜，古代不朽之神鉴证胜者荣耀和光环，把奥运赛场比喻成巨大神殿，鉴证比赛的圣洁、庄重与威严。这种极具宗教色彩的体育竞技成为推动奥林匹克运动发展的永恒力量，后来被人们称之为奥林匹克会歌，在推动奥林匹克发展上发挥着持续而恒久的文化张力。但在第1届现代奥林匹克运动会后并没有将希腊人创作的《奥林匹克圣歌》作为会歌，会歌形式尚不统一，各东道主国家纷纷自主创作，如1936年柏林奥运会创作的《奥林匹克颂歌》及1948年奥运会创作的《不为自己而为主》等。各个国家在对会歌不断创作探索的过程中，一直没有最终确定满意曲目。20世纪50年代以后，经过多次尝试重新创作永久性会歌，都没有取得成功，于是1958年在东京举行的国际奥委会第55次会议上，还是沿用第1届奥运会《奥林匹克圣歌》作为永久性会歌，每届夏奥会和冬奥会开闭幕式上都能听到这首古老、庄重的古希腊乐曲。《奥林匹克圣歌》采用3/4节拍，从创作风格和形式来说，都可以堪称引领世界体育诗歌、体育音乐的开端（图2-17）。

```
古代不朽之神，
美丽、伟大而正直的圣洁之父，
祈求降临尘世以彰显自己，
让受人瞩目的英雄在这大地苍穹之中，
作为你荣耀的见证。
请照亮跑道、角力与投掷项目，
这些全力以赴的崇高竞赛。
把用橄榄枝编成的花冠颁赠给优胜者，
塑造出钢铁般的躯干。
溪谷、山岳、海洋与你相映生辉，
犹如以色彩斑斓的岩石建成的神殿。
这巨大的神殿，
世界各地的人们都来膜拜，
啊！永远不朽的古代之神。
```

```
The Olympic Anthem
Immortal spirit of antiquity,
Father of the true, beautiful and good,
Descend, appear, shed over us thy light
Upon this ground and under this sky
Which has first witnessed thy unperishable fame
Give life and animation to those noble games!
Throw wreaths of fadeless flowers to the victors
In the race and in the strife!
Create in our breasts, hearts of steel!
In thy light, plains, mountains and seas
Shine in a roseate hue and form a vast temple
To which all nations throng to adore thee,
Oh immortal spirit of antiquity!
```

图2-17 奥林匹克圣歌（原文、中文、英文版本）

奥运会会旗（图2-18）是1913年顾拜旦设计制作，在1914年国际奥委会成立20周年纪念大会上首次升起。历届奥运会、冬奥会开幕式或闭幕式上都有隆重的会旗交接仪式，由上届举办城市代表交给国际奥委会主席，国际奥委会主席再把旗帜交给本届奥运会、冬奥会主办城市市长，四年后再递交给下届举办城市，也是奥林匹克文化的传递与传承意义。会旗作为典型奥运文化标识，是由蓝、黄、黑、绿、红（左至右）五种颜色的奥林匹克环组成，环环相绕紧密联系在一起，底色为白色，大小为3米×2米规格，白色寓意纯洁，五环紧密相连代表世界各族人民团结协作，在奥运会上欢聚一堂，突出"奥林匹克大家庭"主题意义。《奥林匹克宪章》也明确规定："奥林匹克五环是奥林匹克运动的象征性意义符号，是国际奥委会的专属标志，未经国际奥委会许可禁止用于广告或其他商业活动。"1979年国际奥委会出版的《奥林匹克评论》（第40期）解释奥运会会旗含义，象征五大洲团结，预示世界各国运动员能够以公正、友好、坦率的比赛精神风貌，在奥运会上相聚一堂。1991年《奥林匹克宪章》对奥运五环标志的补充解释，不仅象征五大洲团结，还强调运动员公正、坦诚的精神风貌出现在赛场。1952年奥斯陆冬奥会开始进行冬奥会会旗交接仪式，交接方法和保存方式同夏奥会。

图2-18 奥运会会旗

五、主题曲

奥运主题曲是由主办国、主办地创作的、能够反映主办国家或地区人文特色，又饱含奥林匹克精神、奥林匹克运动主旨的歌曲。奥运主题曲由奥运组委会负责征集遴选，一般每届奥运会只规定一首主题曲，并在开幕式上演绎。在第17届冬奥会之前，由于冬奥会和夏奥会没有分开，主办方也没有专门针对冬奥会制定主题歌曲。在对主题曲整理过程中，由于早期冬奥会影响力较小，知名度不高，对主题曲的关注较少，学术界也没有专门对冬奥会主题曲研究的相关报道，本研究在进行整理的过程中，借助网络检索的方式也没有找到原始曲目，加上，开幕式上受各国语种翻译的困惑，以及音乐知识基础的局限性，也就没有对所有曲目进行全面系统地整理，无法从乐理的角度对音乐本身加以分析，没有形成对冬奥会主题曲创作风格和文化内涵的深层解读，不免成为研究的遗憾和缺陷。

通过对历届冬奥会主题曲整理（表2-10）：1994年挪威利勒哈默尔冬奥会主题曲心中的火焰，整首歌用挪威语演唱，同时伴有英语、拉丁语的创作编曲风格，给人激情荡漾，热血沸腾的心理感受；1998年长野冬奥会主题曲用较强的律动性展现积极阳光的体育氛围；2002年盐湖城冬奥会主题曲由乡村歌手黎安·莱姆斯（Leann Rimes）演绎，用极具特色的演绎风格去点亮心中的圣火；2006年都灵冬奥会主题曲是由意大利男高音安德烈·波切利（Andrea Boceli）演唱，充分表现了意大利歌唱特色，把最优美的嗓音传递到全世界；第21届冬奥会主题曲目是由流行歌手妮基·扬诺夫斯基（Nikki Yanofsky）演唱，从歌声中感受从海洋到天空的比赛氛围；2014年索契冬奥会主题曲是由瓦利莉亚（Valeriya）、吉玛·比兰（Dima Bilan）等俄罗斯本土歌手合唱，带给人"激情冰火"的热烈氛围，歌词内容丰富，搭载着俄罗斯人的梦想，从古至今娓娓道来；2018年平昌冬奥会主题曲《平昌的梦》表达了韩国人民对冬奥会的渴望，彰显韩国在经历两次申奥失败后，战胜德国、法国拿下2018年举办权，终于圆梦，以及期盼世界和平、团结的梦想。

表2-10 历届冬奥会主题曲

届次	举办地	主题曲	演唱者
第17届	挪威利勒哈默尔	心中的火焰（*Fire In Your Heart*）	塞西莉亚（Sissel Kyrkjebo）
第18届	日本长野	变成跳舞吧（WAになっておどろう）	组合V6
第19届	美国盐湖城	点然心中之火（*light the fire within*）	黎安·莱姆斯（Leann Rimes）
第20届	意大利都灵	因为我们相信（*because we believe*）	安德烈·波切利（Andrea Boceli）
第21届	加拿大温哥华	我相信（*I Believe*）	妮基·扬诺夫斯基（Nikki Yanofsky）
第22届	俄罗斯索契	奥运会歌（*Anthem Of Olympic Game*）	瓦利莉亚（Valeriya）、吉玛·比兰（Dima Bilan）等
第23届	韩国平昌郡	平昌的梦（평창의꿈）	赵秀美（조수미）

以美国盐湖城冬奥会和加拿大温哥华冬奥会为例，对冬奥会主题曲文本的文化内涵加以解读和阐释。《点燃心中之火》歌词文本大意为用内心之火驱赶黑暗、寒冷，让我们找到温暖，锻炼我们的意志，克服内心的恐惧，用心灵点燃内心的火焰，激励人们战胜失败，挑战自我的力量，激发克服困难的勇气，永攀体育高峰，把自己最美的一面展现给世人。点燃的火焰永远不会熄灭，每个人心中

燃烧的欲望不会结束，荣耀将会持续，表达了用冬奥会点燃内心的火焰，给寒冷的冬天带来激情与能量，激励运动员不断战胜自我、超越自我的精神力量和文化内涵；温哥华冬奥会主题曲《我相信》歌词大意是，在孤军奋战这条孤独之路上会让人产生放弃的想法，你要不断勉励自己、相信自己的力量，发现自己的优点，设定奋斗的目标才能战胜自我，打开自己内心的疑虑，才能得到他人的帮助，尽自己最大的努力，没有什么可以阻挡前进的道路，世界各族人民团结一体才能汇聚更大的力量。创作者用激励、启发、反衬等写作手法，鼓励运动员要坚信自己的力量和能力，齐心协力、团结协作，实现自己的人生理想。

《点燃心中之火》

我们将点燃内心的火
我们将点燃内心的火
当黑暗降临时
内心的火不会害怕
因为有一种光在我们心中闪耀
尽管当我们到达内心时
这个世界会变得如此寒冷
我们会找到我们的温暖
因为有一种火焰在每个人的心中燃烧
是我们的意志在一生中点燃一次火花
我们有机会站在不同的地方
我们可以向世界展示我们最优秀的一面
揭示我们心中的想法
故事就这样过去了
荣耀永远不会结束
灵感点燃了我们内心的火焰
如果我们跌倒了
我们就不会再停留下去
我们会重新站起来
利用我们找到的力量
我们会站起来
我们会像冠军一样站起来

就像冠军一样

我们会遇到每一个障碍

一辈子克服一次

就有机会站在一起

我们可以向世界展示我们最美好的一面

揭示我们内心的东西

这样故事就结束了

荣耀永远不会结束

灵感点燃了内心的火焰

如果我们保持坚强

我们的心就会激励我们

就有机会站在一起

我们可以向世界展示

我们很好地揭示了我们心中的东西

所以故事继续下去

荣耀永远不会结束

灵感点燃了火

每个人的心都燃烧着欲望

灵感点燃了内在的火

我们可以像内在的火一样

灵感点燃了内在的火

灵感点燃了内在的火

《我相信》

终于迎来了这一刻

我必须孤军奋战

我选择了这条孤独的路

像一所房子，而没有家的感觉

有时我觉得我已经受够了

感觉快要放弃

你勉励我尽自己最大的努力

没有什么现在可以阻挡我

我相信

那种来自于使世界凝聚为一体的力量

我相信我们将会一起发现它

我相信我和你的力量

这将是我们一生梦想的时刻

像我们期待的那样让自己与众不同

我们有权利骄傲地站立着

我的心将不再存疑，世界向我伸出双手

拥抱尽最大努力的自己

没有什么现在可以阻挡我；

我相信

那种来自于使世界凝聚为一体的力量，

我相信我们将一起飞翔

我相信我和你的力量

我相信就是此刻，骄傲地站立着

让世界为我骄傲，

我相信我们将一起飞翔，我相信

我相信

那种来自于使世界凝聚为一体的力量（属于我和你）

我相信我们将一起飞翔

我相信我和你的力量（力量）

我相信就是此刻（噢，我和你）

骄傲地站立着，让世界为我骄傲

我相信我们将一起飞翔（我们将一起飞）

我相信我和你的力量（我相信我和你的力量）

六、奖牌

　　冬奥会奖牌是奥运礼仪文化的重要组成部分，从外观设计、图案、色彩、质感等方面都蕴含着丰富的文化价值。从第1届冬奥会至今，每届奖牌的设计都倾注了设计者的大量心血，每个运动员也把对奖牌的追求作为努力奋斗的至上目标，以更快、更高、更强的奥林匹克精神主旨来激励自我，奖牌也成为运动员竞技能力水平的最佳见证。冬奥会奖牌不仅具有收藏价值,更具有极高的艺术价值和审美价值,充分体现了举办国家的文化底蕴与风土人情,成为冬奥会文化传播的象征性民族符号,见证冬奥会发展的历史谱系和文化记忆。

从历届冬奥会奖牌设计规格来看(表2-11):奖牌直径或高度、宽度有增长趋势,奖牌形状除日本札幌、南斯拉夫萨拉热窝和美国盐湖城以外均采用圆形设计。在1988年加拿大卡尔加里冬奥会之前,奖牌厚度基本维持在3~5毫米,1992年法国阿尔贝维尔冬奥会以后,奖牌厚度明显增加,主要维持在8~10毫米。在奖牌的重量方面,2002年美国盐湖城冬奥会之前,奖牌的重量均在400克以下,绝大多数在200克以下,近几届冬奥会奖牌重量明显增加,达到460~586克,且自加拿大温哥华冬奥会以后,金牌、银牌、铜牌重量也不等。从统计结果来看,奖牌整体规格发生较大变化,并呈现出一定的变化规律,体积增大,重量增加,不同名次奖牌重量差异不仅体现出奖牌颜色的差异,还体现出材质差异。

表2-11 历届冬奥会奖牌设计规格统计

届次	举办地	年份	直径/毫米	厚度/毫米	重量/克
第1届	法国夏慕尼	1924	55	4.0	67.0
第2届	瑞士圣莫里茨	1928	50	3.0	51.0
第3届	美国普莱西德湖	1932	54	5.4	86.0
第4届	德国加米施-帕滕基兴	1936	100	4.0	323.0
第5届	瑞士圣莫里茨	1948	60	3.8	103.0
第6届	挪威奥斯陆	1952	56	4.0	64.0
第7届	意大利科尔蒂纳丹佩佐	1956	60	3.2	120.5
第8届	美国加利福尼亚州	1960	55	4.3	97.4
第9届	奥地利因斯布鲁克	1964	70	4.5	168.0
第10届	法国格勒诺布尔	1968	60	3.3	124.0
第11届	日本札幌	1972	高61.3,宽57.3	5.0	185.0
第12届	奥地利因斯布鲁克	1976	72	4.0	154.0
第13届	美国普莱西德湖	1980	80	6.2	221.2
第14届	南斯拉夫萨拉热窝	1984	高71.1,宽65.1	3.1	164.0
第15届	加拿大卡尔加里	1988	69.1	5.0	106.3
第16届	法国阿尔贝维尔	1992	92	9.0	169.0
第17届	挪威利勒哈默尔	1994	78	8.2	125.0

（续表）

届次	举办地	年份	直径/毫米	厚度/毫米	重量/克
第18届	日本长野	1998	80	7.0	260.0
第19届	美国盐湖城	2002	高101，宽77	10.0	484.0
第20届	意大利都灵	2006	105	8.4	474.0
第21届	加拿大温哥华	2010	100	6.0	500～576
第22届	俄罗斯索契	2014	100	10	460～531
第23届	韩国平昌郡	2018	92.5	9.42	493～586

受冬奥会承办国家文化差异的影响，奖牌设计风格迥异，独特的奖牌艺术所折射出来的文化内涵有必要加以解读，以形成全面的认识和理解。通过梳理不同时期冬奥会奖牌的设计风格，探索奖牌所传递的文化内涵，从奖牌演变的角度对奖牌的创作阶段进行分析。

1. 自由创作设计阶段

1924年第1届夏慕尼冬奥会奖牌由罗尔·伯纳德设计，正面是滑雪运动员造型，背景是阿尔卑斯山脉，奖牌背面所涵盖的信息量较大，包括运动会名称、比赛时间、支持方和组织方，从所涵盖的内容信息可以看出，奖牌的设计重点突出冰雪运动主题和相关的竞赛知识信息。第2届冬奥会奖牌由阿诺德·尤纳瓦德尔设计，是冬奥会史上最小的奖牌，奖牌正面延续上届冬奥会设计风格，是一位张开双臂的滑雪运动员，优美的动作配合雪花显得格外奔放，奖牌背面是奥运五环标志、冬奥会时间、地点、届次、橄榄枝，除突出冰雪运动主题和一般赛事信息外，还包含东道主国家对团结、和平、友谊、幸福的美好期待。

为突出奖牌的收藏价值，1932年冬奥会开始控制奖牌制作数量，罗宾斯公司仅发行115枚奖牌，除给运动员颁发的奖牌以外，不允许私人收藏，剩下的奖牌归国际奥委会和普莱西德湖冬奥组委会所有，并作为冬奥会文化遗产档案保存。奖牌图案非常具有想象力，正面是手持桂冠的女神端坐于祥云中，背景是阿迪朗达克（adirondack）山脉，下面是滑雪运动场和盐湖城风光，奖牌背面是奥运五环、橄榄枝、冬奥会时间、地点、届次，以突出冰雪运动竞赛信息为主题，希望世界各国在冰雪运动参与过程中能够相互交流、团结、共处，为实现人类和平、友谊与进步而努力的心理向往；1936年冬奥会奖牌由理查德·克莱恩设计，延续"物以稀为贵"的制作理念，也被称为世界上最罕见的冬奥会奖牌，仅制作了109枚，奖牌正面被滑雪雪道一分为二，上面是胜利女神手持橄榄枝驾驶一辆三马战车，行驶在凯旋门的情景，下面是各种滑雪装备，边缘印着帕尔钦—帕滕基尔钦"GARMISCH-PARTENKIRCHEN"字样图案，奖牌背面信息量较少，中间是奥运五环图标，边缘为"IV.OLYMPISCHE WINTERSPIELE1936"，以此来表现冬奥会的纯洁，对和平、友谊的向往，以及对古代奥林匹克精神的传承。

1948年冬奥会再次来到瑞士，奖牌正面图案为冬奥会的届次、地点，上下由两片大小不一的雪花组成，背面图案较多，上部边缘为"更快、更高、更强"的奥林匹克格言，中间为一只手持火炬，背景为五环标志，其他空白区域用雪花点缀，整体显得非常饱满。在奖牌设计上，吸收夏奥会设计风格，并把冬奥会作为奥林匹克运动会的一部分，发扬奥运精神，又突出冬奥会运动特色的设计理念；1952年冬奥会奖牌由沃索斯（Vasos Falireus）和克努特·伊兰（Knut Yran）共同设计，奖牌直径71毫米，制作数量比上届增多，达144枚。奖牌正面与第5届相似，含火炬、奥林匹克标志，背景为希腊语"奥林匹亚"，下边缘为"更快、更高、更强"的奥林匹克格言，上缘为法语"奥林匹克运动会"，奖牌背面为挪威语撰写的冬奥会届次、时间、地点，以及雪花和宾馆象形图案，突出以冰雪为主题的奥林匹克运动会，表现出冬奥会与奥林匹克融为一体，还没有从奥林匹克运动中解离出来的文化特色。

1956年第7届冬奥会奖牌设计者是库索塔尼奥·阿福，每种类型的奖牌都配备不同颜色的盒子，一并发给获奖运动员。奖牌正面是头戴五环花冠的理想化女性头像，右侧为熊熊燃烧的火炬，边缘刻有"VII GIOCHI OLIMPICI INVERNALI"字样，奖牌反面以本届冬奥会的主要标志POMAGAGNON山脉为背景，用雪花图案突出主题，山脉与雪花重叠，边缘刻有"CITIUS ALTIUS FORTIUS-CORTINA 1956"，整体设计风格主题鲜明，试图通过女性来宣传奥林匹克文化，呼吁男女平等参与冬奥会的文化诉求（图2-19）。

图2-19　1924—1956年冬奥会奖牌（正、反面）

2. 规范创作设计阶段

在第7届冬奥会之前，国际奥委会对于冬奥会奖牌设计没有具体的规范要求，都是设计者基于个人的主观理解，结合冬奥会实际和本土传统文化的理解，进行自由创作，没有一个统一的规范要求，奖牌设计没有对国际奥委会标识作任何规定。1956年6月国际奥委会出台专门的奖牌设计规则，要求奖牌必须镌刻运动会名称，冬奥会奖牌设计师自由创作时，还要结合国际奥委会的相关规定进行设计。因此，自1960年美国斯阔谷冬奥会以来，按照国际奥委会要求，奖牌设计更加清晰、规范，奖牌正面是两位年轻男女侧面头像，代表冰雪赛事活动朝气蓬勃的氛围，边缘图案为"第8届冬奥会"字样，奖牌背面设计简洁，中间是国际奥委会五环标志，上边缘也吸收往届冬奥会奖牌设计经验，为"更快、更高、更强"奥林匹克格言。

1964年冬奥会奖牌由维也纳艺术家马萨·库弗设计，奖牌不再直接递给获奖运动员，而是在奖牌上挂一根带子，带子颜色与举办国家国旗颜色一致。奖牌正面由阿尔卑斯群山做背景，下面为体育比赛项目名称，边缘是"因斯布鲁克1964"字样，背面中间是奥运五环和因河大桥，边缘刻有"IX-OLYMPISCHE WINTERSPIELE"的字样。本届冬奥会奖牌设计突出举办国家文化标识主旨，并根据不同参赛项目进行分类设计。受奖牌分类设计思想的影响，1968年冬奥会奖牌由罗格·埃克芬创作，奖牌在材质的选用上也有一定的经济价值，每个金牌含6克纯金。奖牌正面是奥运会标志，反面专门为每一个项目设计了独特的象形图案。1972年冬奥会奖牌由八木纱织和田中一光设计，转变以往的设计思维风格，首次设计非圆形奖牌，背面是每一个比赛项目图案，并镌刻在徽章上，刻着"第11届冬奥会札幌72"英文、日文字样，正面由一根隆起的线条和椭圆形滑雪跑道组成，设计简洁大方。

1976年因斯布鲁克冬奥会奖牌设计与1964年冬奥会是同一设计者马萨·库弗，奖牌正面与1964年奖牌背面图形相似，由奥运五环和因斯布鲁克标志性建筑因河大桥组成，运动会名称用德语镌刻，用桥梁象征国家和民族的友谊、和谐、统一，奖牌背面是以阿尔卑斯山为背景的滑雪区域，滑雪雪道通向阿尔卑斯山脚下，右边是奥运圣火。1980年美国普莱西德湖冬奥会是由迪法尼（Tiffany）设计，奖牌正面是一只手持火炬，以层峦叠嶂的山脉为背景，还附有五环图案和第13届冬奥会字样，奖牌反面上方为本届冬奥会会徽标志，左边为Lake Placid1980英文字样，右侧为杉树枝。1984年冬奥会奖牌设计形状打破以往设计理念，正反面内部均为圆形图案，奖牌正面为雪花、五环和"XIV

Zimske Olimpijske Igre-Sarajevo1984"字样，背面是一个戴着橄榄枝的运动员头部轮廓形状。1988年卡里加里冬奥会奖牌正面采用会徽标志，下面为五环，边缘印有"第15届冬奥会卡里加里1988"英法文字，背面是两个戴着羽毛头饰的印第安人侧面像，其中一个戴着桂冠，一个戴着各类冰雪运动装备图案的头饰（图2-20）。

图2-20 1960—1988年冬奥会奖牌设计图案（正、反面）

3. 改革创新阶段

1992年冬奥会之前，奖牌整体设计内容、风格、外观、材质等方面变化不大。第16届阿尔贝维尔冬奥会掀起了全面推进奖牌设计改革的一场技术革命，奖牌主体部分用水晶材质制作，制作工艺由手工完成，手工制作步骤繁多，需要35人流水线，每一道制作工序都非常讲究、精准，奖牌成为极具收藏和艺术价值的精品，水晶玻璃嵌入金、银、铜材质制作。奖牌正面是国际奥委会五环标志，背景是隐约可见的叠山相衬，边缘有橄榄枝和"第16届冬奥会"英法文样，背面由素色水晶雕刻成图案，与正面相对称；1994年冬奥会奖牌设计者是英耶德·哈内沃尔德（Ingjerd Hanevold），他的整体思路延续上届冬奥会设计理念，不同名次奖牌用金、银、铜不同材质包裹，内部材质技术改革创新表现在采用挪威花岗岩为原料，即当地6亿年前北欧前寒武纪碎屑岩，在修建高山跳台滑雪轨道地点采集。奖牌正面五环图案走向与往届不同，采用倾斜设计的排版方式，奖牌外部金属材质为镂空雕刻，背面滑雪运动员采用抽象简约风格设计，正反面图案取自古代壁画，这种取材方式的独特性在于每一个奖牌都存在不同的纹理图案。1998年日本长野冬奥会奖牌制作的技术创新主要表现在采用"Makie"工艺技术，是日本本土特色绘画艺术，即喷涂带有颜料粉末的一种手工艺。在制作中，把金银材质的粉末喷到漆好的画案上，再用景泰蓝技术压缩处理。奖牌正面边缘处是橄榄枝环绕的"朝阳"标志及会徽、五环，背面是泥金画技术映衬下的冬奥会会徽、五环，群山叠嶂，呈现出极强的画面感和空间想象力。

2002年冬奥会奖牌制作采用当地开采的金银铜材质，金、银牌重量约560克，铜牌重量约450克，也是冬奥会奖牌制作史上最重的奖牌，奖牌外观造型根据原石设计的不规则形状，图案如同犹他州河流岩石一样，奖牌背景纹理质朴、自然、逼真而生动形象。奖牌正面图案是运动员手持火炬冲出冰山与火焰的图样，体现了奥林匹克精神和冰雪运动的激情与活力，迸发出积极力量，左侧为"Light the Fire within"（点燃心中的火）字样，以此来达到激励运动员不断奋进的精神诉求，奖牌背面是希腊胜利女神手持象征和平的橄榄枝，在背景远处有奖牌所属项目运动员图像。

2006年都灵冬奥会奖牌是由达路（Dario）领导的团队集体创作设计，设计灵感来自意大利比萨斜塔前的中央教堂广场，属于意大利城市标志性建筑和代表性建筑，充分体现都灵城市形象，这在历史上是一个具有纪念意义、充满时代感、古老、活力而开放的地方，通过给冬奥会注入城市传统文化元素，丰富冬奥会文化内涵。奖牌设计的改革创新还体现在中间呈镂空状，象征胜利者佩戴的戒指，亦寓意敞开的胸怀、跳动的心脏，体现对生命意义的追求与崇尚，挂奖牌的丝带穿过中间圆孔，自然而优雅地系在奖牌上。奖牌正面是奥运会标志，反面是本届奥运会会徽，为突出三维效果，表面采用半圆半空形式打造，几道光滑的刻痕凹凸有致，呈现出抽象简洁的设计风格。另外，为表现冬奥会三个中心口号，使用有光泽且光滑的材料，做工非常精巧，充分展现了设计匠师们技术改革的创意灵光。

2010年加拿大温哥华冬奥会奖牌是由考琳·亨特创作设计，图案选自具有浓郁民族特色的抽象画为正面图案，每块奖牌从图案上截取一部分作为背景，这种设计在冬奥会奖牌史上也是首次，国际奥委会主席罗格也给出很高的赞誉："本届冬奥会别具一格的奖牌设计是对运动员最高的褒奖，也是对加拿大人民热情好客的纪念。"奖牌表面呈波浪起伏状，正如加拿大海浪、飞雪、山峦三大特色景观，冬奥会与冬残奥会奖牌形状不一，但面积相等的设计风格也是历届冬奥会的技术改革创新之处。另外，逆戟鲸造型的设计风格吸收当地的动物图腾崇拜信仰元素，逆戟鲸性格凶猛强悍，但能够象征力量、团队精神与尊严。

2014年索契冬奥会是俄罗斯第一次承接冬奥会，对于奖牌的设计也非常注重改革创新，阿达玛斯公司（Adamas）董事长安德烈·西多连科表示，本次奖牌制作采用最先进的技术工艺，制作的1300枚奖牌也创造了历史之最。金牌表面采用镀金处理，每一枚奖牌的制作耗时18小时，体现了制作工艺技术的精湛。奖牌采用具有俄罗斯民族风情的设计风格，正面为实心设计并附有五环图案，背面为镂空镶嵌，设计有索契冬奥会会徽和比赛项目名称字样，侧面是用俄、英、法文撰写的本届冬奥会官方名称。奖牌图案绘制极具索契风光，金色阳光透过雪山折射到黑海之滨的沙滩上，五彩斑斓的复杂图案独具美感，但又不失精致。

2018年平昌冬奥会奖牌设计充分体现了韩国传统文化特色，渗透了韩文、韩服主题元素，奖牌正面为五环图案，周围充满活力的斜线填充，并把"平昌冬季奥运会"的韩文子音拉伸成立体风格，剪成圆形完成造型，充分体现了冰雪运动员"汗水与忍耐"的奥运精神，奖牌背面是奥林匹克五环标志和获奖项目名称，侧面是"平昌冬季奥运会2018"的韩文子音和母音环绕，奖牌整体风格凸显出极强的立体感。奖牌的缎带也非常考究，选用韩服传统制作工艺——"甲纱技法"，轻而薄、透气性好、半透明状，主题风格突出韩国传统文化主题的雪花纹样，传统镇纸技法呈现于甲纱材料之上，字体和徽章采用韩国传统刺绣技法制作而成。奖牌外部包装从传统建筑获得灵感，采用原木制成，显得简洁、高雅而富有极强的审美感受（图2-21）。

图2-21 1992—2018年冬奥会奖牌设计图案（正、反面）

七、火炬

奥运火炬启发自古希腊祭祀活动的一种宗教仪式，宙斯信徒通过赛跑的方式选拔点燃祭坛圣火人选，大祭司把火炬交给胜利者负责点燃圣火。现代奥林匹克运动员火炬仪式始于1920年，点燃的火炬象征人们在第一次世界大战后对光明的向往。1928年国际奥委会对火炬传递和点燃圣火作了明确规定，1936年开始正式实施，用火炬点燃圣火，在赛事期间昼夜不熄，象征光荣、勇敢、威力，传递人类和平与友谊的美好夙愿。火炬采集延续传统方式，由女祭司在古奥林匹亚城赫斯提亚祭坛采用原始的太阳光聚焦方式点燃，同时，宣读运动誓言。1952年第6届冬奥会火炬开始设计以来，在工艺、造型、文化、科技等方面发生了一定规律性的变化。依据历届冬奥会火炬设计风格，大致可以分为以下几种类型：

1. 传统设计风格（1952—1964年）

1952年挪威奥斯陆冬奥会首次点燃圣火，设计了冬奥会历史上第一个火炬。火炬的形状如同一个烛台，高22厘米，上面如凹透镜台面，燃料放入手持圆柱体内即可持续燃烧。之后几届冬奥会火炬设计基本大同小异，都是采用金属材质制成，点燃处增加了简单的防风功能，既便于点燃和保存，又防止在火炬传递过程中熄灭。特别是1956年和1960年冬奥会火炬设计基本相同，重点突出五环标志，高度和顶部圆柱体深度略有差异。1964年冬奥会火炬高度64厘米，握把处有了明显的设计感。1952—1964年冬奥会火炬设计均采用复古风格造型，本研究称之为传统设计风格（图2-22）。

图2-22 1952—1964年冬奥会火炬设计风格

2. 多样化创意设计风格（1968—1988年）

1968年冬奥会火炬改变了传统设计样板，燃火点与手柄连接处流畅自然，没有明显分割，近乎融为一体，上部燃火点保护罩如欲要绽放的花瓣，护罩根部有通风孔，气体循环的供氧设置方式对火种保护起到很好的作用；1972年火炬呈蘑菇状，手握处有本届冬奥会会徽图像，整体外观与1952年冬奥会火炬有些近似，造型极具个性化色彩，象征冬奥会火炬接力与文化传承；1976年冬奥会火炬完全改变了以往的设计理念，采用细长型风格，形如击剑状，剑端有镂空的五环标志，形似绽放的花瓣，上下连接处印有"因斯布鲁克冬奥会1976"字样；1980年冬奥会火炬形似小型雨伞，火炬上端内部为圆柱体，可放置燃料，外部如碗状保护装置，整体外观设计由独立分开的两部分组成，上面为金属材质，下部为木质材料，这种设计既可以减少传递者长距离奔跑消耗的能量，又可以避免持续燃烧给手部带来的灼热感，充满了人性化设计元素；1984年冬奥会火炬创意设计主要体现在采用色泽光亮透明风格，具有较高的艺术审美性，1988年冬奥会火炬由加拿大国家科学研究院负责研发，创意设计吸收以往经验，上半部分借鉴第7届、第8届冬奥会风格，上方膨大如碗状，可以储存较多燃料，能够实现较长时间燃烧，足以保障圣火能够在各种天气环境下，长达88天内穿越1.8万公里火炬传递而燃烧不熄，下半部分借鉴第13届冬奥会设计理念，为木质手柄，重量极为轻质，并与上方的燃烧点分开设计，整体风格又以当地著名建筑卡尔加里塔为参照，并印有奥运五环、本届冬奥会会徽和"更快、更高、更强"的奥林匹克口号。由此可见，第10届格勒诺布尔冬奥会以后，冬奥会火炬设计增加了创意元素，遵循多样化设计风格，丰富了火炬的外观表现形式（图2-23）。

图2-23　1968—1988年冬奥会火炬设计风格

3. 艺术审美设计风格（1992—2002年）

奥运火炬既要传递奥林匹克理想，又要体现不同主题，承载举办国家和地区的文化传统。进入20世纪90年代之后，冬奥会火炬的设计就更加注重突出美感和个性及丰富的文化内涵，它们不仅是冬奥会的文化组成，更是一件完美的艺术收藏品。1992年冬奥会火炬设计如同一颗子弹造型，流畅而光滑的金属外壳给人以极强的审美美感，象征着奥林匹克"更快、更高、更强"的精神主旨。本届冬奥会火炬传递由5000名青少年经过22个地区60个城市5000公里跋涉到达圣火坛，长距离传递对火炬燃料、设计要求较高，防风、防雨的效果较好。1994年冬奥会火炬造型更加奇特，通体细长状，长度超过1米，就像滑雪运动员手持的雪杖，充分体现了冬奥会文化特色，圣火从希腊运送到挪威后，有6000人历时75天途经19县70个城镇到达主体育会场，整体设计方面突出美观、个性化。1998年长野冬奥会火炬燃烧器被6个长条包绕，上部似喇叭口，下部靠拢成手柄，由银、铜、黄三色组成，色彩鲜艳、金光闪耀，极具现代感。2002年盐湖城冬奥会火炬由萨姆·希尔顿设计，本届冬奥会火炬堪称设计工程奇观，用数以千计零件组装而成，重量为1.35公斤，以冰与火为主题参与设计，突出冬奥文化与地方文化，造型似一支锥形的利剑，从上到下由粗转细，轮廓线条干净利落，给人爽心悦目的规则感，火炬的材质也颇有特色，主体部分为金属，顶部配上玻璃的花冠，晶莹剔透，象征冬奥会的冰山、雪景，缺点就是比较容易破裂（图2-24）。

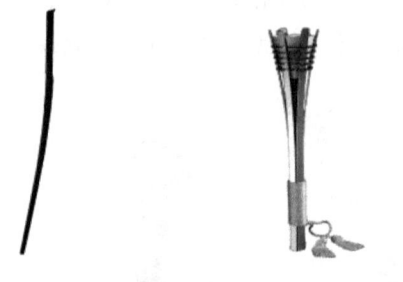

图2-24　1992—2002年冬奥会火炬设计风格

4. 科技创新设计风格（2006—2018年）

进入21世纪以后，科技创新成为推动经济、社会发展的主导力量，冬奥会在组织承办过程中也不断渗透科技元素，借助现代科技创新使火炬更具实用功效。2006年以来，冬奥会科技创新设计风格见表2-12。

表2-12　近4届冬奥会火炬设计规格

届次	举办地	年份	火炬规格	色调
第20届	意大利都灵	2006年	高770毫米，直径105毫米，重1.85公斤	蓝
第21届	加拿大温哥华	2010年	长100毫米，重1.6公斤	银、白
第22届	俄罗斯索契	2014年	高950毫米，最宽处145毫米，重1.8公斤	红、银
第23届	韩国平昌郡	2018年	高700毫米	白、金

意大利在创新设计方面世界闻名，都灵冬奥会火炬设计堪称奥运史上的一大壮举，高770毫米，直径105毫米，重1.85公斤，造型独特，外形貌似传统的木火把，上部有几排小洞，点燃后，火焰从小洞冒出，整个顶端被火焰包裹，为提高火炬抗高温能力，外壳采用铝合金材质，表面镀有耐高温材料，内部为钢、铜及高分子材料设计，材料选取上注重科技创新，整体设计风格兼古典与现代之美。2010年温哥华冬奥会火炬是由著名的庞巴迪公司设计，公司董事长布多昂谈道，冬奥会火炬是传播奥林匹克精神的重要标识，把公司多年开发高科技创新产品的经验运用到本届冬奥会火炬设计和生产中。火炬长1米，重1.6公斤，两面采用银、白两色，火炬上镶嵌本届冬奥会会徽，整体流线型设计风格的灵感来自加拿大白雪覆盖的起伏地形，以及滑雪者穿戴滑雪板从高处滑下时留下的滑痕，上端有一个枫叶形开口，作为燃烧通风口，枫叶也是加拿大典型文化符号象征。俄罗斯索契冬奥会火炬设计理念基于传统和未来，设计灵感来自俄罗斯童话故事"不死的火鸟"创作凤凰涅槃的神话传说，外部轮廓犹如一只魔力鸟，用羽毛的神奇魔力给人们带来幸福安康，充分体现了传统与现代的结合，采用现代科技，在创新上有所突破，充分体现俄罗斯魅力与文化多样性，象征好运、希望、光明，也表现出欧亚两种文明的对话。火炬高950毫米，最宽处145毫米，重1.8公斤，材质为铝合金，造型呈"羽毛"状，中间镂空，有红、银两种色调，正面有冬奥会会徽标志。同时，在造型上上宽下窄的传统设计风格，也充分考虑了火炬重心位置，手持非常舒适。本届冬奥会火炬首次完成北极、世界最深淡水湖、太空和欧洲最高峰传递，更加注重燃料供应系统的科技创新研发，确保火焰的稳定性。2018年平昌冬奥会火炬是由金映世设计，火炬以白、金色调搭配，高700毫米，"700"取自平昌地区的海拔高度，点燃后火焰向五个方向分散，形如本届冬奥会会徽中的一个突出标志。平昌冬奥会组委会主席李熙范谈道，本届冬奥会火炬兼有优美的设计和科技含量，成为冰雪赛事的激情与灵感符号象征，通过火炬的文化传递，加强了世界人民之间的友好往来（图2-25）。

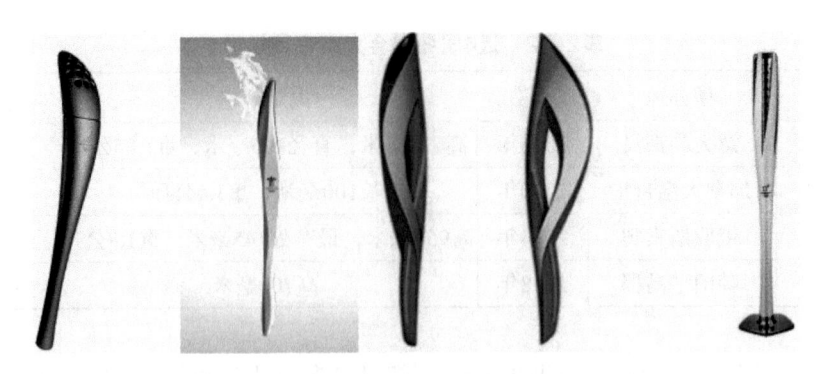

图2-25　2006—2018年冬奥会火炬设计风格

八、邮票

追溯奥运会邮票发行史，从第1届现代奥林匹克运动会就开始发行，被称为世界体育邮票文化的开山之作，邮票全套12枚，采用雕刻版印制，票形采用正方形、横长方形和竖长方形三种形式设计，票值为19.63德拉克马。发行奥运会邮票意在解决资金问题，希腊政府专门拨款40万德拉克马用于印制邮票，邮票以古希腊奥运会文化内容为创作题材，高于面额出售以筹集资金，并获得较大成功。奥运邮票的发行起初只是减少政府财政负担压力，扩大资金来源渠道，但大面积发行后不仅丰富了奥运文化，更催生了世界奥运纪念品收藏市场，邮票在奥运文化传承与演变史上扮演着越来越重要的角色，具有宏大意义范畴的奥林匹克精神为奥运会邮票创作提供了深远而丰富的文化素材，向人们呈现了绚烂多彩的奥林匹克全书，它又犹如一首首静态无声的音乐娓娓道来，向世人呈现一幅幅奥运会发展演变的历史画面。如果说邮票拯救了奥运并不为过，邮票是奥运会第一个赞助商，解决了早期赛事筹备资金短缺的一大难题。第1届现代奥林匹克运动会宣布在雅典举办后，希腊在全国发起募捐运动，共募捐33.2756万德拉克马，这对于承办一届大型体育赛事来说不过是杯水车薪，首相因经费不足提出暂缓举办奥运会，顾拜旦仓促抵达希腊同首相特里库皮斯会晤，首相以国家负债累累为由拒绝投资办奥，谈话不欢而散，顾拜旦报一线希望求助希腊王储康士但丁，由王储接管奥运会的筹备工作，也得到国王乔治一世支持，首相因奥运会主办问题辞去职务。但是，要解决兴建4座奥运场馆的资金依然面临困难，希腊集邮爱好者戴米特斯·萨克拉夫斯提出发行奥运纪念邮票的建议，并得到采纳，帮助希腊解决了财政问题，由此开创了奥运邮票发行的先河。

冬奥会是世界最高级别、规模最大的冰雪运动盛会，同奥运会一样，各承办国家都会发行以冬奥会为主题的纪念邮票。早期奥运会邮票发行源自对资金问题的解决，减轻承办国家的财政负担，但随着奥运会的不断发展，资金来源渠道逐渐多元化，邮票所承载的经济价值范畴逐渐弱化，取而代之的则更多是文化传承意义，冬奥会邮票持续产生恒久的文化辐射力和影响力。由于第1届冬奥会以"奥林匹克运动周"的形式组织，只是后人追加为首届冬奥会，当时没有发行冬奥会专属邮票，第2届冬奥会由于参与的国家和地区规模较小，项目设置少，且比赛主要取自自然环境，对资金的消耗较少，也没有发行冬奥会专属邮票。

由于受经济大萧条影响，图中左上第一张图就是1932年美国普莱西德湖冬奥会上首次发行历史上第一套冬奥会邮票（图2-26），邮票印刷内容有比赛时间、地点、滑雪运动员、雪山图样，基本上是会徽的写实版，运动员在比赛中出现的动作也引起诸多非议，存在"错票"嫌疑，图中的运动员选择腾空姿势却做成着地姿势，这样落地会摔断腿骨，另外由于天气不可控原因，原定的双人和四人雪车比赛时间拖延与邮票时间不一致。由阿尔云美斯拿设计的面值2美分玫瑰红色邮票颇受欢迎，共印制12版51102800枚，发行半天就销售45万枚，引起抢购热潮。从历届冬奥会邮票发行主题来看（表2-13）：1980年第13届普莱西德湖冬奥会之前，冬奥会邮票设计主题主要以冰雪运动比赛项目为依据，也有部分借助比赛场景、冰雪场馆、奥运五环、会徽、雪花来衬托邮票文化主题，邮票特性多为纪念性质，从1952年挪威奥斯陆第6届冬奥会开始出现附捐邮票，第11届、第12届冬奥会也专门发行了附捐邮票，法国格勒诺布尔和日本札幌也是第13届冬奥会之前发行2套邮票的地区。

表2-13 历届冬奥会邮票发行主题

届次	举办地	主题
3	普莱西德湖	1套1枚以高山滑雪比赛场景为主图的纪念邮票
4	加米施-帕滕基兴	1套3枚以雪橇、速度滑冰、跳台滑雪为主图
5	圣莫里茨	1套4枚图案依次为五环与太阳、五环与雪花、冰球和高山滑雪
6	奥斯陆	1套3枚以速度滑冰、跳台滑雪、滑雪场为主图的附捐邮票
7	科尔蒂纳丹佩佐	1套4枚以比赛场馆为主题纪念邮票
8	加利福尼亚州	1套1枚主图为五环与雪花

(续表)

届次	举办地	主题
9	因斯布鲁克	1套7枚主图为高山滑雪、冬季两项、跳台滑雪、花样滑冰、雪橇、冰球和雪车
10	格勒诺布尔	1套1枚为会徽图;1套5枚为4个冬奥会比赛项目和圣火图
11	札幌	2套共5枚邮票,其中1套为附捐邮票,图案为冰球、跳台滑雪,1套为高山滑雪、花样滑冰、雪橇,同时发行小全张
12	因斯布鲁克	2套各4枚邮票,均为附捐邮票,图案为冬奥会的8个比赛项目
13	普莱西德湖	1套4枚以高山滑雪、速度滑冰、冰球、跳台滑雪为图案
14	南斯拉夫萨拉热窝	3套共18枚邮票和3枚小型张,邮票图案为当地风光、场馆与比赛项目,小型张图案为会徽、火炬和圣火传递
15	卡尔加里	5套共11枚邮票,图案均为比赛项目,采用马赛克式的构图手法
16	阿尔贝维尔	7套12枚邮票和1枚小全张,邮票图案为会徽、圣火传递和比赛项目
17	利勒哈默尔	1套6枚邮票,由挪威国旗、火炬、古迹、五环等组合而成的图案
18	长野	2套12枚,1套为小版张,10枚邮票中含5枚比赛项目图和5枚花卉图,1套为附捐邮票,主图为会徽和吉祥物
19	盐湖城	1套4枚以各种比赛项目为图
20	都灵	3套9枚邮票,图案包括冬奥会会徽、吉祥物、都灵城市风光名胜、冬奥会项目
21	温哥华	1套2枚,图案分别为温哥华都市夜景和海岸山脉
22	索契	4套58枚,以吉祥物、黑海沿岸旅游、火炬、奖牌、场馆及各项目为主题图案
23	平昌郡	20套以奥运会主竞技场外观、平昌冬奥吉祥物、火炬、奖牌为主题

自第14届冬奥会开始，邮票的设计主题更加倾向于多元化，除以往设计主题风格以外，开始吸收当地的自然景观与城市人文景观、文明古迹、吉祥物、国旗、火炬和圣火传递、奖牌等元素，邮票所表现的冬奥会主题更加鲜明，奥运文化内涵更加丰富，从而增加了邮票的艺术审美与收藏价值。邮票种类和套数有所增加，除以往纪念邮票、附捐邮票以外，注重发行小型张、小全张，如：第14届南斯拉夫萨拉热窝冬奥会发行3套、第15届卡尔加里冬奥会发行5套、第16届阿尔贝维尔发行7套邮票、第20届都灵冬奥会发行3套、第22届索契冬奥会发行4套，2018年韩国平昌冬奥会设计种类更多，达20套，总发行量达140万张（图2-26）。

图2-26　历届冬奥会部分邮票

冬奥会邮票是反映世界体育邮票发展的历史脉络，亦是体育通信事业进步的重要标志，为丰富冬奥会文化内涵发挥了重大作用，彰显无穷的文化魅力。回溯冬奥会邮票文化发展的历史进程，经历了邮票种类由单一走向多元，邮票工艺发行质地提高和发行量扩大，邮票主题内容更加注重突出多种文化凝练，蕴含丰富的文化景象。总结历届冬奥会邮票的设计风格特点，主要表现在两个方面：首先，发行的数量和种类增加，风格样式更加趋向多元化。根据发行的目的和用途，主要划分为纪念邮票、附捐邮票等，依据制作的风格特点主要有小型张、小全张、小版张，还有齿孔和无齿孔邮票等；其次，邮票设计突出主题特色、文化内涵和新颖性。1988年加拿大卡尔加里冬奥会邮票设计采用马赛克式的构图手法给人无限遐想空间；2014年俄罗斯索契冬奥会首次发行二维码邮票，用手机扫描二维码即可登录冬奥会网站了解相关文化动态与赛事信息，具有极强的时代性和创新性。冬奥会邮票主题文化表达的鲜明性特征，不仅是奥林匹克文化全球化传播的重要载体，也是世界各国文化互鉴的有效途径，冬奥文化标识、运动项目或举办地风土人情等设计元素的融入共同构筑了冬奥会邮票文化的完整体系。

第六节　冬奥服务遗产

冬奥会的组织承办在推动社会发展方面发挥着重要作用，冬奥会后所留下的大量遗产能够实现举办国家或地区的跨越式发展和社会的全面进步。通过对冬奥遗产的开发与利用，带动举办地冰雪旅游产业，增强居民的冰雪健身意识，借助冬奥会精神文明传播重构社会理想信念，吸收和借鉴世界先进的服务经验，为冬奥会顺利进行保驾护航，同时辐射和带动举办地相关联服务产业高质量发展。另外，冬奥会的组织承办需要投入大量的人力、物力和财力进行赛事服务培训，冬奥人力资源服务队伍成为传承冬奥文化、传播冬奥理念的重要资源，冬奥服务精神在推动社会服务意识、责任意识方面发挥着重要作用。

一、新闻记者

冬奥会各类赛事信息、组织筹办信息发布离不开新闻记者的文字编辑与广播电视传播，新闻记者成为创造赛事经济价值，增强赛事市场影响力的重要人力资源。自报纸、杂志平面媒体出现以来，新闻记者成为传播冬奥会文化的核心要素，随着新闻媒体的不断发展，广播、电视、网络、手机等立体媒体在冬奥会中的广泛渗透，新兴传播介质的出现改变了赛事报道的传播样态，对新闻记者专业能力也提出了更高的要求，记者分工也更加明确。通过

1984年第14届南斯拉夫萨拉热窝冬奥会以来，文字记者和广播电视记者人数的统计可以在一定程度上反映出赛事传播力和影响力，统计结果见表2-14：南斯拉夫萨拉热窝冬奥会第一次走进社会主义国家，吸引了大量国内外记者参与报道，总人数规模近8000人，随后两届冬奥会新闻记者人数出现下降趋势，报道热度下降，在一定程度上降低了冬奥会冰雪赛事影响力，不利于赞助企业、合作伙伴经济价值的创造。第16届法国阿尔贝维尔冬奥会以来，新闻记者总人数逐渐增多，而文字编辑记者减少，广播电视记者服务人数增多，这在一定程度上反映出观众对媒体介质选择偏好发生了转变。

表2-14 历届冬奥会新闻记者数量统计

年份	举办地	届次	文字记者（人）	广播电视记者（人）	合计（人）
1984年	南斯拉夫萨拉热窝	第14届	2360	5030	7390
1988年	加拿大卡尔加里	第15届	2477	4361	6838
1992年	法国阿尔贝维尔	第16届	2271	3623	5894
1994年	挪威利勒哈默尔	第17届	2615	4018	6633
1998年	日本长野	第18届	2586	5743	8329
2002年	美国盐湖城	第19届	2261	6069	8330

2002年美国盐湖城冬奥会以后，随着新兴媒体不断改革，网络技术革新，新闻记者工种分类更加精细化，包括：文字编辑记者、摄像记者、音视频制作记者、网络记者、新媒体记者和技术记者等。意大利都灵冬奥会、加拿大温哥华冬奥会记者人数均达到1万人以上。中国新华社在1980年普莱西德湖冬奥会上首次派出5名记者参与采访，2006年都灵冬奥会新华社派出22名记者组成的新闻队伍，首次在前方设立编辑部现场播发稿件。2014年索契冬奥会上，新华社派出文字、摄影、音视频制作、网络方面精通中、英、俄文的33名记者，另外，中国电视台、人民日报社、中新社、新民晚报社、广州日报社等媒体也均派出新闻记者共计300人前往索契采访，实现了以集成的方式全方位报道。第21届温哥华冬奥会参与媒体新闻报道的记者为10800名，包括授权的广播记者7000人，广播服务（OBSV）组织人员1000人，文字记者、摄影记者以及未授权的广播记者人数2800人。2014年索契冬奥会为方便新闻报道，在索契市中心设立专门的媒体中心，中心内部设置可容纳250名新闻记者工作区及新闻

大厅、摄影记者区、记者拍摄区，提供现场直播服务、组织新闻发布会和视频连线活动。据国际奥委会公布的数据显示，由美联社、路透社、法新社、盖蒂图片社、新华社、共同社、韩联社7家主要通讯社组成的报道团队对平昌冬奥会展开深度报道。冬奥会新闻报道产业经过百年发展历程，从早期围绕赛事为核心的报道方式，开始走向多形式选题、内容多样性报道格局，同时，报道的广度、深度、立意、新闻热点和观众喜好等方面也得到了创新发展。

二、志愿服务

大型体育赛事的组织承办离不开志愿服务工作，通过对志愿者的招募和培训可以节约办赛资本，为举办国家和地区留下一笔重要的体育人力资源遗产。志愿者的奉献、团结、友爱、互助、进步的精神特质与奥林匹克运动精神一脉相承，能够带动举办国家社会公益事业的发展。冬奥会在发展初期由于组织规模较小，参赛国家和地区也主要集中在欧美国家，没有专门招募志愿服务人员。直到20世纪80年代以后，世界冰雪运动快速发展，更多的亚洲国家出席冬奥会，参赛国家和地区规模、运动员规模扩大，志愿服务工作成为决定冬奥会组织成败的关键人力要素。

1. 志愿服务规模

1980年第13届美国普莱西德湖冬奥会首次招募志愿者服务冬奥，并随着办赛规模扩大，志愿服务逐步进入规范化运作轨道，为举办地留下大量冰雪运动服务人才遗产，也为承办城市节约了大量人力资源投入。梳理历届冬奥会志愿者招募和培训规模可以看出（图2-27）：在日本长野冬奥会前，志愿服务招募培训规模较小，基本维持在1万人左右，日本长野冬奥会高度重视志愿服务工作，招募志愿者达3.2万人，创造了历届冬奥会志愿者规模之最。近年来冬奥会志愿者招募和培训规模相对稳定，基本维持在2万~2.5万人。大量志愿服务人员成为节约冬奥会组织承办资本的有效方式，符合《奥林匹克2020议程》所要求的"节俭、可持续"的办奥理念。

图2-27 历届冬奥会志愿者规模

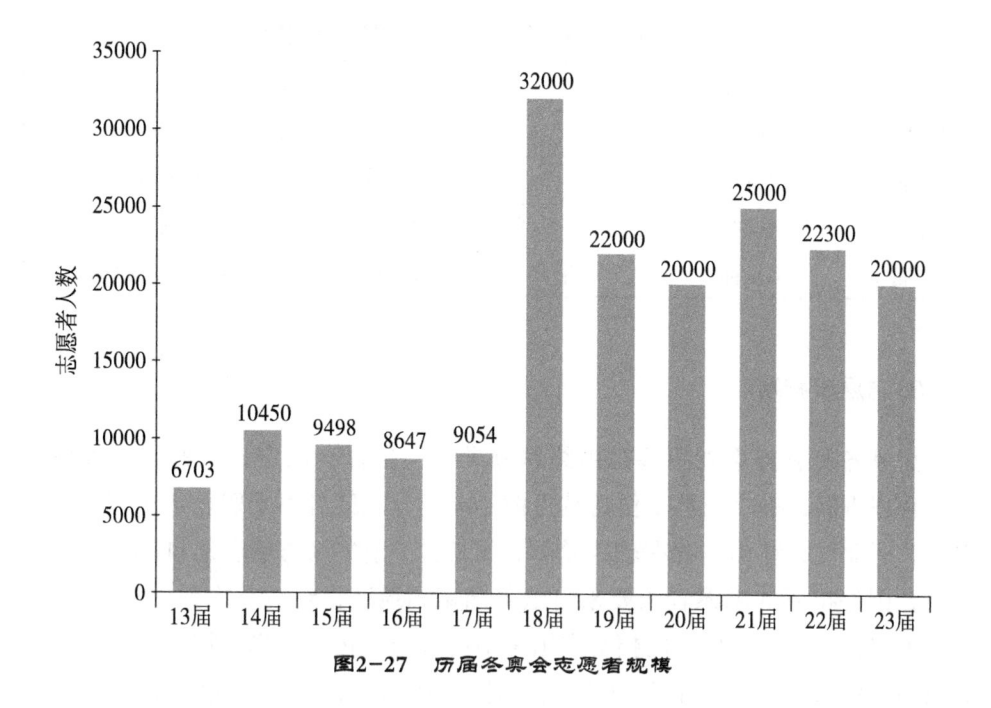

2. 志愿服务组织与管理

从近4届冬奥会志愿服务组织与管理内容来看（表2-15）：包括招募、遴选、培训、保障、激励、管理几个方面的内容，但志愿组织与管理的内容逐渐丰富，管理流程越来越清晰，并按照阶段性计划实施，以达到志愿服务组织管理目标。2006年第20届都灵冬奥会志愿服务组织与管理程序按照"招募与遴选→培训机制→激励机制"3个程序和步骤展开；第21届温哥华冬奥会志愿服务组织与管理程序基本延续上届冬奥会程序，在最后一个管理环节中，除完善激励机制以外，做好服务保障，为志愿者提供多种方便，包括：交通、住宿、餐饮等；第22届索契冬奥会志愿者服务组织与管理流程为"招募→培训→保障与激励→志愿者管理"，除吸收和借鉴以往冬奥会组织管理经验遗产以外，为提高志愿服务层次和水平，加强对志愿者管理，制定志愿者管理规章制度，并按照大赛组织要求，完善业务操作规范；2018年第23届平昌冬奥会志愿服务组织管理与往届不同之处在于，在完成志愿者招募工作以后，制定激励措施，让志愿者在培训之前给予一定的物质激励，让他们用更积极的心态投入到教育培训工作当中，以达到提高培训效果的目的，在完成培训以后再加强志愿者管理，确保用良好的精神风貌和专业的服务水平转化到工作实践及冬奥会赛后社会服务中。

表2-15 近4届冬奥会志愿服务组织与管理情况

届次	举办地	组织与管理
第20届	都灵	招募与遴选→培训机制→激励机制
第21届	温哥华	招募与遴选→培训机制→保障与激励
第22届	索契	招募→培训→保障与激励→志愿者管理
第23届	平昌郡	招募→激励→教育培训→志愿者管理→成果转化

3. 志愿者招募

都灵冬奥会志愿者招募是由组织领导机构负责，制定详细的组织管理流程和管理机制，整个招募工作持续近两年周期，志愿者不受职业、国家和地区限制，职业能力结构也存在较大差异，据统计，有77%志愿者来自都灵及附近地区，国外招募的志愿者主要来自欧美国家和地区，约占总人数的5%。都灵冬奥组委会通过多种形式的招募渠道来节省人力、物力，降低招募成本。招募对象的工作来源主要是工人和学生，志愿者在14个志愿功能区中需要从事207个不同的服务类型，这也就决定了培训工作所面临的复杂性。培训任务由瑞士Adeocco公司委托500家分支机构负责，为确保志愿服务工作的顺利展开，培训的形式分为三种类型：一般培训、专业培训和现场培训。为提高冬奥会志愿服务工作效率、责任心和忠诚度，采用内在激励与外在激励、物质激励与精神激励相结合的方式达到志愿服务教育目标，增强志愿服务的集体荣誉感和归属感、认同感与担当意识，激发他们的志愿服务热情。

温哥华冬奥会在举行开幕式倒计时2周年之际，发出志愿者招募计划，服务领域主要集中在运动员食宿、辅助比赛服务、媒体服务、开闭幕式、颁奖等方面。为此，温哥华冬奥组委会建立专门的志愿者招募网站（www.vancouver2010.com），有意向的志愿者可以进入申请界面窗口进行在线申请，另外一个招募途径是到温哥华或斯阔米什志愿者招募中心报名，通过初步审查、考核、二次审查确定志愿者资格，然后，经过培训、保障和激励方法措施，提升志愿者服务能力水平，确保各项志愿服务工作顺利展开。

索契冬奥会志愿者提前两年启动招募计划，经过严格的资格审查，确保志愿者具备较高的服务能力基础，志愿服务团队服务工作由索契冬奥组委负责监督、管理、培训和分配，确保整个赛事的顺利运行。具体选拔流程见图2-28：通过网络招募的形式展开，经过发布招募信息，借助网络平台填写志愿申请，申请书填写内容包括基本信息（出生年月、受教育经历、工作）、经验与技能（语言技能、大赛服务经历、专长）、申请岗位与分配、其他信息。申请者提交申请后就会收到一份笔试邀请邮件，然后申请者完成网上笔试测试，志愿者申请人通过网络上传简历后，语言服务赞助商EF Education对受试者听力、语法、阅读和写作能力水平进行在线英语测评，完成志愿招募初审工作，笔试达标的申请者冬奥会组委会借助电话或邮件发布面试通知，进入第二个阶段的选拔工作，告知申请者面试时间，并在规定时间内完成网上面试工作，面试采用Skype远程操作方式进行，重点考查基本能力和专业技能水平，符合测试标准要求则发布录取信息。培训内容包括：①远程培训。包括四个模块，即My Games（奥运史、场馆和项目知识）、My Skills（觉悟、勤奋、投入、自律、尊重）、My Jobs（语言、技术、媒体、竞赛、颁奖、医疗、住宿、宗教、安检、展览、交通）和My Venue；②赛前Newsletter培训。各志愿服务项目经理通过邮件向每位志愿者发一份面试邀请函，面谈时，受试者介绍自己服务岗位的职责、内容和任务，增进相互之间的了解；③现场培训。志愿者被分配到实际工作岗位，岗位志愿经理对每位志愿者进行培训和管理，熟悉具体实践工作内容和流程，提高志愿服务技能。每个模块任务完成后才可进入下一阶段培训学习。在激励和保障方面，除了为志愿者提供良好的交通、住宿、饮食和安保以外，也为志愿者提供多种形式的趣味活动，增进志愿者之间的情感，激发服务热情，还为志愿者提供多种装备、门票等外部激励措施。

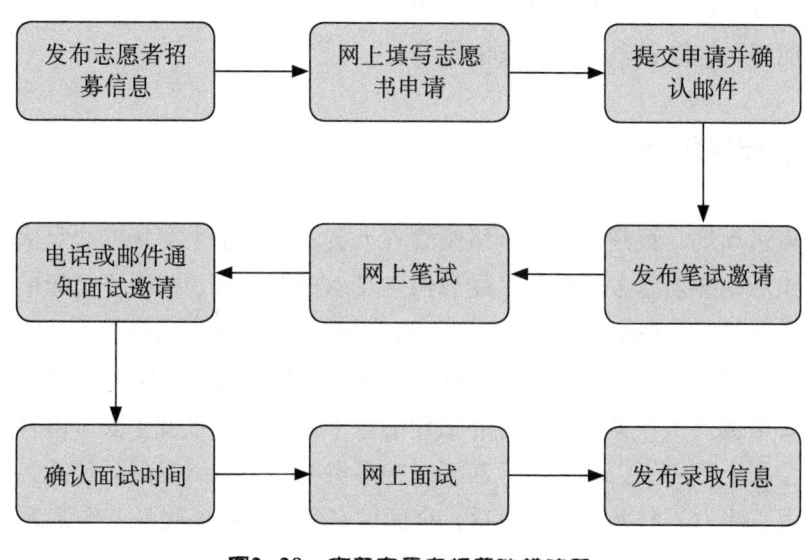

图2-28 索契志愿者招募选拔流程

平昌冬奥会志愿者招募工作通过网络、媒体宣传发布信息，申请者可以通过个人或团体两种方式报名，个人申报通过网络平台（vol.pyeongchang2018.com）填写报名信息，团体报名通过把团体申请书发送到指定邮箱（volunteer@pyeongchang2018.com）。志愿者招募网络平台除运动报名以外，还有志愿者管理、信息发布、志愿者交流培训等多种功能。申请者完成报名后，通过微信、公众号、微博建立志愿者服务群，便于发布信息和志愿者交流，同时，通过网站为志愿者提供咨询和相关志愿服务知识信息。平昌冬奥会把志愿服务类别划分为17个工作领域、47个业务窗口、253个工作岗位，志愿者信息采集借助Ttos提供的Volunteer Portal系统，具体工作采用服务外包的形式与企业合作，委托给专业的咨询公司，从而减少平昌冬奥组委的工作负担，提高招募工作的专业化水平。志愿者网上报名填写的内容和步骤：个人信息→通讯方式→特殊技能和经历→教育水平→服务意向。招募工作完成后，进入志愿者选拔阶段和录用阶段，选拔时对申请者报名信息进行审核，符合条件的入围者以邮件的形式告知。面试工作根据岗位及志愿者意向通过网络视频1对1交流，其中，NSC、PRT、CER岗位还要对申请者进行英语能力测试，符合条件者以邮件的形式发布通知。平昌冬奥会志愿服务培训的内容包括：本土语言、奥运礼仪、奥运文化、服务团队、地域习俗、奥运经验6个模块。志愿服务的保障与激励方面，为志愿者提供37个住宿点，创建热情、周到、良好的住宿服务环境；在交通服务中，开通90条志愿者专程线路班车，及时发布班车时刻表；在志愿者餐饮服务中，凭借志愿者证件在场馆、奥运村均可免费用餐，但菜品比较单一，不能满足志愿者多元饮食文化需求。

三、安保服务

保障运动员、裁判员和赛事组织管理人员，以及整个赛场安全是大型体育赛事组织活动必须思考的问题。受恐怖主义、极端主义、分裂主义影响，一些不法分子通过在冬奥会筹备、举办期间制造混乱，试图达到对举办国家形成政治威胁，破坏举办城市形象，形成社会恐慌和全球恐慌等目的。为此，全力保障赛事安全被列入冬奥会组织筹办工作的重中之重，一旦发生安全事件，将构成冬奥会史上挥之不去的阴影，甚至影响冬奥会的可持续发展。因此，投入一定的人力、物力、财力和科技力量，全面做好冬奥会安保服务工作尤为必要。

梳理历届冬奥会因安保工作不到位造成的"黑色事件"，以达到警示效应，并结合部分冬奥会安保服务的成功做法，这些安全防控经验将成为其他承办国家安保风险管理的宝贵遗产。在历届冬奥会诸多安保事件中，1972年慕尼黑奥运会以色列运动员被劫持事件、1996年亚特兰大奥林匹克公园爆炸事件、2000年悉尼奥运会核污染袭击计划等给奥林匹克赛事蒙上阴影，使充满和平向往的奥林匹克精神面临严峻的安全风险挑战。据统计，2002年美国盐湖城冬奥会的安全防范花费3亿美元，动用军人、警察、联邦特工约1.6万人，奥运村墙外每隔100米设岗哨监控，奥运村内每个功能区都配备2辆警车巡逻，每天动用警犬、排爆器进行地毯式搜查，确保大赛的绝对安全；在温哥华冬奥会期间，安保费用达8.52亿美元；在2014年索契冬奥会前，"黑寡妇"组织制造的爆炸事件引发人们对冬奥会安全的堪忧，于是，借助现代安检科技来保障整个冬奥会赛事运行组织安全成为一项必不可少的管理工作；2018年平昌冬奥会在奥运村、场馆实行门禁管制，由IBM公司推出身份鉴定应用软件，可以精准识别和确认参会者个人信息，再结合柯达技术进行有效识别，为冬奥会人员管理提供安全保障。同时，借助人脸识别、指纹识别、掌纹识别和话纹识别技术对参赛人员、观众身份进行核查，冬奥会期间普遍采用较多的还是指纹技术。在索契冬奥会上，用X光机扫描技术对所有入会人员携带包装进行检测，用大数据处理技术对电子邮件、社交网络的关键字进行精准识别，记录筛选电话数据信息，有争议的信息将发送给俄罗斯安全服务FSB，从而大大提高了冬奥会安保工作的科学化管理水平。

第七节　冬奥精神遗产

　　冬奥会的举办周期尽管短暂，但奥运精神给举办国家和地区乃至世界所带来的影响恒久而深刻，不会因冬奥会结束而消失，特别是冬奥精神在不断汇聚举办国家精神文明以后，精神实质与内涵更加丰富，逐渐构成了由多元精神品格组成的文化集。冬奥会精神遗产具有体育遗产与社会遗产范畴的双重属性，对举办国家和地区所带来的社会效应主要表现在以下几个方面：首先，丰富人们的精神文化生活。冬奥会筹办工作使举办国家和地区的冰雪场馆得到明显改善，达到了世界高端层次水平，这对举办地体育事业、文化产业、旅游产业的发展带来积极影响，同时，也为承接各类大型冰雪赛事和地方文化节庆活动创造了条件，丰富多样的体育文化产业能够丰富市民的业余精神文化生活；其次，冬奥会是传播和平理想，推进世界人民和谐、团结的精神诉求。冰雪赛事所表现的志愿服务精神及所开展的各类文明教育活动，不断提高体育服务意识和水平,对广大社会群体来说是长期受益的;最后,传承冬奥遗产有助于加快推进奥运精神传播。一届高质量、高层次、高水平冬奥会的承办能够赢得国际社会的广泛好评,承办国家公民也会为此而感到骄傲和自豪,从而达到培养民众国家意识、文化认同的民族精神目标。

对历届冬奥会精神遗产的梳理以文化标识(吉祥物、会徽、火炬、门票、口号、奖牌、会歌)、奥运仪式、志愿服务、制服、场馆设计、申奥评价和官方宣传为分析依据,通过系统整理以确定冬奥会精神遗产所涵盖的应然体系。从整理结果来看(表2-16):冬奥会精神遗产开发主要集中在公平竞争、重在参与、和平、和谐、团结合作、友谊、尊重、意志、拼搏进取、持续发展、绿色发展、人本、理解、超越、挑战、荣誉、坚韧、乐观、豁达、自由、民主、个性、平等、仁爱、宽容、包容、志愿、理性、爱国主义、奉献、热情、改革创新、开放、严谨、务实、正义、纯洁、健康、诚实守信、道德、勇敢、理想主义等42个方面。公平竞争、重在参与、拼搏进取、挑战自我、超越自我等构建了冬奥会精神遗产的永恒主题,也成为推动冬奥会精神持续发展与文化传承的精神话语。

表2-16 历届冬奥会精神遗产开发内容

届次	举办地	精神遗产内容
第1届	法国夏慕尼	平等、重在参与、荣誉、坚韧、自由、开放、拼搏进取
第2届	瑞士圣莫里茨	重在参与、平等、自由、纯洁、和平、爱国主义、拼搏进取
第3届	美国普莱西德湖	纯洁、勇敢、重在参与、挑战、坚韧、爱国主义、拼搏进取、理解
第4届	德国加米施-帕滕基兴	公平竞争、正义、重在参与、纯洁、务实、理想主义、道德、团结合作
第5届	瑞士圣莫里茨	拼搏进取、重在参与、超越、挑战、理想主义、仁爱、意志、诚实守信
第6届	挪威奥斯陆	公平竞争、参与、和平、团结合作、拼搏进取、包容、理解、超越
第7届	意大利科尔蒂纳丹佩佐	公平竞争、重在参与、和平、开放、公平竞争、团结合作、纯洁、平等
第8届	美国加利福尼亚州	和平、团结合作、创新、纯洁、拼搏进取、爱国主义、科学主义

(续表)

届次	举办地	精神遗产内容
第9届	奥地利因斯布鲁克	友谊、和平、进步与荣誉、团结、爱国主义、道德、科学主义、奉献
第10届	法国格勒诺布尔	公平竞争、正义、和平、团结、纯洁、坚韧、乐观、豁达、意志、理想主义、改革创新
第11届	日本札幌	公平竞争、纯洁、和平、友谊、务实、改革创新、拼搏进取、热情
第12届	奥地利因斯布鲁克	友谊、和平、进步与荣誉、爱国主义、团结、志愿、奉献、人本、意志、希望、理想主义
第13届	美国普莱西德湖	重在参与、和平、友谊、进步、和谐、超越、挑战、健康、道德
第14届	南斯拉夫萨拉热窝	和谐、纯洁、挑战、拼搏、意志、热情、志愿、奉献、开放、健康、平等、改革创新、团结、和平
第15届	加拿大卡尔加里	和平、理想主义、勇敢、志愿服务、奉献、坚韧、严谨、务实、平等、进步、健康、荣誉、人本、道德、友好
第16届	法国阿尔贝维尔	友谊、改革创新、严谨、志愿、奉献、健康、重在参与、爱国主义、希望、理想主义、纯洁
第17届	挪威利勒哈默尔	绿色发展、可持续发展、和平、友谊、团结、和谐、改革创新、健康、志愿、奉献、坚韧、荣誉、道德、友好、平等
第18届	日本长野	团结、和谐、拼搏进取、友谊、平等、理解、尊重、超越、竞争、纯洁、关爱、热情、开放、志愿、奉献、坚韧、健康、意志
第19届	美国盐湖城	正义、纯洁、激情、希望、竞争、自由、民主、个性、仁爱、理想主义、希望、关爱、挑战自我、超越、爱国主义、科学发展、志愿
第20届	意大利都灵	科学主义、创新、重在参与、超越、拼搏进取、和平、和谐、公平竞争、人本、志愿、奉献、友谊、团结、乐观、开放、坚韧
第21届	加拿大温哥华	科学主义、友好、团结、友谊、拼搏进取、超越、豁达、和谐、参与、开放、健康、荣誉、道德、平等、意志、理想主义

（续表）

届次	举办地	精神遗产内容
第22届	俄罗斯索契	科学主义、改革创新、超越、和平、希望、热情、人本、友谊、团结合作、豁达、志愿、奉献、开放、健康、希望、包容、和谐
第23届	韩国平昌郡	创新、和谐、平等、民主、公平、正义、参与、仁爱、拼搏、热情、超越、友好、道德、团结、开放、友谊、和平、志愿、奉献、健康

第八节 冬奥环境遗产

冬奥会作为大型体育活动，整个赛事的组织筹办、举办及赛后冰雪旅游产业开发等都伴随资源消耗，另外，体育场馆设施的改善、体育运动竞赛、体育竞赛观赏都会因人的活动行为而产生对自然生态资源的过度索取和消耗。冰雪场馆设施遗产开发目的在于创造"属人"环境，满足人参与冰雪运动的需求，但人活动行为的高度集聚，不可避免会发生生态环境的破坏，因此，对于冬奥会环境遗产的开发与保护被列入遗产保护范畴。由于环境遗产涉及的范围较为广泛，包括：自然环境、人文环境、科技环境、文化环境、社会环境等诸多领域，但本研究仅从自然环境遗产改善的角度加以梳理。

一、政策依据

冬奥遗产开发过程中环境保护工作的顺利开展与规范实施离不开相应的法律依据，其中，最权威、最具约束力的政策文件是由国际奥委会颁布，应当说从20世纪90年代才引起国际奥委会对冬奥遗产开发过程中的生态环境保护重视。通过对颁布实施的各项政策文件和内容梳理（表2-17）：1991—2013年国际奥委会对《奥林匹克宪章》进行了多次修订，每次修订都提到奥林匹克组织管理中的生态环境保护问题，确立了环境、体育、文化为核心的奥林匹克"三大支柱"，提出以可持续发展为引领，落实环境保护的责任和义务。另外，在国际奥委会颁布的诸多文件中，通过建立与联合国环境规划组织、体育和环境委员会的战略合作关系，制定环境保护的具体措施，明确奥运赛事筹办过程中环境问题的具体解决方案，遵循环境保护标准，增强环保意识，加强环境保护教育，促进生态环境的可持续发展为规划目标的核心内容体系。

表2-17 冬奥遗产开发过程中的环境保护文件

文件名	年份	核心内容
《奥林匹克宪章》	1991	增加环境保护条款，每年提交一份环保计划
	1994	环境、体育、文化被列入奥林匹克三大支柱
	1996	确定环境可持续发展任务
	2013	修改奥林匹克运动可持续发展，提出环境责任和义务
《合作备忘录》	1994	加强国际奥委会与联合国环境规划合作，制定保护措施
《地球的保证》	1992	按照21世纪议程，使环境可持续发展步入正轨
《体育与环境手册》	1997	明确奥运会发展过程中环境问题具体解决措施，包括生物多样性、污染治理、资源保护、废弃物管理、生态系统、文化遗产保护等
《体育、环境与可持续发展指导手册》	1998	
	2006	
《里约宣言》	1999	奥运申办国必须尊重环境标准
《奥林匹克运动21世纪议程》	1999	奥林匹克运动在环境保护和可持续发展，提供环保意识
《为环境做一个冠军手册》	2001	强调奥林匹克对环境教育的重要性
《体育环境可持续发展指南》	2005	介绍环境、可持续发展知识，提出环境保护可操作性建议
《奥林匹克运动21项日程》	2012	回顾奥林匹克运动会的环保成就，探讨可持续发展的重要内容
《奥林匹克2020议程》	2014	未来15年环境保护建议，注重奥运遗产的管理和环境保护
《奥林匹克遗产指南》 《奥林匹克可持续发展指南》	2015	确定奥运遗产保护、环境保护的方向和具体建议
《可持续发展协议》	2016	审查候选城市环境条件、生物多样性保护和生态恢复情况
《大型活动可持续管理体系要求与使用指南》	2016	经济、环境、社会协同三个方面评估奥运会可持续发展标准
《可持续发展报告》	2018	生态环境作为可持续发展基准

二、发展阶段

用可持续发展理念做好环境遗产开发的生态保护充分体现在《奥林匹克宪章》《奥林匹克2020议程》等诸多文件中。综观历届冬奥会举办城市都有一个典型特征就是拥有优越的冰雪自然环境资源，与夏奥会不同的是不把举办国家和地区的经济发展水平、国际竞争力作为重点，甚至一些仅有几十万人的小城镇都可以承办冬奥会。特别是早期冬奥会由于造雪技术落后，依托自然环境筹办冬奥会存在很大的局限性，很多比赛项目因天气变化被推迟、取消的现象较为普遍。这一时期人们思考的重点是充分利用现有自然冰雪资源满足比赛要求，而在冬奥遗产开发过程中还没有形成生态环境保护意识。从第7届至第11届冬奥会，国际奥委会和举办国家冬奥会组委会在各类冬奥会申请、筹办、举办文件中也没有提及生态环境保护问题，但引起了国家民众对这一问题的关注，主要是由于承办冬奥会的小镇人口较少，地理空间小，冬奥会期间制造的大量废弃物、垃圾等污染物难以在短时间内自我消化，破坏了当地的自然生态环境。第12届奥地利因斯布鲁克冬奥会至第16届法国阿尔贝维尔冬奥会期间，冬奥会对举办城市环境的影响得到民众的进一步关注，举办方也开始注重在冬奥遗产开发的同时，从生态环境可持续发展的角度关注生态系统保护和资源的合理开发利用问题。第17届挪威利勒哈默尔冬奥会至第23届韩国平昌冬奥会举办过程中，人们对环境保护和可持续发展日益关注，特别是北京奥运会第一次提出"绿色奥运"办奥理念以后，绿色可持续发展被融入到冬奥会筹办全过程，人们开始关注生态环境遗产的管理与保护。

通过对历届冬奥会生态环境保护遗产的整理，开发进展大致可以确定为三个演变阶段（表2-18）：第一个阶段为早期无环保意识阶段（1924—1952年）。没有明确的环境保护内容，环保意识模糊，这一时期利用天然冰雪场地组织比赛，未修建冰雪场馆和奥运村，组织筹办国家和地区尚未把环保理念纳入冰雪遗产开发全过程，但由于赛事运营在生态环境利用方面还处于"潜开发"阶段，加上组织参赛规模和赛事影响力较小，没有造成当地生态环境的破坏。第二个阶段为萌芽期，环保意识初步形成阶段（1956—1988年）。在新建或改建比赛场馆过程中，提出不破坏当地自然环境和地貌特征的观点，采纳世界环保组织意见，场馆建设尽量减少地貌开发，保护自然生态不被破坏，生态环保意识开始初步构建。第三个阶段为探索期，环保规范化与全面治理阶段（1992—2018年）。1992年国际奥委会为响应联合国《21世纪议程》，签署了

《地球的保证》协议，冬奥会生态环保也开始进入规范化探索期。2001年国际奥委会主席罗格提出"奥运瘦身计划"，IOC也多次修订《奥林匹克宪章》，把环境保护列入奥运可持续发展范畴，实现了冬奥会单一环境保护到城市建设、社会发展和经济遗产开发等诸多领域的全面治理。这一时期主要运用环保材料，制定零浪费、零排放、零容忍、零误差生态环境保护标准和绿色认证体系、建筑标准体系，借助科技手段实现节能减排目标，实现了冬奥遗产开发进程中生态环境的全面治理。

表2-18　历届冬奥会生态环境保护发展阶段

阶段	届次	举办地	与环保相关内容	特征
早期无环保意识阶段1924至1952年	第1届	法国夏慕尼	修建专门的冰雪运动场	利用天然冰雪场地组织比赛，未修建冰雪场馆和奥运村等，无环保意识
	第2届	瑞士圣莫里茨	未修建专门冰雪运动场	
	第3届	美国普莱西德湖	未修建专门冰雪运动场	
	第4届	德国加米施-帕滕基兴	试图修建冰雪运动场但未成功	
	第5届	瑞士圣莫里茨	未修建专门冰雪运动场	
	第6届	挪威奥斯陆	未修建专门冰雪运动场	
萌芽期环保意识初步形成1956至1988年	第7届	意大利科尔蒂纳丹佩佐	新建冰雪场所	新建或改建比赛场馆，不破坏当地自然环境和地貌特征，预示了环保意识的萌芽
	第8届	美国加利福尼亚州	建设奥运村和相关配套设施	
	第9届	奥地利因斯布鲁克	比赛场地修建尽量不破坏自然环境	
	第10届	法国格勒诺布尔	建设奥运村和相关配套设施	
	第11届	日本札幌	采用科技仪器对场馆环境进行维护	
	第12届	奥地利因斯布鲁克	利用现有场馆组织比赛，未新建	
	第13届	美国普莱西德湖	新建临时建筑和永久设施	
	第14届	南斯拉夫萨拉热窝	建设奥运村和相关配套设施	
	第15届	加拿大卡尔加里	建设奥林匹克馆，部分项目由室外转到室内	
	第16届	法国阿尔贝维尔	按照环保组织意见，未对地貌过多开发	

(续表)

阶段	届次	举办地	与环保相关内容	特征
探索期环保规范化与全面治理阶段1992至2018年	第17届	挪威利勒哈默尔	火炬为环保材料，奖牌取自天然材质	运用环保材料，确定环境保护标准、绿色认证体系和建筑标准，借助科技手段节能减排
	第18届	日本长野	利用可回收材料	
	第19届	美国盐湖城	滑雪项目比赛避开生态保护区	
	第20届	意大利都灵	零浪费、零排放、零容忍、零误差生态环境保护标准	
	第21届	加拿大温哥华	建筑LEED认证体系	
	第22届	俄罗斯索契	ISO14001认证标准和绿色建筑标准	
	第23届	韩国平昌郡	环保冷却系统、太阳能、地热、LED光源系统等，达到绿色认证标准	

第16届冬奥会以后，举办国家结合举办地实际开始围绕"绿色、生态、环境保护"议题展开自主探索，但也出现了因生态环境保护造成成本增加的一系列问题。为此，主办方主要从赛后恢复、可循环材料、绿色新能源系统、排放标准等方面制定相关的政策措施。随着冬奥会组织规模的不断扩大，对场馆规模需求也逐渐增加，多数承办国家不具备能够承接超大规模的冰雪赛事场馆，但通过大规模土木工程建成的场馆赛后利用率低的问题，造成大量资源浪费，违背了奥林匹克生态环境保护的精神主旨，特别是在场馆修建过程中大量不可回收材料的使用造成赛后不能完成过渡转换。为解决这一问题，承办国家选择建设临时性建筑的方式来减少资源消耗，材料选择为可回收利用材料，建设节能型场馆，利用再生能源来解决冬奥会环境保护问题。

三、主要措施

1992年第16届法国阿尔贝维尔冬奥会首次提出生态环境评估，之后，各承办国家按照国际奥委会可持续发展要求开发各类冬奥遗产，把环境保护纳入冬奥遗产开发质量评价体系，结合举办地实际制定冬奥遗产开发的生态环境保护措施（表2-19）：从冬奥遗产开发的生态环境评估、生态环境可持续计划，到生态环保场馆改造计划、集约式场馆规划、绿色认证标准的实施，为冬奥遗产开发过程中生态环境保护积累了一些值得借鉴的经验。

表2-19 历届冬奥会生态环境保护措施

届次	举办地	时间	生态环境保护措施
第16届	法国阿尔贝维尔	1992年	首次引入冬奥会生态评估
第17届	挪威利勒哈默尔	1994年	明确将生态环境保护纳入冬奥遗产开发评价体系
第18届	日本长野	1998年	保护动物栖息地、自然景观，制定垃圾回收计划
第19届	美国盐湖城	2002年	首次将可持续发展生态环境保护写入申奥报告中
第20届	意大利都灵	2006年	利用现有场馆改造减少资源消耗，满足赛事需求
第21届	加拿大温哥华	2010年	制定场馆服务社区计划和"零排放"改造计划
第22届	俄罗斯索契	2014年	集约式场馆规划
第23届	韩国平昌郡	2018年	大量使用环保认证建筑材料，主会场建成临时建筑

2002年美国盐湖城冬奥会按照零排放、零浪费标准进行冬奥遗产开发。其中，在场馆建设方面，主要依托现有的场馆资源，对其加以翻新改造来满足冬奥会冰雪赛事需求，这无形当中减少了资源消耗和生态索取。另外，在场馆建设开发过程中注重减少碳排放、降低建筑能耗，比如奥林匹克中心采取椭圆形设计和外部斜拉结构，中间至两侧落差逐渐增大，这样可以节约和减少加热和冷却的空气量，白色的顶部设计帮助阳光反射，提高室内温度稳定性。对于奥林匹克公园的设计充分利用自然轮廓，尽量减少人工改造工程，防止水土流失，保护原生态环境不被破坏，保障生物多样性栖息空间，为冬奥会生态环境保护提供了重要遗产。

2006年意大利都灵冬奥会吸取盐湖城冬奥会生态环境保护经验遗产，结合举办地地形地貌特点进行环境评估，冬奥组委会为提升冬奥遗产开发过程中的环境保护质量，专门成立了环保部门，负责遗产开发的环境监控和可持续发展生态建设，并陆续出台了多种环境遗产开发保护管理标准，如《可持续性交通运输计划》《水资源计划》《自然风险预防计划》《废石土处理计划》《奥运村和媒体村建设的环保指南》等，全面做好生态评估、水资源评估，保障冰雪场馆、奥运村、媒体村环保达标，制定垃圾回收管理计划，做好废弃物处理预案，加强废弃物再回收利用，降低对生态环境的破坏。在碳排放治理方面，加强与国际合作，借鉴生态环境领域碳排放治理经验，出台环境改造补偿方案。联合国环境规划署对都灵冬奥会环境评估报告指出，冬奥会给都灵至少带来10

万吨碳排放，所实施的节能、再生能源和造林工程减少70%碳排放；在环境植被补偿方面，需要做好河岸防护、重新造林、环境工程技术等方面的工作。另外，冬奥会期间所使用的材料均按照绿色采购计划，选择无害化材料，如容易处理的高分子材料、可重复使用材料或可回收材料等，这也为冬奥遗产生态环境保护工作提供了可借鉴的成功典范。

2010年温哥华冬奥会确立了生态环境可持续发展主题，重点加强环境污染预防管理和生态资源保留、资源节约，建设的奥运村评定为全球最绿色、最高效、最可持续发展社区，被国际奥委会授予LEED体系铂金奖和绿色环保建筑金奖。奥运村能源和水资源利用系统、管理系统实现能耗节约达40%；装备的大量虚拟服务器大大提高了通讯效率，实现能耗降低30%，碳排放大大减少；设置雨水收集系统，将雨水进行净化、过滤、处理后循环重复利用；车库内安装能源收集系统，车辆排出的热废气能量可以用于加热淋浴用水；安装的太阳能系统和电池板达到绿色建筑规格标准。温哥华冬奥会推出碳排放管理计划，以减少能源消耗和碳排放量，按照绿色标准执行，取得了巨大成功，为开创全球超大型体育赛事绿色环境保护的新标准提供了新理念、新做法。据统计，温哥华冬奥会后一年时间内，奥运商业计划创造了3.06亿加元的经济收益，这其中大部分是来自场馆创造，这种绿色可持续发展的、资源节约型的场馆建设具有长期开发和利用价值。

2014年索契冬奥会被誉为最奢侈的冰雪赛事，在环境保护方面进行了大量资金投入，所采用的主要措施表现如下：第一，加强国际环境保护组织的密切合作，包括：UNEP、UNDP、WWF等，在冬奥遗产开发的同时做好生态系统修复与生态环境保护；第二，引入国际ISO14001认证标准，严格按照认证标准建设各类奥运场馆设施，也正是这种严格的认证标准体系造成场馆建设成本非常昂贵，加上，俄罗斯冬奥会组委引进成本高、对生态环境影响极小的先进建筑技术，造成投资成本增加；第三，坚持冬奥遗产可持续发展理念，从生态环境保护的角度把举办地打造成世界闻名的冰雪旅游胜地，提高室内冰上场馆和室外雪上场地的绿色生态环境规格，完善相关的配套服务设施，打造污水和固体废弃物处理体系，游客所产生的固、液体废弃物经过处理后可进行再利用，或者处理后达到生态安全标准后再排放，减少了资源浪费，降低了生态环境维护成本。

冬奥会生态环境遗产开发按照可持续发展要求，从建筑设施、公共政策、环保宣传、生态资源保护四个方面构建环境遗产管理指标体系（表2-20）：制定绿色建筑、临时建筑、改造建筑、绿色能源、节能减排、生态修复和教育宣传等12个方面的管理内容，并针对各项管理内容实际、管理目标确定了具体的管理标准要求，由此形成以可持续发展为指导理念的冬奥会环境遗产管理内容指标体系。

表2-20　冬奥会可持续发展环境遗产管理内容指标体系

管理模块	管理内容	管理标准要求
建筑设施	绿色建筑	符合绿色建筑标准认证体系
	临时建筑	可拆除建筑设计，便于赛后异地安置，合理过渡
	改造建筑	现有场馆规划设计改造，减少资源消耗和生态压力
公共政策	绿色能源	使用绿色新能源，减少环境污染
	节能减排	减少能源消耗，制定废物排放标准
	环境评估	按照环境检测标准对环境达标情况进行科学量化评估
环保宣传	会议宣传	组织多种形式会议，交流环保经验，制定环保政策
	教育宣传	组织环境保护主题教育活动，让更多人参与到环境保护当中
	展览活动	组织环境保护展览活动，直观了解环境保护知识
生态资源保护	生态修复	遗产开发形成的资源消耗与生态破坏，需要进行植被生态修复
	生态迁移	受冬奥会影响的动物暂时迁移到其他栖息地
	生态补偿	破坏的生态进行植树造林、生态规划，以达到生态补偿目的

第九节　冬奥城市发展遗产

世界很多国家不遗余力争取冬奥会承办权，其吸引力很大程度上在于为城市的跨越式发展提供便捷路径，加速城市改造进程，缩短城市建设周期，短期内成为推动城市基础设施改善、城市体育文明、城市品牌形象、志愿服务精神传递、人与自然和谐、民族认同感和民族凝聚力增强的重要窗口。从历届冬奥会承办经验可以看出，冬奥会对城市发展的影响具有双重效应，除以上优势效应以外，还能够推进城市交通、旅游、建筑、环境、相关产业、就业、投资的快速发展，但城市超额增长形成供需矛盾失衡，造成物品价格上涨，人们的物质增长与经济增长关系不匹配，城市非受益群体福利受损，容易增加贫富差距风险。另外，赛后场馆闲置和奥运承办对城市影响力的提升容易形成局部经济衰退、对投资选择倾向的排挤效应，增加了城市经济波动风险。

一、不同发展阶段遗产影响

冬奥会的组织承办给城市发展带来多种遗产，但不同发展时期对城市的影响也存在差异。根据冬奥遗产对城市发展的影响特征，大致可以划分为四个阶段（表2-21）：在承办初期，由于冰雪运动参赛规模小，参赛国家以欧美国家为主，承办城市世界影响力较小，但有着较为悠久的滑雪传统和丰富的自然冰雪资源。选择地形、气候等自然条件好的地区举办也是历届冬奥会确定的主要指标，海拔多为中低高度地区。随着冬奥会冰雪运动影响力的不断提升，承办城市逐渐由小城镇向国际大都市、国际知名度假旅游胜地或滑雪胜地转移，以提升赛事影响力。在冬奥会承办早期，冬奥遗产对城市经济、文化、社会和环境发展的影响较小，但随着冬奥会的不断发展，影响力逐渐增强、影响范围扩大，大量城市发展遗产成为提升城市世界知名度、实现现代化复兴的重要举措。

表2-21　历届冬奥会对城市发展的影响

届次	时间	承办城市情况	对城市影响
第1届至第4届	1924—1936年	小城镇或村庄，地区人口较少，中低海拔高度，滑雪传统较好，自然冰雪环境资源丰富	对举办地经济、文化、社会影响不大，提高了小镇滑雪知名度，资金投资、城市基建设施和配套工程改造较小，冰雪设施有所改善
第5届至第11届	1948—1972年	冰雪知名度较高、发展强盛、地形、气候自然条件较好地区，开始出现大城市举办，多为中低海拔地区	城市冰雪设施与配套工程有所改善，加速了城市现代化进程，对城市经济、文化、社会、环境影响加大，推进了当地冰雪运动开展，城市知名度提升
第12届至第16届	1976—1992年	既有小城镇亦有大城市，中低海拔、面积、人口各异，自然冰雪环境资源丰富，知名滑雪胜地或旅游胜地	城市经济、文化、社会、环境提升，体育和基础设施得以改善，城市知名度增强，推动冰雪产业发展，也给举办地带来一定的经济负担

（续表）

届次	时间	承办城市情况	对城市影响
第17届至第23届	1994—2018年	举办地城市规模各异，选择中低海拔地区，开始出现亚热带城市，城市冰雪知名度高，现有冰雪资源丰富	大规模基建工程实现城市跨越式发展，极大改善了城市自然、人文风貌，对城市经济、文化、社会影响大，留下大量城市发展遗产，知名度提升，推进城市现代化复兴

二、遗产影响个案分析

梳理百年冬奥会的发展历程，冬奥会举办能够创造大量城市发展遗产，对城市整体发展、提升国际知名度、融入国际竞争市场产生独特作用，这也是冬奥会能够得到世界各国青睐的价值所在。也正是冬奥会的这种优势效应，使得申办竞争变得更加激烈，特别是在发展中期，很多国家不惜牺牲大量资源，甚至冒着财政赤字风险来承办冬奥会，减少经济、资源输出，增加城市发展遗产是承办国家申办冬奥会需要思考的问题。

冬奥会承办城市的确定需要经过反复论证，从申办到遴选要经过几年的实践考察，对承办城市冰雪场馆设施、城市发展水平、开放程度、冰雪氛围、交通、科学技术、服务水平、安全保障、城市整洁、赛事承办经验、赞助、资金来源渠道等方面进行综合评判，考察合格后才能取得承办资格。下面选择历届冬奥会比较有代表性的承办城市为个案，分析冬奥遗产对城市发展的影响。1968年第10届冬奥会举办地格勒诺布尔，位于法国东南部的阿尔卑斯山区中心，被山脉环绕，城市人口较少，但历史文化悠久，有很多15—16世纪时期的古建筑，还有古罗马时期遗留下来的城墙。法国申请承办首届冬季奥林匹克运动竞赛，很大程度上在于能够获得国际认同，推动城市发展，在申办报告中，格勒诺布尔被称为阿尔卑斯山区"首府"，坐落在巍峨山脉的登山中心，城市工业、旅游业发达，具有开展冰雪运动的优势。为办好本届冬奥会，格勒诺布尔在城市发展规划中，新建机场、公路、铁路等交通设施，以及冰雪场馆、奥运村、无线通信网络等配套设施。冬奥会相关的城市基建工程建设也需要其他配套服务的改善，冬奥会后格勒诺布尔新建广场、车站、医院、邮局、文化中心等城市新地标建筑，仅利用几年时间就完成了发展的整体蜕变。但本届冬奥会也存在诸多争辩：其一，冬奥会承办地由冰雪自然条件良好的小镇或冰雪运动胜地转移到城市，场馆设施分布分散，运动员也被分散居住，不利于管理；其二，过于注重商业化运作，以城市营销为目的建设冰雪场馆，有违奥林匹克精神主旨；其三，大量冰雪运动设施存在丢弃或破坏现象，利用率低，如：高山滑雪场缺少资金运营，基本为亏损状态，跳台滑雪场废弃后改为山地自行车训练场，雪橇滑雪场及其他服务设施被废弃。

1976年第16届因斯布鲁克冬奥会地处海拔570米阿尔卑斯山下，交通便利，旅游业发达，冰雪运动开展历史悠久，冰雪自然环境资源丰富。因斯布鲁克作为第二次承办冬奥会，已成为世界级冬季运动中心和国际冰雪旅游胜地，两次冬奥会举办建造了公路、桥梁等交通设施，修建滑雪场索道、电梯、无线中继站等配套设施。因斯布鲁克对城市发展遗产的开发通过吸收和借鉴以往冬奥会建设的成功经验，从改善运动设施与相关配套服务设施入手，增添城市特色文化内涵的同时，而不改变城市的传统底色风貌，时至今日依然保存着中世纪时期的文化风格。奥运村赛后的转型过渡为居民区，媒体中心改为教育、公共服务机构，为打造世界级冬季奥林匹克运动中心、国际级冰雪旅游胜地打下基础。

2006年第20届冬奥会举办地都灵是意大利文化、历史悠久的古城，海拔高度239米。在20世纪初期，都灵是意大利工业中心，特别是进入20世纪70年代以后，工业化进程的不断加速造成人口大量涌入、城市交通拥挤、城市环境质量下降等问题，面临可持续发展危机，亟待工业化转型。都灵通过申办冬奥会改善城市环境质量，加速城市生态化建设进程，加快推进以绿色科技为引领的新能源、交通、房地产等产业升级，同时，开发了公路、铁路、航空运输、交通网络，新建了一批星级宾馆和酒店，旅游景点服务设施更加完善，新增就业岗位5万多个，冬奥会后给都灵旅游业带来良好的发展机遇，拉动城市经济进入发展的新时期。

2010年第21届冬奥会举办地温哥华三面环山、一面靠海的地形地貌特征，属温带海洋性气候。自2006年进入冬奥会筹办周期以来，温哥华城市经济拉动效应明显，GDP出现快速增长，第三产业规模增大，吸引了大批游客，带动城市就业和再就业，专门为低收入阶层人群提供就业岗位设置，为社会弱势群体提供手工艺培训和工作培训机会，提高就业技能，实现了城市发展的和谐稳定。温哥华冬奥会筹办工作带动了加拿大旅游业发展，旅游收益增长趋势明显，同时，也带动了城市餐饮、住宿、交通等相关产业发展。2010年通过网络关注加拿大信息浏览突破120亿人次，Hello BC.com网站访问量超过200万，加拿大的国际影响力得以提升。温哥华冬奥会的举办对城市环境的影响主要表现在，生态资源索取造成山地自然景观破坏，空气和噪声污染，城市垃圾增多，城市生态环境承载力、人与自然和谐发展、城市生态系统超负荷运转问题面临挑战。针对这些可能发生的城市风险，温哥华政府在冬奥会筹办、举办期间鼓励市民绿色出行，设立碳管理项目，减少碳排放，同时，投入2亿美元用于城市污水处理设施改善工程，减少水资源污染。在城市建筑设施方面，按照绿色建筑标准，从选址、规划、能源开发等方面进行科学评估，把奥运村建设成为可持续发展的城市社区。另外，温哥华奥林匹克遗产基金会为改善城市社区环境，筹建公共花园，改善城市无障碍环境，温哥华政府也通过举办冬奥会来推动青少年体育事业的发展，给40万青少年提供体育参与的机会，每年为55万名中小学生提供奥林匹克知识教育，传承奥林匹克精神，为带动举办城市体育事业发展注入能量。

第二章 百年冬奥遗产开发的域外经验

第三章
冬奥遗产开发的本土实践
——以张家口赛区为例

第一节　北京冬奥会的申办与筹办工作

2013年10月3日,中国奥委会宣布北京与张家口将联合申办2022年第24届冬季奥林匹克运动会,并于11月3日正式向国际奥委会提出申请,各申办城市展开激烈角逐,北京与张家口积极备战,12月1日签署《申办城市受理流程》。2014年3月14日向国际奥委会提交申请文件和保证书,3—6月国际奥委会及专家对所有答复进行审阅,7月7日确定2022年冬奥会遴选城市。2015年1月向国际奥委会提交申办报告及保证书,2—6月国际奥委会评估委员会对申办城市进行考察并形成报告,7月31日经过85位国际奥委会委员投票,北京以44∶40击败对手阿拉木图获得第24届冬奥会举办权。

冬奥会申办成功以后,筹办工作开始提上议程,得到党中央的高度重视,习近平总书记多次听取筹办工作进展情况并实地考察指导。此外,党中央特别成立第24届冬奥会工作领导小组,全局把握筹办建设工作,为冬奥会顺利开展保驾护航。2015年12月15日,北京冬奥会和冬残奥会组织委员会成立,下设秘书行政部、总体策划部、对外联络部、体育部、新闻宣传部、规划建设部、市场开发部、人力资源部、监察审计部、财务部、技术部、法律事务部、运动会服务部、文化活动部、物流部、残奥会部、媒体运行部、场馆管理部、安保部、交通部、开闭幕式工作部、奥运村部、志愿者部、注册中心、票务中心、抵离中心、延庆运行中心和张家口运行中心等28个部门。北京冬奥组委总部设在北京石景山首钢园区,在工业生产时期曾是炼铁原料存储与转运区域,对工业遗产再利用,打造城市复兴示范区、国际交流中心、奥林匹克教育和冰雪运动推广基地，成为冬奥遗产开发的成功典范。

为贯彻习近平总书记的办奥要求和指示，冬奥会筹办工作全面有序展开，确立了坚实的组织保障条件。2019年2月19日，北京冬奥组委发布《北京2022冬奥会和冬残奥会遗产战略计划》，作为《奥林匹克2020议程》颁布后第1届从筹办初期就开始全面规划管理奥运遗产的奥运会，北京冬奥会努力树立奥林匹克运动与城市区域发展良性互动、共赢发展的新典范。

第二节 冬奥遗产开发的重点任务与实施

一、重点任务

北京冬奥会张家口赛区冬奥遗产的开发要按照遗产战略计划的要求，把体育、经济、社会、文化、环境、城市发展和区域发展遗产作为遗产开发内容，这7个方面的内容作为冬奥遗产开发的一级指标，在此基础上确定了35项二级指标，并将这35项二级指标作为张家口冬奥遗产开发的重点任务（图3-1）。

BEIJING 2022LEGACY	体育、经济、文化、社会、环境、城市发展、区域发展	冰雪运动普及与发展 残疾人冰雪运动普及与发展 体育场馆 办赛人才 赛会运行组织 赛会服务保障 筹办知识转移
冰雪产业发展 科技冬奥 市场开发 财务管理 物流管理	文化活动 宣传推广 媒体与转播 档案管理	社会文明 志愿服务 国际交流 包容性社会 权益保护与法律事务 廉洁办奥
生态环境 低碳奥运 可持续性管理	城市基础设施 城市管理 城市服务保障 城市无障碍环境	京张地区交通基础设施 京张地区生态环境 京张地区冰雪产业 京张地区公共服务 京张体育文化旅游带建设 京张地区促进就业

图3-1 北京冬奥遗产开发的重点任务模块

二、实施步骤

《北京2022冬奥会和冬残奥会遗产战略计划》的组织实施步骤可划分为三个阶段（图3-2）：第一个阶段为冬奥遗产开发的计划阶段（2017—2018年）。制定各领域冬奥遗产开发的详细规划方案，确定重点项目、亮点遗产工程计划。第二个阶段为各领域冬奥遗产开发的计划实施阶段（2019—2022年）。按照前期制定的冬奥遗产开发的规划方案，全面落实遗产开发计划，定期总结项目和分析项目开发的阶段性成果，积极打造具有中国特色的遗产项目。第三个阶段为冬奥遗产的总结阶段（2022—2023年）。主要是汇编各领域冬奥遗产的开发成果，从体育遗产、经济遗产、社会遗产等七个维度落实冬奥遗产的规划利用方案，进一步提炼亮点遗产，开发亮点遗产的功能价值，形成冬奥遗产开发成果总结报告，并上报国际奥委会，这也为其他国家冬奥遗产开发提供中国经验和中国范式。

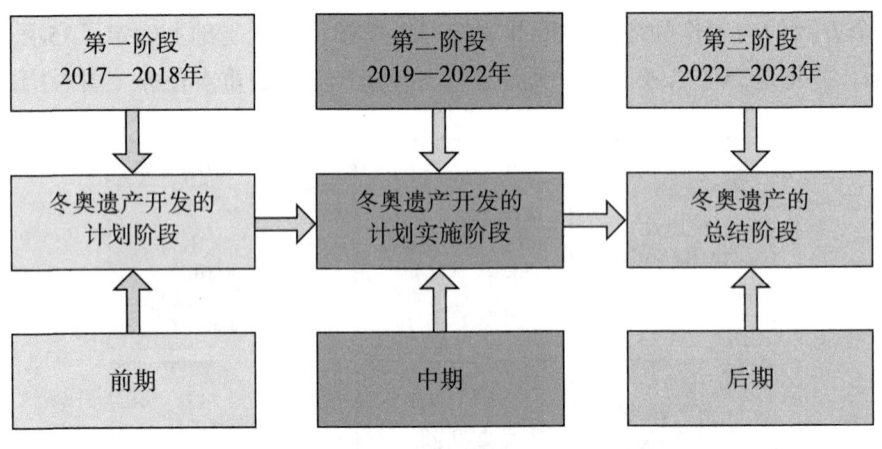

图3-2 北京冬奥遗产开发的实施步骤

张家口赛区冬奥遗产开发要按照北京2022遗产战略计划实施方案，确定不同阶段冬奥遗产开发内容，按照"遗产计划→遗产开发实施→遗产总结"流程制定开发保护的实施步骤。《北京2022年冬奥会和冬残奥会遗产战略计划》是张家口赛区冬奥遗产开发的指导性纲要，北京奥组委、张家口冬奥运行中心、张家口体育局、规划局、旅游局、环保局、城建局、崇礼体育旅游局等相关部门紧密合作，并在北京冬奥会、冬残奥会遗产协调委员会管理下，将遗产开发贯穿于筹备全过程，同时渗透中国元素和张家口地域文化元素，狠抓落实，重点突出，积极创建张家口冬奥遗产亮点。

第二节　冬奥遗产开发目标

"三亿人参与冰雪运动"是国家冰雪运动发展的目标，是全面推进冰雪运动普及的一项基础工程。北京冬奥会张家口赛区做好冬奥遗产开发，以及遗产开发记忆保护，为大众冰雪运动的广泛参与提供资源保障。通过场馆设施遗产的开发，把张家口打造成为世界一流的冰雪旅游胜地，传播与传承冬奥会文化，大力发展张家口冰雪文化产业，建立冬奥博物馆，设立奥林匹克学院，培养专业技能突出的冰雪赛事筹办人才，积极创造开发冬奥遗产，形成办赛规范和赛事运作模式。《北京2022年冬奥会和冬残奥会遗产战略计划》提出了遗产开发的七个维度，即体育、经济、社会、文化、环境、城市发展和区域发展。

一、体育遗产目标

北京冬奥会承办对于推动河北省冬季冰雪运动发展的效应明显，群众性冰雪运动参与热情不断高涨，省内冰雪场馆设施和市场影响力逐渐增强。根据河北省冬季运动振兴发展规划要求，制定以下发展目标：

第一，在大众冰雪运动方面。目前河北省冬季冰雪运动发展现状表现为，全省经常参加冬季冰雪运动的健身人口规模达3000万以上，占健身人口比重的40%，张家口和承德是河北省冰雪产业发展较好的地区，冬季冰雪健身人口规模达450万以上，约占50%，已经成为最受大众欢迎的休闲健身活动方式，参与群体不断增多，这对于大众冰雪运动的普及推广形成良好的辐射和带动作用。

第二，在冰雪健身服务体系建设方面。在冬奥会的推动下，国家对张家口冰雪场馆建设的投资力度较大，冬季冰雪运动基础设施不断完善，滑雪场雪道的数量、质量和规模大幅增加，群众性冰雪赛事活动组织越来越多，参与的社会群体人数和冰雪健身指导员队伍不断壮大，张家口赛区冰雪运动健身服务体系逐步健全。

第三，竞技冰雪运动方面。河北省竞技冰雪运动发展的起步较晚，2016年河北省首次参加全国冬季运动会，经过这几年的训练探索实践，冰雪运动员队伍不断壮大，逐渐积累了冰雪运动可持续发展的后备人才队伍基础，冰雪项目运动员竞技能力水平显著提升。2018年参加平昌冬奥会，制定了在2020年全国冬运会上取得奖牌，2022冬奥会上争获奖牌的竞技目标。

二、经济遗产目标

北京冬奥会张家口经济遗产是冰雪产业发展的重要资源，大力发展冰雪旅游业，实现冰雪产业与旅游产业的深度融合，积极开发冰雪产业市场，培育冰雪产业市场，加快国内冰雪产业输出与中外冰雪产业互动交流。把科技融入到冰雪经济遗产的开发实践当中，遵循科技办奥的遗产开发理念，加快推进科技成果转化，搭建平台，带动中小企业发展。

为振兴河北省冬季冰雪运动，把握北京冬奥会承办的战略机遇，制定冬季运动振兴发展规划目标，力争把河北省打造成为国内冰雪运动大省，创建国内一流、亚洲具有一定知名度的冰雪运动产业，竞技项目综合实力显著增强，群众性冰雪健身氛围日益浓厚，冰雪运动健身相关的基础设施不断完善，健身服务体系、运动管理机制、冰雪赛事运行机制、竞技项目基础、冰雪产业体系更加健全，整体水平逐渐提升。冰雪产业发展对于推动体育产业结构转型，拉动地方经济，实现区域产业经济的可持续发展有着重要意义。北京冬奥会对河北省冰雪产业的发展形成良好辐射作用，并制定以冰雪旅游为主导，创建大众冰雪运动休闲健身和冰雪竞赛表演为基础的产业体系，大力发展冰雪服务业，打造以崇礼为全省冰雪产业"点—轴"发展的核心区，并逐步向张家口、承德地区扩散，形成冰雪产业服务大区，使张家口成为国内具有一定影响力的冰雪运动中心、冰雪运动装备制造业中心和冰雪运动服务人才培训中心，到2022年河北省冰雪产业规模达1000亿元。张家口借助冬奥会发展的机遇，大力发展冰雪产业，到2022年张家口体育产业规模超过270亿元，实现增加值40亿元以上，体育产业发展增速明显，要远高于同期经济增长，打造中国北方冰雪第一滑雪产业市场，形成滑雪品牌，不断扩大社会影响力，创建以冰雪产业为体育产业支撑的核心，凸显张家口冰雪产业园区的集聚效应。

三、社会遗产目标

北京冬奥会张家口赛区冬奥遗产开发的社会目标在于倡导健康的生活方式，加快推进健康中国战略；弘扬志愿服务精神，增强社会文明，用"尊重与平等"的助残意识，推进社会包容与社会和谐，使之成为改善民生的政绩工程。

四、文化遗产目标

北京冬奥会张家口赛区冬奥遗产开发要把先进的冰雪文化、奥运精神和残奥精神渗透到冰雪文化遗产开发实践当中，实现中外冰雪文化交流，增进中外友谊，加快推进中国与世界多元文化交融，发挥中国传统文化的优势效应，传播中国体育文明，实现民族文化"走出去"。

五、环境遗产目标

张家口赛区冬奥环境遗产开发需要以资源节约、生态环境友好、生态保护为开发目标，把空气质量治理、水资源治理作为冰雪环境遗产开发与保护的重点，在冬奥会筹备期间，以及冬奥遗产、环境遗产开发实践中强调人与自然和谐相处，尊重自然景观与人文精神协调共生，提升张家口生态环境治理。

六、城市发展遗产目标

北京冬奥会张家口赛区冬奥遗产开发需要把城市发展作为目标之一，建立和完善张家口基础设施建设工程项目，提高城市无障碍环境的精细化管理层次和水平。张家口赛区通过冬奥遗产开发加快推进城市转型升级，城市整体功能提质增效，实现城市化发展进程的现代化复兴，为新时代跨越发展注入活力与能量。

七、区域发展遗产目标

北京冬奥会张家口赛区冬奥遗产的开发要充分发挥北京、河北的区域优势效应，从交通对接、环境对接、资源联动对接、产业对接和服务对接层面上实现区域发展的资源协同，构建以北京、张家口为中心的城市冰雪文化产业旅游链条，以冬奥会承办为契机，打造中国区域冰雪运动协同发展的引擎标杆和示范区。

第三节 冬奥遗产开发的服务保障

一、"同心圆"计划

2018年9月5日,国家体育总局正式发布了两个纲要——《2022年北京冬奥会参赛实施纲要》和《"带动三亿人参与冰雪运动"实施纲要(2018—2022年)》,三个计划——《2022年北京冬奥会参赛服务保障工作计划》《2022年北京冬奥会参赛科技保障工作计划》《2022年北京冬奥会参赛反兴奋剂工作计划》,这是2022冬奥会参赛工作的整体部署和战略规划。其中,《2022年北京冬奥会参赛服务保障工作计划》也称之为"同心圆"计划(图3-3):是对参赛工作开展的具体要求,以运动员、教练员的权益保障为首要,抓好思想政治保障的同时,从宣传文化、经费物质、人才、场馆设施、外事、后勤等方面提供相应保障,通过加强组织领导,注重开放共享,强化风险防控和评价考核,定期协调会商,形成实时联动,以实现现代化、国际化、规范化、科学化的服务保障目标。

图3-3 2022年北京冬奥会参赛服务保障工作"同心圆"计划

北京冬奥会参赛服务保障"同心圆"计划的组织与实施，要全面深入贯彻习近平总书记普及发展大众冰雪运动，确保2022冬奥会的顺利召开，提出"三个全面"的工作目标，即：全面参赛、全面突破、全面带动。全面参赛要求对北京冬奥会设置的109个小项做到全面参与，激励教练员、运动员做好各项冬奥会赛事项目的积分赛、资格赛选拔工作；全面突破是指要充分调动和利用一切资源，力争在雪上项目实现新突破，推动中国冰雪运动的跨越式发展，在更多的项目上实现奖牌乃至金牌的突破；全面带动是指借助北京冬奥会赛事平台，给运动员充分展示的舞台，让更多的人群通过观赏高水平冰雪竞技表演，激发群众参与冰雪运动的热情，全面辐射和带动大众冰雪运动的普及与发展项目，完善工作机制，深化和推进冰雪运动"南展西扩东进"战略的实施。按照"同心圆"计划的要求，做好各项服务保障工作，启动和建立"三亿人参与冰雪运动"工程。

从2022冬奥会面临的形势来看，依据《2022年北京冬奥会参赛实施纲要》的有关要求，确保冬奥会各项工作的顺利组织与实施，为全过程管理提供保障，以"大冬奥、大服务、大保障"为前提，制定了"同心圆"计划。从该计划所面临的形势来看，中国正值社会主义新时代建设期，以"健康中国"、小康社会为建设目标，借助北京冬奥会的发展机遇，推动和普及中国大众冰雪运动，提高竞技冰雪运动水平，实现中国冰雪运动的全面发展。由于长期以来我国冰雪运动发展较为滞后，服务保障措施不到位，群众参与意识不强，参与群体的覆盖面不够广泛，依然有很多问题亟待解决。因此，做好北京冬奥会参赛服务保障工作，坚持"开放、共享"的理念，充分调动国家和社会资源，围绕"参赛也要出彩"的发展目标，为北京冬奥会各项参赛工作提供优质服务。按照"同心圆"计划的要求，全面做好冬奥赛事的各项服务保障工作。

二、组织保障

北京冬奥遗产开发工作的顺利组织与实施需要建立组织保障制度，建立工作协作机制，完善组织管理体系，发挥多个部门之间的协作与分工优势。北京冬奥遗产开发是通过成立遗产协调工作委员会来进行组织保障（图3-4）：设立由主任、常务副主任、副主任和成员单位组成的领导机构，北京冬奥组委执行副主席担任工作委员会主任，北京冬奥组委秘书长任常务副主任，遗产协调工作委员会副主任领导人员由北京冬奥组委副秘书长，以及北京冬奥组委总体策划部、国家体育总局宣传司、中国残联体育部、北京奥促中心、河北省冬奥办（各一名司局级领导）的相关领导组成，成员单位由国家部委有关部门、北京冬奥组委各部（中心）、北京市有关部门、河北省有关部门领导组成；北京冬奥会、残奥会遗产协调工作委员会下设三个主要组织管理部门：办公室、专项工作组、外部专业机构，办公室负责冬奥遗产的统筹规划工作，制定冬奥遗产开发的相关文件，并做好任务分工，办公室主任由北京冬奥组委、总体策划部部长担任，副主任由北京奥促中心、河北省冬奥办，主要领导成员为北京冬奥组委各部（中心）分管领导，形成"主任→副主任→主要领导成员"办公室组织机构管理体系；专项工作组由北京冬奥组委各部（中心）牵头，以本领域委内、委外相关单位组成，工作内容主要从体育、经济、社会、文化、环境、城市发展和区域发展遗产7个方面35个重点领域出发，全面做好北京冬奥遗产开发的专项工作，对开发进程进行督导、监察和评估，确保冬奥遗产开发各项工作的顺利组织与实施，以达到冬奥遗产开发的战略目标；外部专业机构则是指受委托的第三方专业机构及各领域专家库，按照遗产建设方案、规划目标制定项目开发的详细进展，负责冬奥遗产开发的具体实施工作，确定可行性方案和项目实施计划。

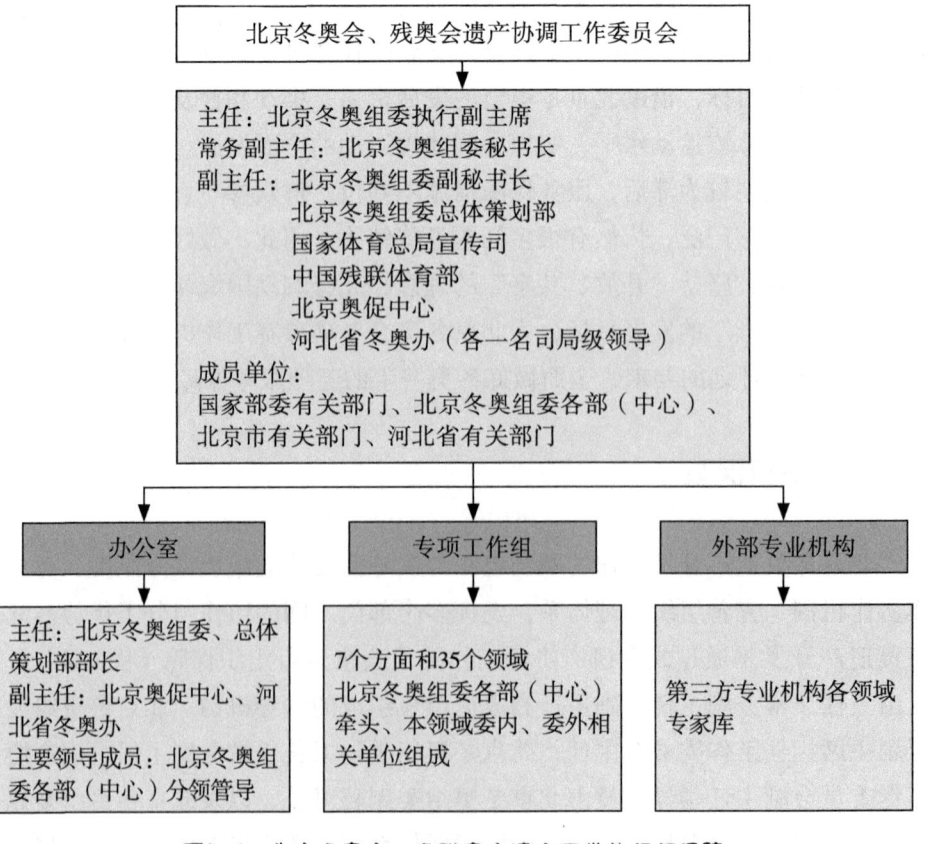

图3-4 北京冬奥会、冬残奥会遗产开发的组织保障

三、机制保障

北京冬奥会遗产开发的保障措施还需要建立合理的工作机制，如：项目管理部门、项目开发部门的协同联动机制与统筹协调机制。对于冬奥遗产开发工作计划的实施建立会议制度，形成上下部门之间沟通合作，正式会议由协调委员会主任和常务副主任负责，并召集相关部门的负责人召开专项会议，做好国家层面与地方层面、主办城市与协办城市和北京冬奥组委遗产开发的相关工作，审议、审核冬奥遗产开发工程的重要事项，发挥工作委员会办公室的管理职能、协调职能与统筹职能作用，建立办公室、专项工作组和外部专业机构之间的沟通机制，全面做好北京、张家口冬奥遗产工程的开发工作，确保冬奥遗产开发目标的实现，完善北京、河北省相关项目开发部门合作机制。发挥冬奥组委各部门的牵头作用，全面推进北京冬奥会张家口赛区冬奥遗产各项重点开发内容的顺利开展，全面落实各职能部门的工作任务，结合举办地文化特色和现有资源特点，打造冬奥遗产亮点。北京冬奥会张家口赛区冬奥遗产开发还需要建立外部机构的协同配合工作机制，由于冬奥遗产开发任务和开发内容的多样性，涉及的外部机构较多，要确保冬奥遗产工程建设的整体性，需要在统筹规划的基础上建立各外部机构之间的联系，并全面参与各领域遗产的开发工作，对冬奥遗产开发成果进行综合分析与评估，做出遗产开发成果的总结、提炼与整合，增强冬奥遗产开发的针对性和实效性。

四、宣传保障

北京冬奥会张家口赛区冬奥遗产的开发是任务、是目的，而开发的任务目的在于利用，除了满足比赛期间的赛事运营服务以外，还需要更多地挖掘冬奥遗产可持续开发价值，形成由开发范式向利用范式的转向，完善冬奥遗产深度开发机制。而这一范式转向的过程离不开宣传工作，通过宣传扩大北京冬奥遗产国内、国际市场影响力，提升国际品牌形象，增强冰雪产业市场核心竞争力。冰雪文化宣传作为展示和呈现冬奥遗产开发成果的重要路径，将北京冬奥会张家口赛区冬奥遗产开发成果纳入遗产宣传计划，定期总结和评价冬奥遗产开发成果，制定宣传计划方案和各类宣传保障措施，同时，从国家层面和地方层面建立专业的冬奥遗产宣传机构，创建国内外主流媒体和新媒体宣传平台，特别是将重要遗产、有持续开发利用价值的遗产作为宣传的重点，传播体育、经济、社会、文化、环境、城市发展和区域发展遗产的开发成果，承办地的冰雪运动发展成果，以及区域冰雪运动协同发展成果，从多个领域打造和创建冬奥遗产亮点工程，传播奥运理念，以冬奥会为契机营造新时代中国特色社会主义体育文明，展现人类命运共同体的时代主题，扩大北京冬奥会的国际市场辐射力和影响力，传播冬奥遗产开发的成功经验，进一步展现中国大国形象、大国实力。

五、监督保障

北京冬奥遗产开发作为一项系统工程，需要从冬奥会赛事组织承办要求和遗产的可持续性利用价值出发，遵循绿色、生态、环保、可持续性、资源节约的建设理念，做好北京冬奥会张家口赛区体育遗产、经济遗产、社会遗产、文化遗产、环境遗产等的开发工作，建立冬奥遗产开发的全过程管理方案，做好冬奥遗产开发的监督工作，确保各项开发工作能够有序进行，并符合冬奥会遗产建设目标的要求。北京冬奥会张家口赛区冬奥遗产开发的具体工作由外部（第三方）专业机构负责具体的工程建设，在外包施工过程中，如果委托方不能很好地履行监督责任，则难以保障冬奥遗产开发工程的正常进展，工程建筑质量也难以得到确保。因此，北京冬奥组委把冬奥遗产开发作为筹办工作的重要任务，在具体实施开发过程中加强工程进展和工程质量的监督考核，全面落实遗产协调工作委员会各单位、各职能部门的职责范围，并把冬奥遗产开发工作纳入日常工作范畴，按照前期冬奥遗产开发计划的时间节点执行和完成各项工作任务。北京冬奥会遗产协调工作委员会办公室对冬奥遗产开发情况加强监督与检查，协调各部门利益相关者的工作落实。

六、思想政治保障

北京冬奥会思想政治保障工作的实施需要从以下几个方面开展：第一，坚持党的领导。北京冬奥会思想政治保障工作在北京奥组委、第24届冬奥会工作领导小组的领导下，承担各项工作的主要责任，负责统筹与协调，做好顶层设计，按照新时代党建工作的总目标，各级领导要高度践行"四个意识"，强化政治责任，明确政治立场，提高奉献意识。冬季运动管理中心党委在体育局党组领导下，抓好冰雪项目运动队的思想政治教育和党建工作；第二，加强思想政治建设。在冬奥会各冰雪项目运动队开展"不忘初心、牢记使命"主题教育，全面推进"两学一做"教育常态化建设，认真践行"双十条"行为规范，对运动员开展入队宣誓、训练作风教育、集体主义、爱国主义教育，增强运动员的国家意识和民族自豪感，严格执行《冰雪项目国家队运动员、教练员、管理辅助人员日常行为管理规定》，加强运动员管理，提升政治素养，真正打造一支作风优良的钢铁团队和文明礼仪团队；第三，加强基层党组织建设。对于国内各冰雪项目国家队、协会成立党支部，不断夯实基层党组织建设工作，对领队、党支部书记、党员干部进行定期培训，不断提升党员干部的政治素养，为冰雪运动事业的发展提供坚强的战斗堡垒；第四，持续开展正风肃纪。北京冬奥遗产工程项目开发要坚持"廉洁办奥"理念，贯彻执行《国家体育总局党组关于进一步贯彻落实中央八项规定精神的实施办法》，把纠正"四风"作为一项政治任务，并贯穿于冬奥遗产工程建设全过程，定期对重点开发领域进行排查，建立廉政制度，落实好监督执纪的"四种形态"，净化政治生态环境，真正把冬奥会办成像冰雪一样纯洁的奥运盛会。

七、经费物质保障

北京冬奥遗产项目的开发离不开经费物质支持，前期做好周期、年度预算，保障经费物质到位，争取更多的政策支持，合理规划经费物质分配方案，最大限度满足资金需求额度，根据预算进行合理规划与编制，做好监督指导，并根据实际情况进行调整预算，以发挥经费物质的最大化效益，提高预算执行率。北京冬奥会承办地要积极争取北京冬奥组委的支持，努力开发与拓展冰雪产业市场，充分发挥社会力量，拓宽资金来源渠道，积极开发冰雪无形资产，为冬奥会提供资金保障。在物质保障建设方面，寻求合作伙伴，加强与赞助商对接，确保物质保障到位，另外，建立与冰雪装备技术较为发达国家之间的合作关系，对运动服装、冰雪器材进行联合研发，为北京冬奥会赛事提供技术支撑，为创建中国冰雪装备品牌，激活冰雪产业市场，并不断融入更多的中国元素，彰显中国特色，推进装备器材的专业化建设提供保障。

八、人才保障

人才是冬奥遗产开发的"第一资源"，北京冬奥会人才保障计划的实施从以下几个方面展开：第一，引进冰雪运动专项人才。按照"宽视野、广领域、全球化"的人力资源开发要求，制定全球冰雪人才招聘计划，并将人才引进作

为一项"引智工程"，引进世界优秀冰雪人才来充实一线和服务保障岗位，组建国家高水平冰雪运动服务的专家团队；第二，推进冰雪人才培养。北京冬奥会冰雪人才培养要结合我国"冰雪项目精英教练员百人计划""冰雪项目训练竞赛百人计划"和"冰雪项目国际组织及国际裁判百人计划"实施战略，全面落实我国冰雪人才培养工作，涉及的人才领域包括精英教练员、训练竞赛人员和裁判队伍，打造一支冰雪运动服务精英团队和优秀运动员队伍，加快推进冰雪强国，培养一批冰雪项目管理、运动训练、竞赛组织官员，以满足北京冬奥会赛事承办需求。

九、运动员、教练员权益保障

运动员和教练员作为体育运动训练竞赛的主体，赛事的组织承办要把运动员和教练员权益作为重要位置，具体权益保障措施从以下几个方面展开：

1. 提高运动员、教练员待遇

不断扩大我国冰雪运动国家队运动员、教练员规模，适当增加国家队编制，提高相应的福利待遇、薪资标准、奖金标准和训练津贴等，设立跨界、跨项选拔的训练补贴。

2. 重视运动员文化教育

北京冬奥会的筹办使中国冰雪运动成为一项强国工程，全面普及与发展冰雪运动、传播冰雪文化，优化运动员冰雪文化教育保障体系，打造校园冰雪运动教学、竞技冰雪训练比赛的"双轨制"人才培养机制，高度重视运动员的日常训练与文化素质教育，使之进入工作的常态化。选派优秀体育教师组成随队团队，发挥高校教师的资源优势，建立与高校之间的合作关系，通过人才的联合培养，为运动员创造更多的学习机会，不断提升自身的文化知识水平，以解决运动员接受教育和再教育的实际问题。

3. 做好运动员的职业规划

帮助运动员做好职业规划，以切实解决运动员的后顾之忧，具体做法为采用技能与培训相结合的方式，建立与就业单位机构的合作关系，启动"冰雪运动发展基金"，争取政策的扶持，为运动员择业和就业创造更多的机会，拓宽就业渠道，做好退役安置工作。

4. 完善商业保险和法律保障

北京冬奥会的参赛保障系统要确保运动员的各项权益受到保护，包括：商业保险保障和法律保障。通过建立多类型、多层次的商业保险制度，加强运动员的医疗伤害保障，特别是高危冰雪项目的商业保险力度，实现医疗伤残保险的全覆盖，以保障运动员能够全身心投入到训练和比赛当中。通过完善运动员、教练员及其他相关服务管理人员的法律支撑体系，与相关的律师团队建立合作，对涉及的国际体育仲裁与竞赛判罚中出现的问题和纠纷进行有效解决，也是保障赛事顺利组织与管理的重要前提。

十、外事保障

北京冬奥会作为一项大型的世界体育盛会，中国作为承办方需要加强与世界各国之间的密切联系与合作，全面做好外事工作，这也是冬奥会顺利开展的重要保障。具体的赛事服务保障工作开展需要从以下几个方面展开。

1. 建立与世界冰雪运动组织的合作交流

组织各类高水平冰雪运动赛事、国际冰雪训练营、国际冰雪运动交流会等，国际冬奥组织通过引进高水平冰雪运动人才，重视对在职人员的教育和培养工作，培养一支专业过硬的冰雪运动裁判员队伍，参与国际冰雪运动赛事组织承办的各项任务，提高处理各项事务的参与度与话语权。

2. 提高北京冬奥会冰雪运动外事工作的专业化和规范化水平

第一，冰雪运动外事工作的专业化和规范化建设需要成立专门的外事部门，制定外事交流、管理办法，完善外事交流制度，形成良好的外事交流规范；第二，为提高北京冬奥会外事工作的专业化和规范化水平，建立冰雪运动外事信息数据库，开发外事信息通报平台、信息交流平台，实现信息对称与共享；第三，建立与冰雪强国之间的外事交流合作。利用"2019中芬冬季运动年"的发展机遇期，建立多个领域的交流与合作平台，吸收和借鉴冰雪运动强国发展的优势经验，提高冰雪项目的训练竞赛水平；第四，做好境外安全工作。建立我国冰雪项目的外事保障，确保境外冰雪训练和竞赛安全，做好出国竞赛人员的安全教育，提高安全意识和抵御风险的能力，安全工作的内容包括政治、人身、财产等。

十一、后勤保障

北京冬奥会张家口赛区要加强后勤保障服务工作，以确保赛会的顺利进行。后勤保障工作的具体内容如下：

1. 餐饮保障

冬奥会组织承办期间加强食品监督，保障观众、运动员、教练员、管理人员和相关服务人员的饮食安全，严把食品关，加强食品来源渠道管理，特别是要做好肉类食品的检验工作，所有食品都要达到国家规定标准。

2. 医疗保障

冬奥会医疗保障工作成立专业的医疗团队，加强与高校、科研院所的合作，聘请专业的康复师、理疗按摩师、医师组成医疗团队，满足训练和竞赛的医疗康复需求。另外，要确保运动员的用药安全，所使用的药品要符合世界反兴奋剂条例要求，制定用药制度，规范药品使用流程。

3. 出行保障

北京冬奥会张家口赛区做好交通路线规划，对北京、张家口、延庆三地的城市道路、铁路，以及比赛场馆、奥运村、购物中心交通出行制定详细规划，提供快捷、便利、准时、安全的交通服务。加强冬奥会中心园区的封闭式管理，对运动队宿舍、宾馆进行24小时全天候巡查，定期开展安全检查，严防外来干扰，确保赛区安全。

十二、场馆设施基地保障

北京冬奥会张家口赛区要做好场馆设施基地保障工作，才能为冰雪运动训练和竞赛提供良好的外部环境，具体工作如下：

1. 建设高标准、规范化的冰雪运动场馆

冬奥会场馆建设牢固树立"绿色、开放、共享、廉洁"的办奥理念，结合承办地的实际情况，实现对场馆资源的合理规划、开发、改造与利用，按照预期规划进度进行场馆建设，同时，对建设过程进行监督管理，确保场馆质量，

并按照预定工期完工、投入试用与正常使用。提前制定冰雪竞赛场馆的运营方案，成立运营团队，保障冬奥会场馆建设与场馆运营的有机过渡。

2. 做好冬奥会训练场地保障

冬奥会场馆建设按照计划要求，确保正常训练使用，对首钢、北山训练基地按时保质完成，尽快为我国在挪威、奥地利、芬兰、美国、加拿大、新西兰、日本等国家训练的冰雪运动员提供训练场馆保障，同时，建设海外转训保障基地，为运动员提供良好的物质服务环境。

十三、文化宣传保障

做好北京冬奥会的宣传文化是扩大赛事影响力、传播冬奥会文化和冰雪运动知识的窗口。宣传文化保障工作的实施要做到以下几点：

1. 冰雪运动宣传

冬奥会的承办为普及冰雪运动知识，推进大众冰雪运动发展创造条件。冬运中心要设立专门的宣传文化部门，负责冰雪运动知识推广，制定冰雪文化知识宣传制度和工作规范，设立宣传网站，并借助国家体育总局网站、冬运中心网站进行冰雪知识宣传，通过舆论引导扩大冬奥会的社会影响力。设立"中国冰雪"微信公众号、客户端和微博号，发挥手机网络查询检索的便捷优势，借助网络信息平台进行即时在线交流，特别在国家冰雪运动队开放日做好媒体宣传。冰雪运动宣传文化部门通过建立与北京冬奥组委之间的联系，开展一系列的冰雪运动知识宣传推广活动，发挥传统媒体与新媒体的优势互补效应，形成报、台、网、端等多种传播平台的联合推广。

2. 冰雪文化建设

冬奥会冰雪运动知识宣传是体育文化建设的重要组成部分，借助冬奥会传播平台，弘扬中华体育文化精髓和奥林匹克精神，建设冰雪文化知识体系，汇聚冰雪运动新风貌，形成强大的体育文化传播力量，帮助世界各国人民更多地了解、关注、体验冰雪运动的趣味和魅力，形成良好的冰雪运动文化氛围。借助体育明星效应和粉丝效应，挖掘草根冰雪明星故事，让更多的人群参与、热爱冰雪运动，不断丰富和完善冰雪运动文化，为冰雪运动知识传播提供宣传文化保障。

十四、科技服务保障

北京冬奥会科技服务保障计划的实施按照"一刻也不能停,一步也不能错,一天也耽误不起"的指导方针,发挥世界各国冰雪赛事组织承办的科技资源优势,坚持创新驱动发展战略,以提升冰雪运动科学化训练水平。在训练实践中以科学训练理论为指导,把科学保障贯穿于训练的全过程,突出运动员、教练员的训练主体地位,转变运动员的传统训练角色,实现由被动接受者向主动参与者、盲目服从向理解训练的转变;教练员实现由感觉、经验训练向科学、数据量化方向的转变;冬奥会研究领域也开始由冰雪运动为引领的课题导向走向科学化训练实践的问题导向,借助科技力量来解决冰雪训练、服务管理中的一系列问题,增强科技在冰雪运动发展推动方面的贡献率,为实现北京冬奥会冰雪运动发展目标提供相应的科技保障。

按照《2022年北京冬奥会参赛实施纲要》的要求,结合我国实际情况,围绕实现"参赛也要出彩"的建设目标制定了参赛科技保障工作计划(图3-5):科学化训练的组织与实施要坚持理论指导、加强技术支撑、注重科学保障,通过购买科技服务评估和科学化训练评估以达到科学化训练的战略目标。

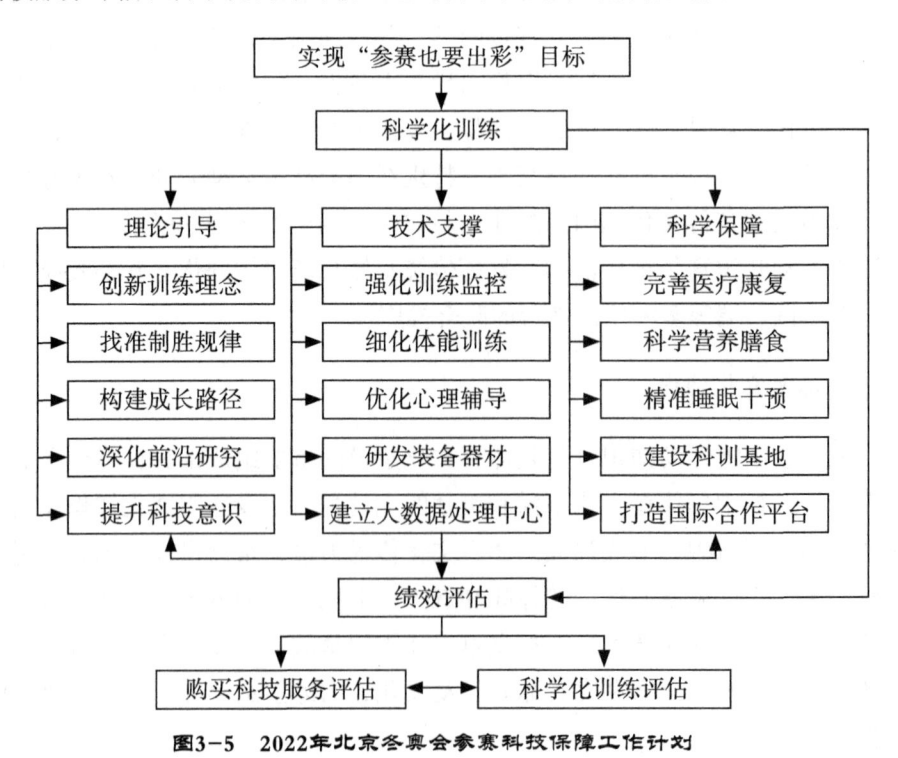

图3-5 2022年北京冬奥会参赛科技保障工作计划

第四节 冬奥遗产开发的内容

北京冬奥会张家口赛区冬奥遗产开发工程的全面实施，需要按照遗产战略计划的相关指示要求，从体育、经济、社会、文化、环境、城市发展和区域发展七个维度展开（图3-6）：体育遗产包括冬奥会场馆、冰雪人才，以及为推动冰雪运动普及化发展提供的相关物力资源和人力资源；经济遗产包括冰雪产业、冰雪市场开发，打造由科技支撑的现代冬奥会，提升经济遗产开发绩效和层次水平；社会遗产包括健康生活方式、健康中国建设、志愿服务和社会包容，帮助广大社会群体形成积极健康的生活方式，对健康意识和健康行为带来一定影响，为加快推进健康中国战略的实施，提升冬奥会志愿服务水平，把中国传统文化渗透到社会遗产开发实践当中，增强社会服务意识和奉献意识，提高社会包容度，这也是冬奥会遗产开发的独特功能；冬奥会冰雪环境遗产包括城市美化绿化环境和生态环境，冬奥会在张家口的承办期间，将城市环境改造作为筹备期一项重点基础工程来抓；城市发展遗产包括城市基础设施、城市无障碍环境、精细化管理和服务保障，这些冬奥会遗产对于推动张家口城市发展有着重要作用和影响，因此，也应当纳入遗产开发的核心内容之一；冰雪区域发展遗产包括京冀两地交通、产业、公共服务、环境等协同发展遗产，京津冀区域经济发展一体化战略实施以来，在多个领域的战略合作已经取得了突破性进展，区域对接机制的深度拓展和跨区域合作可以借助冬奥会的承办机遇，发挥京张两地在冬奥会遗产开发方面的合作优势，推进区域产业的合理架构与对接。

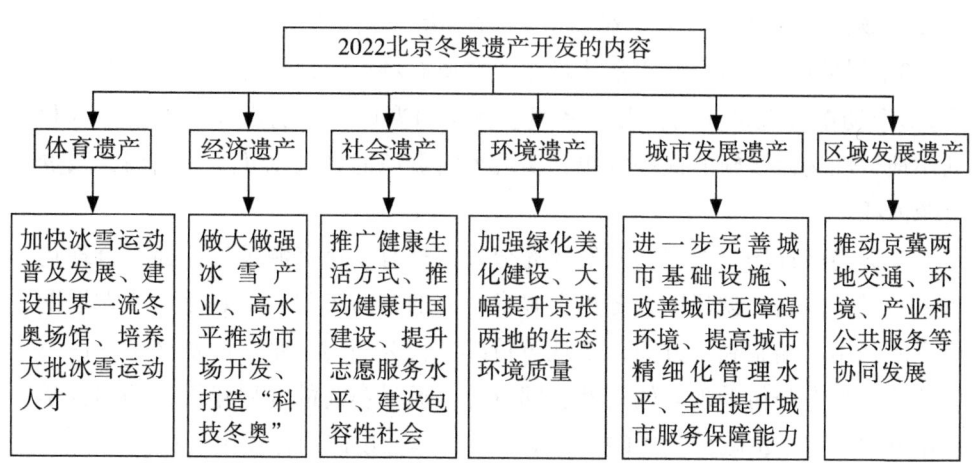

图3-6 北京冬奥遗产开发的内容

一、体育遗产

北京冬奥会张家口赛区体育遗产开发的重点任务包括以下几个方面：

1. 冰雪运动的普及与发展

张家口作为承办冬奥会的主要城市，筹备期的冬奥遗产开发对于普及和推广冰雪运动有着重要意义。这一任务的实施要按照《冬季运动振兴发展规划》，以及2016—2020年《群众冬季运动推广普及计划》，宣传与传播冬奥会知识，积极开展群众性冰雪运动，加强冰雪运动人才培养，积极筹办各种类型的冰雪运动竞赛活动，提高运动竞技水平。

2. 残疾人冰雪运动普及与发展

北京冬奥会、冬残奥会冬奥遗产开发工程要按照《残疾人群众性冰雪运动行动提升方案》《冬残奥会项目振兴计划》，遵照国家宏观层面的纲领性文件指示要求，培养残疾人冰雪人才队伍，建设残疾人冰雪运动训练基地，加快推进冰雪助残工程，实现残疾人冰雪运动的普及化。

3. 体育场馆

场馆建设是冬奥会遗产开发的核心项目，各赛区分别在比赛场地、奥运村、市政设施、水利设施、电力设施、环保设施等方面展开长时间、系统、规模庞大的建设工作。根据赛事需要，遵循北京冬奥遗产开发原则，计划使用25个场馆，包括：12个竞赛场馆、3个训练场馆、3个奥运村、3个颁奖广场、3个媒体中心、1个开闭幕式场馆，在所有场馆中，有11个为北京奥运遗产，9个场馆可直接使用。北京冬奥会张家口赛区冬奥遗产开发通过挖掘和利用地域性场馆设施的优势资源，实现冰雪资源的最大化开发与利用，减少资源消耗。

冬奥会体育场馆遗产的开发要充分发挥现有场馆资源优势，通过合理化改造与科学规划，创建适合冬奥会赛事承办的精品工程，做好赛后冰雪场馆遗产的利用，编制利用方案，实现可持续、长久利用。张家口赛区冬奥遗产场馆的开发充分借助现有的自然空间资源，通过赛前的规划建设，编制科学利用方案，在尽量减少投入的情况下，实现体育场馆的合理化改造。

4. 办赛人才

按照北京冬奥会、冬残奥会制定的人才行动计划的指示要求，积极开发冬奥会、冬残奥会人才培养，包括竞赛组织管理、赛事运营、赛事服务保障、赛事推广营销等各类冬奥会赛事办赛人才的选拔与培养工作，确保冬奥会的顺利进行，并为承办地留下冰雪运动赛事人力资源遗产。

5. 赛会运行组织

北京冬奥会张家口赛区的承办工作需要加强赛会运行组织管理，体现中国赛事运行组织特色，强化张家口赛会运行组织遗产开发的工作模式创新，打造国际标准与国际范例，体现中国办赛优势与特色，为中国乃至世界其他国家承办冬奥会、大型冰雪赛事提供赛会运行组织管理的经验借鉴，这些经验财富也将成为张家口冰雪赛事可持续开发利用的宝贵遗产，为赛后遗产的转型与过渡提供组织经验。

6. 赛会服务保障

良好的赛会服务是冬奥会赛事顺利进行的重要保障，北京冬奥会张家口赛区需要用良好的服务来传达中国形象，彰显中国传统文化优势，强化服务创新，制定服务保障的工作规范与工作标准，不断提升服务保障层次和水平，为张家口承接大型体育赛事提供重要的服务保障遗产。

7. 筹办知识转移

北京冬奥会张家口赛区从前期赛事的申报，到筹备期各项工作的开展都将留下大量知识信息遗产，需要做好这些知识信息的收集、整理、存储与运用，同时，总结以往冬奥会承办的成功经验，建设冬奥博物馆及奥林匹克学院，全面做好冬奥会承办知识经验的传承与转移，为国内外大型体育赛事筹办提供智力财富。

二、经济遗产

依据北京冬奥会遗产战略计划，张家口赛区对经济遗产开发的重点任务包括以下几个方面：

1. 冰雪产业发展

依据《冰雪运动发展规划（2016—2025）》《京津冀体育产业协同发展行动计划》组织实施方案，打造张家口赛区中国冰雪产业市场，全面推进区域冰雪产业发展，培育中国高端体育产业发展的特色、主题与标杆，让更多的社会群体参与到冰雪运动当中，广泛吸引社会资本参与冰雪产业治理，开创国内高端冰雪产业发展的新业态。

2. 科技冬奥

全面推进《2022科技冬奥行动计划》的实施，借助"信息化、大数据、互联网＋"技术成果，把北京冬奥会张家口赛区打造成为科技含量高、赛事组织管理效率和服务效率高的体育赛事，使北京冬奥会充满中国智慧，广泛应用人工智能、绿色环保、赛事转播技术、基建工程技术、智慧服务，创建一流的赛事服务，为智慧城市建设注入科技力量，为世界留下可学习借鉴的科技遗产开发经验。

3. 市场开发

北京冬奥会张家口赛区经济遗产的市场开发不能单单依靠政府力量，由于冬奥会部分冰雪运动场馆的使用表现为"一过性"特征，从赛事承办的角度来说，既要满足冬奥会竞赛需要，又要充分考虑赛后利用，从市场开发的角度落实转型过渡方案，使后冬奥会时代冬奥遗产依然能发挥持续长久的利用价值。为减轻国家财政负担，张家口赛区坚持绿色环保、资源节约、环境友好的开发理念，创新冰雪市场的开发机制，广泛吸收社会各界力量及企业参与投资、参与冬奥会的筹办与市场营销，不断增强中国企业的冰雪产业服务层次和水平，增强国内、国际市场竞争力，打造中国冰雪优势产业和冰雪运动品牌，实现经济效益、社会效益双赢。

4. 财务管理

北京冬奥会张家口赛区冬奥遗产开发需要投入大量资金用于场馆建设及改造、基建工程施工、赛事运营、市场营销推广工作，不断健全、完善规章制度，严格财务预算管理，做好资金的优化配置，提高资金利用率，避免财务管理不当造成资金过度消耗。另外，建立北京冬奥会张家口赛区财务管理规范和标准，全面落实"廉洁办奥"理念，为国内大型体育赛事财务管理和其他国家承办冬奥会财务管理提供可借鉴的经验遗产。

5. 物流管理

北京冬奥会张家口赛区物流管理遗产的开发需要建立赛会物流运行规范与标准，尝试运用现代物流新技术成果与新能源技术打造国际一流的赛事物流服务，创建一支高素质物流服务管理的人才队伍，为冬奥会提供良好的物流服务保障，为各项赛事顺利进行提供后勤物质保障。

三、社会遗产

北京冬奥会张家口赛区冰雪运动社会遗产开发的重点任务包括以下几个方面：

1. 社会文明

作为世界大型体育赛事，冬奥会的组织承办有着较强的社会影响力，特别是弘扬更快、更高、更强、更团结的奥林匹克精神，传承奥林匹克理念，全面推进2022冬奥会奥林匹克教育计划，增强广大社会群体的东道主责任意识、成就感和获得感，培育社会文明，为中国体育文明建设注入活力。

2. 志愿服务

北京冬奥会张家口赛区要严格践行志愿服务精神，加强志愿服务人才培训工作，建立一支综合素质过硬的志愿服务队伍，提高服务水平，形成可传承与借鉴的冬奥会志愿服务规范和标准，为承接国内外大型体育赛事提供可借鉴参考的志愿服务遗产。

3. 国际交流

北京、张家口联合承办2022年冬奥会，也是中国首次承接奥运冰雪赛事，需要吸收和借鉴国外的成功实践经验，因此，全面做好对外交流，建立与国际体育组织的沟通协调工作。另外，冬奥会比赛期间的国际交流都将为中国乃至世界留下一笔丰富的文化交流遗产。

4. 包容性社会

2022年冬奥会、冬残奥会展现出运动员不屈不挠、顽强拼搏的奥林匹克精

神，用包容性思维提高社会助残、服务意识，形成对残疾人的广泛关注，帮助其建立自信，更好地融入社会生活，为包容性社会建设提供"中国内涵"。

5. 权益保护与法律事务

冬奥会申奥过程、举办地的批复确认，以及筹办过程中的各类遗产开发工作的规范化实施都需要以相关的法律文件为依据。北京冬奥会张家口赛区冬奥遗产开发要全面贯彻《奥林匹克标志保护条例》，确定冬奥遗产开发的权益保护与法律事务，做到有法可依，有据可循，积极培养体育赛事管理、冰雪产业发展相关的法律人才，形成可传承借鉴的筹办成果，为中国、世界大型体育赛事组织承办提供法律保护遗产。

6. 廉洁办奥

廉洁办奥是现代奥林匹克遗产开发的基本依据，办成一届廉洁的冬奥会是冬奥遗产开发成功与否的重要标尺。北京冬奥会张家口赛区可以借鉴2008年北京奥运会廉洁办奥的成功实践经验，加强遗产开发的全过程管理和法纪监督，重视政府采购计划与财务预算管理，有效防范遗产开发过程中的腐败问题，廉洁开发冬奥遗产。

四、文化遗产

北京冬奥会张家口赛区文化遗产包括文化活动、宣传推广、媒体与传播、档案管理4个维度，开发的重点任务包括以下内容：

1. 文化活动

北京冬奥会张家口赛区文化遗产开发要全面推行《冬奥会、冬残奥会文化奥林匹亚计划》，以冰雪文化建设为主题，加大冰雪文化宣传力度，普及传播冰雪运动文化知识，丰富冰雪运动文化内容，形成一系列的文化遗产开发成果，如：冰雪赛事景观、冬奥会庆典、文化活动、火炬传递等。

2. 宣传推广

北京冬奥会张家口赛区在组织筹备期、比赛期和赛后期都要做好各类筹办成果的宣传工作，全面推进"共享冬奥"计划、奥运教育计划、健康中国计划、青少年行动计划，创新开发多样性宣传渠道和推广形式，借助网络、电视媒体、新闻报纸等多种形式的传播路径，设置专门的宣传板块、窗口，扩大传播范围，为冬奥会留下宣传推广的遗产成果。

3. 媒体与转播

媒体与转播是大众了解和掌握冬奥会承办、组织、赛事运行的主要渠道，媒体与转播也构成了大型体育赛事的重要文化遗产。北京冬奥会张家口赛区对于媒体与转播遗产的开发创新媒体与转播服务方式，培养新闻媒体运行与转播人才，提高冬奥会冰雪赛事转播服务水平，为大型体育赛事媒体与转播服务提供经验和技术遗产。

4. 档案管理

冬奥会的承办将留下大量的档案遗产，包括：建筑工程档案、文字资料档案，这些档案遗产也是冰雪文化记忆、冬奥会经验、冬奥会成果的重要载体。北京冬奥会张家口赛区筹办工作任务需要科学整理、收集、存储、保护好冰雪运动的档案遗产，加强档案管理，最大限度地发挥冬奥遗产的赛后利用，为世界各国承办冬奥会留下可参考借鉴的档案管理经验遗产。

五、环境遗产

北京冬奥会张家口赛区筹办期需要进行大量的工程设施改造，赛事区域环境遗产保护的重点任务表现在以下几个方面：

1. 生态环境

冬奥遗产开发的同时也伴随生态环境改造，打造良好的生态环境也是传播赛事承办地城市形象的重要窗口，为承办城市留下良好的生态环境遗产。北京冬奥会张家口赛区生态环境改造的重点是大气治理、治沙、治水，推进京张地区生态环境的整体优化，所有的新项目开发与改造、工程建设要坚持绿色生态发展的基本理念，符合环保标准，做好废弃物处理工作，保护生物的多样性，为区域城市生态治理、生态改造与生态修复提供可行性方案，形成区域生态环境保护遗产。

2. 低碳奥运

大型体育赛事的承办，特别是在比赛期间要接纳大量运动员、教练员、观众、裁判员及赛事服务人员等，这对举办地将带来较大的资源消耗，如果不能很好地对资源进行科学合理地规划利用，甚至会形成较为严重的生态赤字风险。北京冬奥会张家口赛区的承办工作要坚持"低碳奥运"理念，打造以"低碳"为主题的能源规划方案，强化再生能源的应用，各类场馆建设要符合绿色建筑标准，不断建立和完善低碳补偿机制，发挥冬奥会承办的地方优势和特色，实现节能减排，创造冬奥会低碳开发遗产。

3. 可持续性管理

冬奥遗产的开发有临时性遗产和长期性遗产，特别是对长期性遗产的开发（场馆）要建立可持续性管理机制，形成可持续性的利用方案，确定可持续性管理指南、管理办法、采购指南、管理体系等相关政策，形成冬奥遗产开发的国际标准化，实现大型活动、环境和社会责任"三标合一"的可持续管理体系，为冬奥遗产开发利用提供管理经验。

六、城市发展遗产

研究表明，大型体育赛事承办对城市政治、经济、文化、社会和教育领域都将产生较大程度的影响，赛事组织承办所留下的大量遗产有助于加快推进城市综合功能的转型升级，这些遗产开发的重点任务如下：

1. 城市基础设施

北京冬奥会张家口赛区在冬奥遗产开发的同时，结合赛事需要进行基础设施改造，包括：城市交通设施、水利设施、燃气、市政工程、环境设施、电力设施等，城市基础设施面临升级改造，为城市未来发展的长期受益提供有形遗产。

2. 城市管理

冬奥遗产的规划利用是城市管理的重要内容，同时，遗产的最大化开发利用给城市管理也带来新的挑战。北京冬奥会张家口赛区冬奥遗产开发要从城市管理的角度创新管理体制机制，加快推进城市智慧管理，加强多元整治，提升城市管理的精细化层次。

3. 城市服务保障

冬奥会的承办需要用高质量的服务水平来表现城市形象，优化城市功能，根据冬奥遗产开发现状，加强城市生态修复，坚持疏解整治，增强城市服务功能，提高城市综合竞争力和国际影响力，打造城市复兴新地标。

4. 城市无障碍环境

张家口借助北京冬奥会、冬残奥会承办的战略机遇，从无障碍环境开发的角度打造物质、信息、交流的无障碍，对城市道路、冬奥遗产建筑空间、运动员住宿、餐饮区做无障碍化改造，对赛事报道、媒体宣传做好视听无障碍解说，提高无障碍基础设施建设和无障碍服务水平，健全北京冬奥会张家口赛区无障碍工作机制和工作环境。

七、区域发展遗产

2022年冬奥会由北京、张家口两地联合承办，这对于推进区域冰雪产业一体化具有重要意义，根据区域发展规划制定重要遗产开发任务。

1. 京张地区交通基础设施

北京、张家口借助联合承办2022冬奥会的发展机遇，完善京张两地的交通基础设施，构建京张区域一体化的交通网络，为区域经济社会高质量协同发展提供交通基础设施遗产。

2. 京张地区生态环境

2022年冬奥会承办对于改善城市生态环境发挥着重要意义。北京、张家口也需要按照"京津冀区域一体化"规划建设方案要求，加快推进区域生态环境一体化治理，提高京张地区生态环境治理水平。

3. 京张地区冰雪产业

2022年冬奥会的成功申办，冰雪运动场馆设施不断完善，成为推动冰雪产业发展的重要契机。在冬奥会组织承办中，张家口主要承接雪上项目，北京负责冰上赛事项目，不同地区表现出不同的资源优势，为实现冰雪产业联动效益，以及区域冰雪产业一体化的建设目标，形成京张地区冰雪产业联动格局。

4. 京张地区公共服务

2022年冬奥会举办期间，做好北京、张家口公共服务可以提升城市形象，成为向世界传递中国公共服务水平的重要窗口。充分发挥北京、张家口两地公共服务资源优势，提升区域整体服务水平，加快推进京张地区冰雪运动公共服务绩效。

5. 京张体育文化旅游带建设

2022年冬奥遗产开发旨在发挥体育文化旅游资源优势，为冰雪文化旅游提供保障，借助冬奥会场馆设施吸引更多的社会群体参与到冰雪运动当中，带动体育文化旅游产业转型升级。北京、张家口场馆设施遗产的开发与改造可以充分发挥地域文化旅游资源特色，形成体育文化旅游对接与资源共享，不断壮大休闲旅游、体育文化、会议展览等服务业态空间，实现北京、张家口两地体育、旅游、文化的合理架构与对接，建立京张体育文化旅游带的跨界联合运营机制，实现体育文化旅游产业的深度融合，共建京张体育文化旅游带。

6. 京张地区促进就业

2022年冬奥遗产开发为北京、张家口留下国内较为高端的体育产品，增强了冰雪产业的市场竞争力，冰雪产业市场的开发也为京张两地就业产生良好的促进作用。京张地区借助冬奥遗产机遇促进就业的重点任务加快推进张家口冰雪特色产业建设，发展奥运劳务经济和"零度以下"经济，重视绿色扶贫、异地安置、对口帮扶工作，制定就业帮扶计划方案，开拓冰雪旅游产业市场，拓展就业渠道，增加低收入群体就业。

第五节　冬奥遗产开发的主要经验总结

一、科技服务经验

中国自成功申办2022年冬奥会以来，就开始进入各项工作的筹备期。为提高冬奥会筹备工作效率、服务质量和服务水平，借助信息化、大数据、互联网＋技术成果，把北京冬奥会打造成为科技含量高、赛事组织管理效率和服务效率高的体育赛事，使冬奥会成为充满中国智慧，广泛应用人工智能、绿色环保、赛事转播技术、基建工程技术、智慧服务和一流的赛事服务，为世界留下丰厚的科技遗产。科技创新在北京冬奥会筹备和举办过程中的作用不可或缺，通过科技创新搭建科技成果展示平台，更广范围传播冬奥文化，为高质量、高标准完成北京冬奥会提供科技支持与服务。在冬奥会提升科技服务的同时，发挥体育、科技、经济之间的整体联动作用，用科技助力体育经济、体育产业发展，这也是科技力量在体育经济领域的应然性功能价值所在。另外，为加强北京冬奥会的各项工作，2018年9月5日，国家体育总局正式颁布实施了《2022年北京冬奥会参赛科技保障工作计划》，加强"科技冬奥"建设，为赛会提供科技服务保障，借助现代科技技术发展成果并运用到训练实践当中，坚持科学化训练，助力运动竞赛水平的不断提升。

1. 科技行动计划

为全面推进《2022科技冬奥行动计划》，张家口深入开展"科技奥运"，2019年4月12日，河北省冬奥会领导小组印发《科技冬奥智慧崇礼行动计划》，以习近平总书记关于冬奥会筹办的指示精神为引领，发挥科技创新的支撑作用，推进张家口体育产业和区域经济的可持续发展，汇集多方面科技创新资源，深入实施创新驱动和智慧崇礼建设，实现科技与冬奥会组织筹办工作的深度融合，制定科技行动计划。该计划以支撑冬奥筹办、支撑冰雪产业、引领可持续发展、打造智慧崇礼作为科技行动目标，到2022年，张家口建设成为集冰雪赛事、观赛、训练于一体，集成应用先进技术，强化冬奥会医疗、气象、交通、餐饮、转播等综合服务保障，提升办赛技术水平；加快推进张家口地区冰雪产业园建设，依托园区聚焦效应和区域合作优势，打造国际一流冰雪企业和高端冰雪品牌；北京冬奥会张家口赛区通过加强生态环境、场馆建设、能源再生、新能源利用等方面的技术应用，强化赛后的可持续发展；加快推进崇礼智慧冰雪小镇建设，把智慧赛事、智慧运动、智慧旅游、智慧交通等作为现代新型小镇建设的示范工程。

2. 重点科技任务

践行"科技冬奥"的基本理念，落实北京冬奥会科技计划重点任务，张家口赛区主要从以下几个方面来具体落实：

第一，支撑冬奥筹办方面。重视冰雪运动医疗科技的研究，加强冰雪运动项目常见的运动损伤及急重症的治疗与预防，提高医疗诊治技术水平，并与国际前沿医疗科技对接；做好气象服务科技，运用现代精细化天气检测技术，对张家口赛区的天气情况做好实时精准预报、预警和评估，为比赛的顺利进行提供全面的气象服务保障；在2022年冬奥会筹办期，张家口对交通出行网络进行系统规划，提高高速公路的智能化水平，完善交通运输指挥调度系统，创建冬奥会智慧交通运输体系；借助网络科技和无线信号传输技术，把NGBW（下一代广播电视网）无线交互技术应用到北京冬奥会电视转播中，为冬奥会赛事转播提供超清数据信息接入服务、多视角观摩服务，满足观众多方面需求。

第二，支撑冰雪产业方面。重点开发高端冰雪装备，加强与冰雪装备强国之间的对接合作，把张家口打造成为国内一流并与世界接轨的冰雪装备研发基地；建立与高校院所的合作机制，设立冰雪产业发展智库、冰雪产业发展重点实验室、技术研发基地和研发平台；制定冰雪企业培育相关政策，在张家口重点培育一批冰雪高新技术、科技型中小企业；引进冰雪全产业人才，加强冰雪产业人才培训，为张家口冰雪产业发展提供人力资源支撑。

第三，冰雪可持续发展方面。北京冬奥会张家口赛区冬奥遗产开发要坚持可持续发展理念，以"绿色、环保、循环、低碳"为开发理念，特别是对永久性冰雪场馆的赛后持续开发利用，做好技术解决方案，对于冬奥会冰雪赛事临时性建筑制定赛后恢复方案；张家口注重新能源技术的植入，确保赛时、赛后场馆的绿色运行，推进节能减排、低碳排放智能化管理建设，创建绿色可持续发展的生态示范区。

第四，智慧崇礼建设方面。以"智慧冬奥"为建设理念，把崇礼打造成为智慧城市，向世界传达中国冰雪科技的发展成果，彰显中国办奥特色。智慧崇礼建设的重点科技任务表现为，推进5G网络应用到冰雪赛事服务，完善通信基础设施共享、感知网络和市政工程建设的智能化；推进数据共享标准体系和智慧城市基础设施体系建设，开发统一云平台、大数据中心，强化系统技术集成，营造开放、共享、安全的数字化集成环境；分阶段、分步骤、有计划地统筹北京冬奥会张家口赛区智慧奥运村建设。

3. 电力科技

北京冬奥会张家口赛区由国网冀北电力承担电力供应任务，这也是确保各项赛事正常运行的基础保障。2019年5月10日，北京冬奥会进入倒计时1000天，国网冀北电力工程施工改造紧张进行中，张北柔直工程正加紧施工、高效

推进。国网冀北电力积极开发清洁能源外送、柔直示范、主网强化、智能配网、清洁供暖、高铁配套冬奥"六大工程",确保张家口冬奥会场馆清洁能源供电达到100%,创建冬奥会场馆清洁能源示范工程,制定冬奥电力"1+12"保障方案,涵括11类、33项重点任务。北京冬奥会举办期间,张家口崇礼区电力负荷为现在正常用电的9倍,电力基础设施工程改造推进冬奥配套电网建设,升级崇礼主网架,完成110千伏至500千伏输变电工程14项,3项高铁配套工程,为冬奥赛事提供用电安全保障。北京冬奥会张家口赛区采用"双环网+联络环网单元"方式,对重要比赛场馆和媒体中心、转播中心实现四路电源供电,配备高端、安全可靠、高品质的电网设备,供电综合可靠性国际领先,可靠性能达99.9999%,创建国内电网精品工程,同时,结合北京冬奥会张家口赛区环境对电网设备进行外观设计改造,与城市景观生态相协调。

作为北京冬奥会张家口赛区"六大工程"之一——张北柔直工程,堪称冬奥会电网建设示范工程,是世界首个集风电、光伏、抽水蓄能多种电网开发于一体的四端柔性直流电网,可以提供清洁能源、再生能源输出与接纳能力,可以高质量满足冬奥会张家口赛区的用电需求。张北柔直电网工程被誉为世界最高端的电网系统,创造了网络直流电网,真双极接线光伏孤岛直流电网、风、光、储能互补电网,架空输电线路电网,金属回线直流电网,多维度多要素控制保护系统,最大容量的柔性直流换流,最大开断能力,最大换流容量,最大容量交流耗能,最大输送能力,最大功率全控12项世界第一。除供应北京冬奥会张家口赛区以外,该工程每年还可向北京输送225千瓦时清洁能源,可以实现节煤780万吨,减排2040万吨,确保北京冬奥会场馆100%清洁能源供应,为环境治理工程提供保障。

国网冀北电力对北京冬奥会张家口比赛核心区做到电力100%清洁供应,开发可再生能源示范区,冬奥场馆代理、附属设施代理与新能源电力企业进行市场化交易,满足7183户用户使用,交易电量为3.05亿千瓦时,实现奥运史上首次所有场馆的电力供应均为绿色用电。国网冀北电力充分发挥张家口地区特有的再生能源区域优势,加强科技创新与清洁能源外送,截至2019年5月1日,能源装机容量达1820.6千瓦,是国内首个超过常规机组的省级电网,到2020年能源装机容量达到2000千瓦。

在落实供暖方面,按照《北京、张家口可再生能源清洁供暖示范区规划方案》,国网冀北电力负责张家口2018—2021年"煤改电"任务,2019年完成冬奥迎宾走廊、冬奥张家口赛区、冬奥张家口后勤保障基地三个核心区的清洁供暖,2021年实现"三区一县"整体清洁供暖,积极开发清洁供暖,助力北京绿色冬奥建设工程。另外，张家口正加快推进"支撑低碳冬奥的智能电网综合示范工程"建设，开发全景全息智慧平台，落实"三型两网"，在冬奥会赛事举办期间实现全景实时感知、智能分析、智能交互、智能指挥，打造高水平电力供应示范样板工程。在智能指挥方面，张家口重点建设能源网络示范工程，构建数据综合应用、架构柔性支撑、应用敏捷的开放信息平台，实现了对冬奥会全区电力的全面感知与精准控制。

北京冬奥会张家口赛区在电网运维检修方面实施"智慧运检"，按照"四个智慧"管控理念，实现设备状态、巡视任务、应急抢修、现场指挥方面的智慧管理，确保电网设备的安全稳定，达到零故障。运用在线监测、智能巡检、穿戴式装备等新技术，实现自动采集与实时诊断，积极研发ID技术与北斗导航定位技术，完成应急抢修智慧调度，实现用户零闪动。借助"大云物移智"技术，开发智能巡检管控平台——"龙巢平台"（图3-7），提高运检设备的状态感知、预测预警、辅助诊断能力，为赛事供电服务保驾护航。

图3-7 智能巡检管控平台——"龙巢平台"

4. 大数据技术

在数字化时代，承办好冬奥会，需要发挥大数据技术优势，助力智慧冬奥建设。张家口作为北京冬奥会的主要承办地之一，秉承"科技融合与智慧冬奥"相结合理念，把大数据技术运用到竞赛、服务、旅游、观赛、管理等环节，开发智慧服务管理平台。在赛事服务管理中，借助人脸识别、互联网签到等技术手段，节省人力资源，提高赛事安全；在服务方面，把大数据技术应用到志愿者服务、交通服务、安保服务、医疗科技服务、餐饮服务、住宿服务等实践中，方便快捷解决问题，提高服务绩效；在旅游方面，运用大数据技术推进张家口冰雪旅游业发展，积极开发"互联网+文旅融合"模式，张家口文旅集团与阿里、腾讯、京东等互联网企业之间建立合作关系，提供冰雪旅游服务产品，如：手机游冬奥、电子消费等；在观赛方面，开发比赛"现场云"赛事服务平台，通过手机网络观看比赛；在冬奥会组织管理方面，借助大数据技术，对运动员、教练员、裁判员及其他相关服务管理人员的数据信息进行统一管理。

5. 医疗科技

在冬奥会比赛期间，不可避免会出现一些运动损伤，对于常见的运动损伤进行快速止痛与损伤修复，需要为运动员提供良好的医疗服务保障。为配合北京冬奥会做好医疗科技服务，推出《冬奥会冰雪运动损伤康复机器人研制》项目，张家口二院中标该项目研制，开展"冰雪运动损伤康复机器人研制实验测试服务"工作，对于北京冬奥会、冬残奥会中出现的运动损伤，开发主被动机械康复训练模块、按摩、热疗、磁疗多种理疗手段，以及力量康复训练模块有效耦合的运动损伤应急、快速康复机器人，制定运动损伤康复精准治疗，对比赛过程中出现的运动伤害事故能够及时进行康复救援，增强张家口赛区运动康复治疗综合服务能力。

二、对外交流经验

冬奥会是世界最大的冰雪赛事，也是世界冰雪文化交流的大舞台。历届冬季奥林匹克盛会已组织承办23届，世界各国的冰雪运动项目种类、冰雪运动竞技水平、组织承办经验等方面都得到了大幅提升，做好冬奥会组织筹办工作经验的国际交流，是世界冰雪文化不断传承与传播、丰富与发展的重要保障。张家口在冬奥会办赛方面经验不足，通过组织多种形式的国际交流，以及北京冬奥组委会与国际体育组织的沟通协调，以保障各项工作的顺利开展。在2022年冬奥会期间，北京、张家口筹办工作除了确保赛事能够高质量、高标准、高规格完成以外，还要加快推进中国冰雪运动的普及发展，提高冰雪运动竞技水平，从冰雪训练、冰雪文化宣传、冬奥遗产开发、赛事组织等方面加强国际交流，建立与冰雪运动强国、历届冬奥会承办国家之间的交流合作关系，把冰雪运动发展、冰雪科技、奥运冰雪文化传承、奥运精神等作为冰雪文化交流的纽带，组织多种形式的经验交流活动，制定中国方案。

2018年10月23日，为加快推进体育强国和健康中国战略，促进中外冰雪文化交流，在北京体育大学组织了"中挪国际交流论坛"，会议以"冰雪运动普及与发展"为主题，在冰雪运动训练方法、冰雪赛事举办、冬奥周期全民健身、冬奥会对举办地影响、冰雪赛事管理、大众体育管理等方面进行了深入交流。北京冬奥会筹办周期，我国冰雪运动的普及发展迎来良好机遇的同时，更是向各国学习经验，加强友好合作交流的平台，结合中国冰雪运动发展实际和承办地实际，制定中国方案，为世界冰雪运动的发展注入中国力量。

三、文化保护与知识传承经验

加强奥标知识产权保护，为筹办知识转移提供服务保障。2019年1月29日，河北省政府办公厅颁布了《河北省奥林匹克标志保护规定（河北省人民政府令[2019]第1号）》，2019年4月1日正式实施。通过立法保护加强北京冬奥会奥林匹克知识产权保护，为冬奥会知识产权转移提供法律服务。该规定涉及24条保护内容，奥林匹克标志权利人、奥林匹克图案、格言、会旗、会歌、会徽，以及北京冬奥会委员会、申报委员会的名称、徽记、标志，北京冬奥会吉祥物、火炬、口号、会歌等均为奥标知识产权保护的内容，对奥林匹克标志权利人的行为、权益保障、违法、不正当竞争情况提出了具体要求，另外，广告经营者、发布者、企事业单位、社会团体、个体、网络用户、市场监督管理人员在参与冬奥会知识产权保护过程中的行为也明确了具体的法律范畴，对于知识产权侵权构成犯罪行为的遵照我国著作权法、商标法、专利法、广告法等法律文件进行处理，追究相应法律责任。

做好权益保护是2022冬奥会组织与实施过程中的一项基础工作，是决定冬奥会成败的重要一环。北京冬奥组委设立法律事务部负责权益保护的具体工作，工作内容涉及冬奥会相关的知识产权批准、使用、管理和保护，以及国际奥委会、残奥会、冬奥组委、合作伙伴、赞助商、供应商、转播商等在内的知识产权保护，确保相关的权益和法律事务得到相应保护。另外，通过建立与相关立法、司法、执法和律师机构的合作，对冬奥会筹办与举办过程中的新闻媒体出版、电视转变、特许经营、采购、赛事组织与实施过程中的权益保护提供支持服务。北京冬奥会权益保护的范围具体包括：国际奥委会、残奥会会旗、徽记、格言、会歌，奥林匹克运动会及简称中英文名称，北京冬奥会、残奥会申办标志、名称、简称、英文名、域记、吉祥物、会歌、会标等。

2019年4月26日，为更好地宣传北京冬奥会知识产权知识保护，让更多的

人了解《奥林匹克标志保护条例》《河北省奥林匹克标志保护规定》等知识产权保护的法律文件，避免知识产权侵权行为的发生，河北高院和张家口中院组织开展了"奋力夺金：知识产权与体育"为主题的宣传活动，本次活动制作各类条幅、展板、拱门、气球等50个，宣传册10000余份，宣传袋1000余个，为200余人提供冬奥会标志知识产权等法律问题的解答服务。本次活动旨在全面做好张家口赛区冬奥会标识保护，借助冬奥会的承办机遇期和传播效应，完善知识产权保护制度。河北省从立法层面上加大对冬奥会知识产权保护力度与惩戒力度，以遏制和震慑北京冬奥会张家口赛区知识产权侵权行为的发生，为精彩、非凡、卓越的冬奥会提供司法服务和保障。

为做好北京冬奥会组织筹办过程中的权益保护工作，国家知识产权局加强专利申请的资质审查，维护产权人的合法权益。北京冬奥会"冬梦"和残奥会"飞跃"已完成标贴、标牌和GUI等外观设计专利，同时提交了商标、著作权登记，实现了对会徽、商标、版权的立体化保护。另外，国家知识产权局配合冬奥组委做好火炬、吉祥物的审查工作，起草冬奥会工作预案，加强日常监督，组织开展重点领域的专项行动，加强对侵权、假冒行为的打击力度，借助12330知识维权援助平台，设立知识产权维权中心，建立投诉机制，商标、专利、版权等一站式服务制度，提高权益保护的维权效率与水平。北京冬奥会法律工作事务主要从法律实践、法律事务的主体与基础、法律工作简述、合同业务、知识产权保护、冬奥立法保护、法律纠纷、法律服务方面做好冬奥会的筹备与组织，做到工作有法可依，有据可循，注重培养体育赛事管理、冰雪产业发展相关的法律人才，形成可传承借鉴的筹办成果，为中国、世界大型体育赛事遗产开发法律层面的经验遗产。

北京冬奥会张家口赛区从前期赛事的申报，到筹备期各项工作的开展都将留下大量知识信息遗产，需要做好这些知识信息的收集、整理、存储与运用，同时，总结以往冬奥会承办的成功经验，建设冬奥博物馆及奥林匹克学院，全面做好冬奥会承办知识经验的传承与转移，为国内外大型体育赛事筹办提供智力财富。2018年6月4—8日，在北京召开平昌冬奥会、冬残奥会经验总结会议，以"传承办赛经验，做好知识转移"为主题，平昌冬奥组委向北京冬奥组委做出全面的知识转移，真正把平昌冬奥会成功经验遗产传递给北京。为做好平昌冬奥会知识转移，中国把握平昌冬奥会的承办机遇，在比赛期间委派大量人员进行实战培训。从2017年11月至2018年3月期间，先后委派254人参与实战培训，41名业务骨干参与顶岗实习，24名专业人员参与管理、转播、技术演练等，144名观察员参与官方观察员项目，45名利益相关工作人员参与跨赛时学习活动,为传承冬奥会办赛经验,做好知识转移提供了良好的人力资源基础。2018年4月23日至5月8日,北京冬奥组委会组织开展"透过平昌看北京"的大型系列研讨活动,先后举办活动场次21次,1260人参加头脑风暴讨论,通过平昌冬奥会总结开发北京冬奥遗产开发的内容、流程、方法等,这些冬奥会知识转移的做法得到了国际奥委会的高度评价。通过组织的一系列讨论活动,撰写冬奥会信息简报、赛时运行案例、重点成果等,这也是对平昌冬奥会筹办理论和实践经验总结,收集的材料共计96万字。整理的会议纪要和研讨活动分析报告40篇,提出了204条北京冬奥会筹办工作建议,解答、提出了我国冬奥遗产开发、赛事组织筹办的2070个业务问题。通过总结平昌冬奥会的实战经验,以全面做好知识转移。

四、廉洁办奥经验

北京冬奥会张家口赛区组织筹办工作按照习近平总书记"廉洁办奥"的指示精神,加强"备战"与"办赛"监督两个重点,用从严治党的要求做好冬奥会筹办的全程管理,为实现办赛、参赛目标保驾护航。为全面抓好廉洁办奥的两个重点工程,强化监督管理,国家体育总局纪检组成立冬奥会督查组,定期对冬季运动管理中心,以及北京、张家口、延庆三个赛区冬奥项目建设情况进行监督检查,了解工程进展、组织规划情况,重点对项目工程质量、资金使用情况和物资采购情况进行全面监督检查,确保冬奥工程按照正常进度进展,还要防范各类违法违纪行为的发生。在具体落实方面,国家体育总局纪检组制定责任落实、信息沟通机制,重点监督冰雪运动发展、赛事备战、场馆设施工程和赛事服务保障工作的相关领导责任落实情况,从上层抓主体责任,明确各级领导班子工作责任制,深入贯彻国家"廉洁办奥"的决策部署,对相关的责任领导干部开展业务指导、培训等工作,不断提升廉洁执纪能力,使整个冬奥会筹办工作能够层层落实。在信息沟通方面,"廉洁办奥"工作的具体落实需要各级纪检组、监察部门之间的信息沟通、协调配合,组织召开座谈会,与冬奥筹办工程项目部门进行沟通、会商,完善监督机制,让冬奥会成为"如冰雪一样纯洁"的赛事组织筹办目标。

2018年,《冬奥监督工作办法》颁布实施以来,注重冬奥会监督工作的提质增效,对2018年追加支出预算的5个重点领域进行监督检查,对冬奥会工程项目审批程序、招标投标情况、工程建设情况进行监管,并指出问题和不足,提出改进措施。2018年8月北京市监委设立张家口冬奥监察专员办,专门负责冬奥专项监督检查工作，突出冬奥监察体制改革创新，做好统筹与协调，构建"内外结合、上下联动、协同配合"的冬奥监督工作体系，通过走访、沟通、监督、处置等方式做实做细，实现监督工作全覆盖。同时，结合张家口冬奥工程分布区域大、施工难度大、工期紧的现实状况，监督部门与冬奥会工程建设指挥部之间的密切沟通与协调，到2019年5月，张家口冬奥监察办公室先后参加冬奥组委、张家口冬奥工程建设指挥部门会议50余次，与国家审计署召开双向移送机制会议4次，接报各类信息100余份，梳理风险点40余项，不断强化主动监督，推进一线监督，实现监督工作的常态化，确立廉洁办奥"一单一账"，即：项目建设权责清单、廉洁办奥风险点台账。另外，《2018年加强北京冬奥会张家口赛区监督工作要点》中指出，张家口要重点抓好场馆基建工程、重大资金、大宗物资采购和人才引进方面的监督，开通张家口"雪都廉韵"微信公众号，开通绿色监督举报通道，强化日常化管理，委派28个派驻纪检监察组对台账进行梳理，发现廉政风险点112个，制定286条防范措施，设8个派驻纪检监察组实施"驻点式"监督，坚持每月跟踪监督驻在部门的工程进展情况，及时对项目责任人进行约谈，及时发现问题，提出整改意见，避免监督工作的形式主义和"监管真空"现象，真正把监督工作做深、做实，有效防范遗产开发过程中的腐败问题，形成冬奥遗产廉洁开发的经验成果。

五、新闻报道经验

北京冬奥会中国承办的任务不是仅仅满足少数参赛运动员的需求，而是吸收和鼓励广大社会群体参与其中，突破以往过度崇尚冰雪运动竞技价值属性，成为一项全民普遍参与的体育活动。新媒体时代，传统的电视媒体与转播逐渐被智能手机、视频直播App或网页直播所取代，另外，对于冬奥会知识、冰雪运动文化的传播借助微博、QQ、微信等新媒体，以及乐视、优酷、爱奇艺等直播平台，这些媒体工具能够达到更好的传播效应。发挥这些智能传播工具的优势效应，提高了北京冬奥会冰雪运动文化的传播效果。

2019年中央电视台对频道进行了重新调整更新，新增CCTV-16奥运频道，负责对奥运赛事进行专题报道，在2019年底将完成上线运行，通过设置独立出来的奥运频道对北京冬奥会组织筹办的各类信息进行报道与转播，这是继北京电视台冬奥纪实频道后央视新增的专门奥运频道。通过媒体与转播大数据分析报告，挖掘冬奥会赛事IP的隐藏价值，从赛事大数据折射出的用户关注度与全民热度、赛事互动率、赛事资讯信息获取渠道、用户选择偏好、用户忠诚度

等数据信息，了解赛事媒体转播的未来发展趋势，制定冬奥会冰雪运动市场营销与传播方案，推动媒体与转播产业的发展。北京冬奥会媒体与转播更需要借助现代科技创新优势，如8K、VR、云等"黑科技"技术，创建人工智能和云平台，全方位采集声像信息，满足观众多样化需求，使冬奥会转播成为"史上最具创新性"的媒体科技。在转播规模方面，北京冬奥会期间OBS将制作5000个小时的内容，创下了历届冬奥会时长之最，全部比赛时长不超过1000小时，因此，要更多增加幕后花絮、故事等比赛之外的内容，让更多的人了解和关注冬奥会。另外，冬奥会比赛的场地空间相对开放，天气、海拔、地形等环境因素复杂，可能要面对极度严寒天气的考验，工作人员在极端天气环境下不能工作太长时间，且媒体设备可能也无法正常工作，这也增加了媒体转播的难度，OBS将聘请4300名全球顶尖专业人员负责赛事转播服务，以实现三亿人参与冰雪运动项目的普及工程，提高冬奥会冰雪赛事转播服务水平，为大型体育赛事媒体与转播服务提供实践经验和技术遗产。

六、遗产管理经验

冬奥会作为大型体育赛事，赛前、赛中和赛后都将创造大量奥运遗产，通过对这些遗产的整理形成档案，这也是冬奥遗产保护的重要内容。做好北京冬奥遗产的档案管理，为推进冬奥会工程建设保驾护航，北京市档案局配合冬奥工程建设指挥部完成冬奥遗产的整理与保护工作，做好实地调研，定期了解冬奥遗产工程建设情况，并将冬奥遗产档案建设纳入工作议程。北京市档案局同冬奥指挥办、住建委联合发布了《关于加强北京市2022年冬奥会工程建设档案管理工作的指导意见》，把"建精品工程，创一流档案"作为冬奥遗产档案管理的工作目标，确定冬奥遗产参建工程建设的职责范围、工作标准和档案归属，定期组织冬奥遗产档案管理培训，提高档案参建人员的专业水平，增强工作人员的责任感和使命感，完善冬奥遗产档案管理工作机制。另外，通过微信、电话咨询和实地指导等多种形式考察冬奥工程项目进展情况，做好全方位的跟踪服务。

为做好北京冬奥会张家口赛区冬奥遗产档案管理工作，2018年12月18日，张家口召开冬奥会档案管理工作培训会，全面落实冬奥会档案管理工作部署，记录好张家口冬奥会筹办的全过程，这也是城市体育文化记忆的重要内容。重点对开发过程中有保存价值的冬奥会、冬残奥会文件资料、建筑工程等方面的档案材料进行整理、归档、整合与利用，为大型体育赛事筹办与举办留下珍贵的办赛遗产，成为冬奥文化传承的历史档案资料。培训会议强调，全面落实《张家口市筹办冬奥会档案管理实施办法》《冬奥会工作文件材料归档范围》和《冬奥会档案整理细则》，认真做好2022冬奥会张家口档案管理工作，发挥档案辅助决策、文化记忆、经验传承、管理服务等方面的功能作用，发挥市档案局、档案馆的职能，明确责任分工，全面做好冬奥遗产档案建设的组织管理、监督指导，对档案丢失、拒不移交的行为要严肃追责，做好档案的收集整理、归档管理与档案移交工作，使档案管理工作有序进行。

七、城市服务经验

做好北京冬奥会城市服务保障工程需要举全市、全国，甚至世界多个领域专家力量，涉及城市安保、医疗、交通、餐饮、住宿、奥运村、赛事服务、注册服务、反兴奋剂服务、观众体验服务、注册服务等55个城市服务领域，3000多项里程碑任务。城市服务对象包括运动员、观众、市场合作伙伴、教练员、裁判员及赛事组织管理人员等。北京冬奥会服务保障严格遵循"超标准"要求，加强医疗、餐饮、住宿等方面服务标准，这也是冬奥会顺利组织开展的重要前提，超标准、高质量完成冬奥会赛事服务彰显了中国办奥特色，使之成为传播中国形象的重要窗口。

1. 医疗服务保障

国际奥委会提供的数据资料显示，历年来冬奥会冰雪运动的受伤概率在10%～14%，在这些受伤运动员群体中，受伤出现时期为训练阶段，占60%，竞赛期间受伤的概率占40%，另外，有40%因摔伤不能参加比赛。冰雪运动员损伤的类型主要表现为骨折、拉伤、脑震荡，甚至出现呼吸困难，这就需要在运动员出现损伤后，医务人员能够尽快地进行施救。按照国际雪联要求，医疗人员要具备较强的现场损伤处理能力，运动员在出现受伤后，要求医疗人员在4分钟之内赶往处理现场，对于比较严重的运动损伤事件，医疗人员首先要维持受伤运动员的生命体征，再按照国际标准和惯例进行施救，避免二次伤害。北京冬奥会根据国际奥委会医疗委员会的要求，制定了28项标准，包括医疗站、定点医院医护人员、救护车、空中救援、公共卫生、病媒生物、饮水等医疗保障。医疗人员除了具备专业医务理论和实践知识以外，还要具备一定的滑雪技能，聘请有关专家进行培训、考核认证，组成雪上医疗队。另外，为确保在训练和竞赛中冰雪医务工作的顺利实施，还要对医疗人员进行冬奥急救培

训、语言培训等。北京冬奥组委同北京、河北省41家定点医院签署了医疗服务保障协议，要求各医院定人、定岗、定责、定任务，并制定培训计划。

2019年6月，北京冬奥会张家口赛区医疗保障项目正在有序的筹备建设中，把冬奥会医疗保障工程纳入《冬奥会张家口赛区水电气信及其他配套设施建设规划》，6项医疗保障工程已经全部开工建设，其中，5个项目将在今年年底完成，最早投入使用的将是张家口市第一医院保障用房改造项目，计划总投资0.3049亿元，按照奥运病区标准重点对病房、手术室、重症监护室进行改造，其他4个项目分别为：张家口市中心血站业务楼项目、张家口市120急救中心项目、张家口市第二医院创伤诊疗中心项目和河北北方学院附属第一医院国际部改造项目，四个项目的投资金额分别为1.44亿元、1.43亿元、7.39亿元（含停机坪0.5亿元）和0.3998亿元，占地面积分别为31964.32平方米、8373.63平方米、30173平方米和5040平方米，投资改造的内容包括主体幕墙、装修、应急物资储备库、培训中心、120调度中心、二次结构、水暖电管道管线、救护及附属设备、主楼及裙楼主体封顶、项目升级改造、三通一平、基坑开挖工程、空调、消防管道安装工程等。

2. 餐饮服务

冬奥会作为一项大型国际体育赛事，参赛者来自多个不同的国家和地区，在饮食行为习惯上也存在较大差异，为满足不同运动员的饮食需求，需要做好餐饮服务保障工作，既让运动员能够吃饱，还要满足不同项目运动员的营养选择。北京冬奥会餐饮服务保障按照国际奥委会2020新规范，明确食品安全和食品违禁成分，抓好食品来源，严格食品安全检查，通过反复征求意见，北京冬奥组委对肉类、蛋类、禽类、蔬菜、水果、干果、调味品等17类食品制定安全筛选标准，西餐和中餐比例基本按照7∶3搭配，并按照菜单8天不重样，北京、张家口、延庆三个赛区每天的饮食配置统一，各类食品的热量、维生素、蛋白质等营养成分标注清楚，预计冬奥村将配置8600吨净食材。在中西餐饮配置方面，北京冬奥会与以往承办大型国际赛事相比，中餐比例所占的比重稍高，其目的在于更好地传播中国传统文化，让更多的人了解中国原滋原味的饮食文化。

北京冬奥会筹备工作开展以来，河北省商务厅按照"四个办奥"理念，履行餐饮业务牵头责任制，做到服务高质量、服务有亮点，确保餐饮服务保障工作扎实推进。河北省商务厅联合农业厅、林业厅、食药监局，确定了《北京2022年冬奥会和冬残奥会河北省区域食材备选基地、供应商推荐名单》，认真做好食源的遴选工作，成立张家口赛区餐饮业务工作组，选拔水产、畜牧、蔬菜、林果等行业的20名专家组成餐饮业务工作组，对食材备选基地、供应商进行实地考察，制定工作方案、内控标准和市场准入标准，同时，参照国家绿色产品、无公害产品和有机产品的标准，按照内控筛选→实地勘察→专家论证，初步确定了154家供应商，其中，重点企业55家，推荐企业72家，重点培育企业27家。食材来源的选择以省内原材料为基础，挖掘河北省饮食文化特色，精心打造"崇礼菜单"，通过大赛选定了120道主菜，面点和小吃各40道，形成"冀字号"餐饮品牌，宣传河北省饮食文化。组建北京冬奥会张家口赛区饮食专家团队，聘请顶级饮食专家作为"崇礼菜单"研发总顾问和餐饮服务工程高级顾问，制定餐饮产业认定程序标准和评定标准。通过企业申报、各市推荐、实地勘验、评审和公示等程序，分批次确定了"冀字号"菜品工匠、研发基地、大师工作室，经过食品专家认定，确定了"冀字号"菜品工匠274名，研发基地和大师工作室分别有6家、18家。2018年11月1—2日，在张家口组织承办了北京冬奥会张家口赛区"崇礼菜单"首期研修班，会议上共同签署了《"崇礼菜单"研发任务协议书》，并于2019年10月完成"崇礼菜单"的研发任务。2018年5月23日，河北省颁布了《河北省迎冬奥餐饮产业服务质量提升行动实施方案》，签署了《张家口市创建国家级钻级酒店城市三方战略合作框架协议》，旨在提升北京冬奥会张家口赛区餐饮服务保障层次和水平，加快推进餐饮国际化。2020年全面落实《餐饮企业的等级划分和评定》国家标准，制定《河北省餐饮服务业从业人员素质三年提升计划》，在张家口打造100家国家钻级酒店，创建钻级酒家名市，重点对张家口3000名餐饮企业骨干进行培训，实现餐饮从业人员全覆盖。河北省选定"冀字号"名店30家，烹饪和服务大师各30名，定期组织经验交流，提升餐饮特色，做强做大"冀字号"餐饮产业市场。

3. 住宿服务

北京冬奥会除了要保障教练员、运动员、服务管理人员住宿以外，还要确保技术官员、裁判员、新闻记者、转播商和赞助商的住宿，面对住宿服务对象的差异性，不同对象对住宿服务需求也存在一定差异，以满足不同类型客户需要，比如：赞助商比较重视企业形象，倾向于选择高档酒店，而教练员和技术官员为便于组织赛事，要安排离赛场较近的酒店，运动员所住的3个新建奥运村注重安静舒适的环境，同时，还要考虑赛后的开发利用。2018年，北京冬奥组委会在河北、北京确定了101家酒店作为冬奥会保障性住房，并签署了保障性住房合作协议。北京冬奥会保障性住房酒店的选择需要方便出行，便于交通管理，尽量减少对城市交通的影响，避免城市交通拥堵，确保赛事及相关活动的正常进行。另外，承接北京冬奥会住宿的酒店还要充分考虑无障碍设施建设，特别是张家口、延庆两地主要以山地为主，增加了无障碍设施建设的难度，这既是冬奥会住宿服务保障建设的重点，也是难点。

4. 气象服务

2019年5月，河北省气象部门开始正式启动北京冬奥会张家口赛区航空气象服务保障系统，针对张家口地区复杂的山地环境，探讨气象因素对直升机救援、飞机结冰、飞行颠簸等实际情况的影响，确保比赛期间飞机救援、航空运输的安全。北京冬奥会张家口赛区室外冰雪项目比赛场地环境复杂，赛场距离市区较远，比赛期间的紧急事故处理主要借助直升机作为交通工具，因此，需要确保直升机的安全飞行，并在第一时间赶往事故发生地点，使事故得到及时处理，这种情况下，需要重点研发3000米以下垂直分层的航空气象服务产品，产品特性具有低空飞行、机动性较强的特点。根据京津冀地区高空观测、卫星雷达、网络预报、数值预报和航空气象资料，需要充分考虑风、云、能见度、气温、相对湿度、降水、强对流天气，以及飞机积冰、飞行颠簸、低空风切变等环境对直升机飞行的影响。张家口赛区航空气象服务保障系统的建立，可以实现即时监控、查询赛区救援起降点、备降点和飞行路线区域的气象信息。

5. 装备服务

北京冬奥会筹办以来，张家口赛区高度重视冰雪装备制造业的服务开发。张家口宣化区抓住2022年冬奥会和京津冀协同发展的战略机遇，携手北京，立足老工业装备制造业传统优势，加快推进技术创新与自主研发，实现传统制造业的转型升级，加强与国外冰雪制造业强国之间的战略合作，积极研发高端冰雪装备。张家口宣化区已建成3000亩冰雪产业园，冰雪装备制造业企业已经发展到10家，雪场客运脱挂索道、造雪机支架和压雪机等冰雪装备已达到国内先进水平，为国内各大雪场提供冰雪装备，并远销10多个国家和地区。

6. 心理服务

为实现北京冬奥会"全项目参赛"目标，做好全方位的备战工作，国家体育总局冬季运动管理中心全面启动"2018年度国家队运动员心理保障服务"，北京体育大学运动心理学孙国晓博士受邀参加冬奥会心理保障服务，负责单板滑雪U型场地运动员心理服务，做好冰雪运动员的心理监控、心理测评，系统了解和掌握冰雪运动员的心理状态，对于存在的心理问题进行个体或团体干预，根据不同心理问题制定针对性的干预方案，实施个性化心理训练，在训练和竞赛中保持稳定的心理状态，避免运动损伤，维持最佳竞技状态，创造优异运动成绩。

在平昌冬奥会期间，北京体育大学心理学院张力为教授团队为中国自由式滑雪空中技巧队提供心理服务，助力中国自由式滑雪空中技巧队获得两银一铜的优异成绩，实现了历史性突破。对于自由式滑雪运动项目来说，要求运动员具有良好的心理稳定性，才能在比赛中很好地控制空中动作，保持身体平衡，使运动员能够表现出"稳、难、准、美"的技术风格。按照冰雪项目新规则的要求，空中技巧运动员预赛最多有两次试跳机会，且两次试跳动作不重复，得分不相加，这对运动员心理也是极大考验。对冰雪运动员心理服务的内容包括：心理咨询、心理训练、心理康复、自信与自控、团队合作等，通过心理讲座、心理监控与反馈等形式帮助运动员减轻比赛心理压力，成立心理保障团，提供心理支持服务。

7. 志愿服务

河北省及各市要成立冰雪运动项目协会，建立城乡服务组织网络和站点，省市体育主管部门制定奖励制度，对建设较好、水平较高、示范突出的站点给予奖励补贴，发挥冰雪健身组织的管理推动作用。要求张家口、承德地区50%的县、市、区成立冰雪项目协会，50%以上的社区设立冰雪健身站点，30%以上的乡镇建设冰雪运动组织。全面做好冰雪运动发展的服务保障，注重人力资源开发，加强冰雪健身指导员队伍建设，提高冰雪运动健身服务水平，每年培养的冬季体育健身指导员规模达到200人以上，积极开展多种形式的志愿服务活动。

八、区域公共服务经验

1. 提升公共服务意识和服务水平

北京冬奥会是我国具有重大标志性意义的大型体育赛事，是体现中国形象、彰显中国力量、振奋民族精神的重要契机。提升北京冬奥会公共服务水平是检验社会文明的一次国际化检验，这些具有公共服务特质的宝贵遗产对于引领冬奥会、冬残奥会的各项工作具有示范作用。《北京公共服务发展报告（2017—2018）》指出，完善城市无障碍设施，提高公共服务水平是筹办北京冬奥会、冬残奥会的一项重大工程，共享发展理念，提升公众的公共服务意识，彰显主办城市的人文关怀。因此，把公共服务看成一项综合性的系统工程，切实履行《主办城市合同》，借鉴国外大型体育赛事、奥运会、冬奥会承办成功经验，出台京张公共服务建设的规范和标准，同时，加强公共服务宣传，让京张民众能够树立公共服务意识，借助冬奥会机遇，共建包容性社会，提升京张区域公共服务水平。

2. 推动区域公共服务一体化

北京、张家口作为2022冬奥会主办城市，建立京张两地公共服务对接机制，是全面落实"京津冀区域一体化"，推进京张区域公共服务整体水平，维护区域公共利益，提供公共服务产品，提高人民生活质量的价值定位。发挥京张地区公共服务产业协同优势，按照统一标准和国际惯例，对京张地区公共服务工程建设情况进行统一领导和管理，统筹京张地区多方公共服务资源，创建区域公共服务平台。北京冬奥会京张公共服务领域较为广泛，涉及市政、交通、民政、社区服务、信息等多个领域，公共服务范围广泛。

3. 拓宽就业渠道和就业路径

北京冬奥遗产工程的组织开发、各项工作的规划筹备都需要大量人才，包括冰雪场馆建设人才、竞赛管理组织人才、冰雪场馆维护人才、管理与服务人才、冰雪训练人才、冰雪医疗康复人才、冰雪装备制造人才、冰雪产业经营人才、冰雪专业翻译人才等。另外，承办冬奥会对于北京、张家口其他产业（餐饮、酒店、会展、旅游等）的发展也起到一定拉动作用，对于这些产业人才需求也会增加，预计能够为京张两地的体育、文化、旅游休闲等产业提供约60万个就业岗位。北京携手张家口承办2022年冬奥会，是推动我国体育事业均衡发展，京张地区可持续发展、京津冀产业协同发展的重要契机，同时，也将加快促进京张区域产业结构调整、城市基础设施改造、城市建设管理水平的跨越式转型升级，这对于促进京张两地就业与再就业，改善民生发挥重要作用。2022年冬奥遗产开发为北京、张家口留下国内较为高端的体育产品，增强区域冰雪产业市场竞争力，对京张两地就业与扩大再就业产生良好的促进作用。京张地区借助冬奥遗产机遇促进就业的重点任务体现在加快推进张家口冰雪特色产业建设，发展奥运劳务经济、绿色扶贫、异地安置、对口帮扶工作，制定就业帮扶计划方案，开拓冰雪旅游产业，拓宽就业渠道和就业路径。

九、人力资源管理经验

北京冬奥会冰雪运动人才队伍建设设立相应的专业人才储备库，并作为各方积极推动的工作内容。北京冬奥组委开始选拔高级道滑雪技能人才，截至2018年5月已完成报名人数1862人。据统计，张家口七大雪场专业技能人才共计426人，已初步完成冰雪运动专业人才储备库，下一步将在冰雪赛事辅助、赛道作业、安全防护、紧急救护、雪务工作五大领域完成专业人才队伍建设，强化专业培训，不断提升张家口冰雪人才的技能水平。在志愿服务人才队伍建设方面，北京、张家口高度重视志愿者招募工作，除了从平昌冬奥会选拔中国志愿者以外，还从高校选拔230名具备中、高级道滑雪技能的大学生，并组建由32名体育教师组成的滑雪教练员队伍，这些由教师和学生组成的冬奥会冰雪志愿者服务队伍被列入专业志愿者储备库。

2018年5月31日，北京冬奥会《人才行动计划》正在加快推进和实施当中，把11个人才专项作为开发内容和重点领域，是确保北京冬奥会战略实施的重要保障。北京冬奥组委人力资源部部长闫成谈道："我们在着眼冰雪赛、面向实战人才开发的同时，要强化人才储备，发挥人才智力优势，全面落实人才工作的顶层设计，为办好精彩、卓越、非凡的奥运会赛事提供保障。"北京冬奥会张家口赛区在筹备关键期，竞赛管理人才构成冬奥遗产开发建设、赛事组织承办、赛事运营与推广的核心力量。在进入北京冬奥会周期以来，北京冬奥组委就着手面向全国范围内选拔竞赛主任候选人，并做好全方位的跟踪培养，制定了大型赛事（世锦赛、世界杯）影随计划，以及平昌冬奥会、冬残奥会专项实习计划，抽派一批业务骨干跟踪学习办赛经验，2018年北京冬奥组委针对18个项目进行技术官员专项培训，共计培养1000余人次，并遵循"边培训、边保留"的形式逐步组建北京冬奥会技术官员人才队伍，为北京冬奥会的筹办工作提供人才储备。

北京冬奥会张家口赛区冰雪运动人才队伍通过建立相应的工作体制机制，具体的实施方案制定情况如下：第一，建立北京冬奥会张家口赛区冰雪运动人才协同推进和分工落实机制。北京冬奥会冰雪人才开发工作要发挥北京市、河北省两地的联合承办优势，建立北京冬奥组委与相关中央单位、北京市、河北省建立冰雪运动人才开发的协同推进、分工落实机制。第二，加快推进北京冬奥组委人才发展机制创新。根据中国冰雪人才发展建设现状，结合国内实际来开发冰雪人才，创新人才培养机制，提高人才开发的针对性和实效性，培养满足冰雪赛事服务的各类专业人才。北京冬奥组委是2022冬奥会冰雪人才管理的核心机构，在人才培养方面发挥着重要职能作用。北京冬奥会组委人才发展机制创新通过加强不同职能单位干部和人力资源整合，注重更好地发挥运动员委员会等专业委员会的作用，进一步完善有利于人才发挥作用的干部人事管理制度和人才政策。第三，建立北京冬奥会冰雪人才资源可持续发展机制。冬奥会的筹办到赛事的举办有着多年的运行周期，把冰雪人才的开发作为一项系统工程来加以建设，人力资源可持续发展机制的建立通过全面做好人才资源的跟踪培养和持续使用方案，不断优化赛后人员安置机制，全面做好冬奥会、冬残奥会人才遗产的传承与转化工作，积极开发冰雪运动发展的人文知识遗产，助力京津冀协同发展。

第六节　冬奥遗产赛后利用

张家口冰雪运动振兴发展需要建立完善的冰雪运动服务体系，走多元化发展的道路，创建张家口冰雪赛事品牌，不断健全和完善冰雪场地设施，为更好地服务北京冬奥会，确保赛事的顺利组织实施，培养冰雪运动人才，激发冰雪产业市场活力，实现张家口冰雪运动发展的普及化，使冰雪运动发展迈向新台阶，把张家口打造成为国际休闲运动旅游城市和奥运名城。

一、广泛开展群众性冰雪运动

河北省要把广泛开展群众性冰雪运动作为主要任务，吸引广大群众的普遍参与，按照便民、利民、惠民的建设要求，形成由体育部门主导、上下级联动、社会团体牵头、多部门联合、社会力量协同的工作机制。张家口、承德作为河北省冬季冰雪运动发展的重点区域，每年要举办各种类型的冰雪活动，积极培育在国内有一定影响力的冰雪品牌活动。同时，河北省以2022年北京冬奥会为契机，实现冰雪运动的普及开展，全面抓好冰雪运动进校园、进公园工程，在中小学普遍开展冰雪运动，让学生了解冰雪文化，掌握滑雪技能，培养冰雪运动的兴趣爱好。

合理把握京津冀协同发展的战略机遇，从赛事活动开发的角度建立与北京、天津协同策划，共同组织与筹办冰雪赛事，引导社会群体的积极参与。张家口冰雪运动振兴计划的实施要吸收更多的人群关注、参与到冰雪运动实践当中，采用多种宣传方式，不断扩大冰雪运动人口规模，2022年张家口冰雪运动人口规模达200万人次以上，冬奥会、冬残奥会知识、冰雪运动文化知识和冰雪赛事观摩礼仪等相关的知识进校园传播覆盖率达100%，冰雪公共服务设施不断完善，冰雪健身工程设施覆盖全体市民。遵循健康、科学、文明、时尚的冰雪运动发展理念，营造良好的冰雪健身文化环境。张家口地区深入开展"冰雪进校园，冰雪进课堂"活动，普及冰雪运动知识，把冰雪运动作为学校体育教育的重要内容，创建冰雪特色学校，组织中小学体育教师参与冰雪项目培训，提高教育教学能力，从张家口选拔优秀教师组成校园冰雪运动辅导员队伍，实施校园"阳光冰雪"计划，鼓励青少年积极参与到冰雪运动当中。

二、加快冰雪运动设施建设

北京冬奥会张家口赛区要承接2个大项、6个分项、50个小项的比赛任务，冬奥组委高度重视冬奥会场馆和基础设施建设，按照"绿色节能、资源循环可持续利用"的开发思维，加快推进基建工程建设，从顶层设计的角度做好合理规划与整体布局，实现基础设施建设的优化设计与最大化开发利用。张家口基础设施建设按照冬奥会、冬残奥会的建设要求，设立残疾人冰雪训练、康复中心和无障碍设施等。张家口冬奥会基础设施建设充分考虑与城市公共空间设施配套衔接，选择适宜的公园、广场、体育场进行冰场改造，在部分学校建设冰雪运动场所，加快冰雪场地设施的转型升级，满足现代人群的多重需求。加快推进张家口新冰雪场馆建设，对有条件的坝上、崇礼及周边地区按照统一规划部署，建设高水平的冰雪运动场地设施，形成以点带面整体开发的大冰雪产业发展格局。

完善冰雪设施是实现冬季运动发展规划的基础保障。北京冬奥会张家口赛区赛事的组织与实施，需要把冰雪场地设施改造作为重点工程，建成布局合理、功能多样的基础设施体系，根据地域实际，开发能够满足冰雪赛事和大众健身的冰雪赛道，人均冰雪场地面积处于国内领先水平。按照互联共享、安全绿色、经济高效的开发理念，完善冰雪运动配套基础设施建设，加强后勤服务保障，为实现冰雪运动发展提供有力支撑。河北省冰雪体育设施规划的任务要满足大众冰雪运动健身和冰雪竞技运动赛事的发展需要，打造高质量、高标准的体育场馆，河北省各市至少建设1个高标准的冰雪运动场地，部分有条件的地区建设滑雪场或室内滑冰馆，其中，唐山、石家庄、廊坊、保定、秦皇岛等地要建设冰雪示范点3个以上，张家口、承德地区要建设15个以上，其他地区2个以上，特别是要加强张家口崇礼地区冰雪场地的改造工程，创建高原训练基地，努力用3~4年的时间，借助2022年冬奥会的承办机遇，加快推进冬奥遗产工程扩建改造，建设成为高水平、高标准、规范化的滑雪教学训练基地，作为全省冰上项目训练基地，争创国家级冰上项目训练基地，同时，在冰雪体育设施建设过程中要考虑无障碍配套设施建设，满足特殊人群冰雪运动健身、冰雪运动竞赛需求。

三、全面推进冰雪项目精兵战略

按照国家奥运争光计划的实施要求，提高冰雪竞技运动水平，发挥竞技体育的辐射力和影响力，扩大社会参与，提高社会知名度，发展冰雪赛事旅游，带动地区冰雪运动的快速发展。围绕奥运战略计划，实施冰雪项目精兵战略，深入贯彻实施动态管理，利用北京冬奥会筹办周期，加大投资力度，借鉴国内外成功经验，优化冰雪项目布局，把自由式滑雪（空中技巧、U型场地），以及高山、单板滑雪、速度滑冰和冰球作为河北省重点发展的优势项目，争取在1~2个奥运周期内冰雪运动水平实现质的飞跃。河北省重点扶持冰雪运动发展规律、冰雪运动训练经验、冰雪产业发展的国内外成功经验的研究，熟悉冰雪运动赛事管理、项目制胜规律和参赛规律，科学组织与筹划，为河北省冰雪运动的跨越式发展，实现精兵战略提供经验借鉴。

张家口借助全国冬运会、亚冬会、冬奥会的机遇，制定赛事备战工作方案，培养高水平冰雪竞技运动人才，创建冰雪人才培养工程，特别是对重点发展的冰雪项目，要建立完善的训练体系和竞赛体系，制定适合项目发展的政策保障措施，积极争取"远东杯""世锦赛"等国内重大冰雪赛事的承办工作。2022年冬奥会在张家口承办，开放冰雪训练基地，这对张家口冰雪运动水平的提升带来良好的发展机遇，全面做好各项冰雪赛事的备战工作，制定重点项目的备战方案，明确备战目标、备战重点和任务分工，支持和鼓励优秀冰雪运动员参与国内外各项比赛。制定教练员的选拔、聘任和激励制度，引进优秀教练员。不断扩大登记在册、在训的运动员规模，建立运动员生活补贴、损伤补贴、困难补贴制度，以确保在2021年自由式滑雪及单板滑雪世界锦标赛、2022年北京冬奥会、冬残奥会等重大赛事上取得突破。

四、完善冬季项目竞赛制度

2018年河北省第十五届运动会上首次增设冬季运动项目，包括：高山滑雪、单板滑雪、自由式滑雪、速度滑冰、轮滑（选材项目）等5个大项、56个小项比赛，以奥运（全运）争光为目标，创建河北省冰雪运动训练体制和人才培养机制，完善冰雪运动竞赛体系，充分发挥2022年冬奥会、全国冬运会、河北省运会的杠杆推动作用，进一步完善冰雪项目竞赛制度，实施竞赛分级管理，发挥社会多方力量的联合作用，积极承办国内外冰雪赛事，争取每年承接2项以上国际赛事、5项以上国家级赛事，探索适合河北省冰雪运动发展实际的竞赛组织模式，2022年承接2~3项省级或国家级青少年冰雪运动精品赛事，创建赛事品牌。另外，进一步完善河北省运动竞赛制度，把河北省重点发展或优先发展、具有优势的冰雪项目纳入省运会竞赛项目，同时，抓好赛风、赛纪，严厉打击弄虚作假、扰乱竞赛秩序的恶劣行为。

五、加强专业队伍建设

北京冬奥会成功申办，张家口冰雪运动迎来全面振兴，同时，也需要不断丰富冰雪运动发展的人力资源。到2022年，张家口能够培养冰雪赛事的组织管理人员、教练员、运动员、裁判员、赛事服务人员、后勤保障人员、志愿者等冰雪运动人才队伍达1万人以上，社会体育指导员和校园辅导员5000人，冰雪运动特色学校50所以上，争取培养的运动员能够有机会参加冬奥会或冬残奥会，实现奖牌突破。张家口大众冰雪运动的普及发展还要把残疾人冰雪运动纳入规划建设当中，落实残疾人冰雪助力工程，加强示范点建设，2022年各县区建成3~5个省、市级残疾人冰雪建设示范网点，开设残疾人冰雪课程，创建训练基地，每年冰雪残疾人健身指导员培养规模达60人次以上，到2022年确保每个从事冰雪运动的残疾人都能配备1名指导员，打造一批专业素养过硬的健身指导员队伍。

成立少儿冰雪运动业余体校，加大财政扶持，推进青少年冰雪运动业余训练的顺利实施，扩大崇礼职教中心"3+2"冰雪运动直通班、张家口职教中心"3+4"直通班招生，扩大招生规模，不断提高人才培养质量。发挥地方高校的职能作用，建立河北体院、张家口学院与国内冰雪运动传统校之间的合作关系，走冰雪人才合作培养路径，形成业余冰雪学校、特色冰雪学校、专业队为主线的人才输出格局，逐步完善冰雪竞技人才队伍，为张家口冰雪产业的发展提供可持续发展的人力资源保障。

张家口利用冰雪优势，打造冰雪特色赛事，组织冰雪赛事活动，大力发展冰雪旅游业，举办崇礼国际滑雪节、国际儿童滑雪节、国际雪联远东杯滑雪赛、京张冰雪挑战赛等多种赛事活动，借助冰雪赛事的影响力，带动冰雪旅游，广泛开展大众冰雪运动。整合张家口冰雪发展的自然资源、人文资源等，创建"一县（区）一品牌"，各县区打造以冰雪为主题的公园，展现"大好河山·激情张家口"的冬季冰雪特色。开展冰雪趣味运动会、冰雪嘉年华、冰雪休闲旅游等活动形式，满足广大群众的冰雪需求，提高社会参与热情，重点扶持有潜力的冰雪休闲健身项目，做好健身服务指导，加快推进冰雪健身网点建设，普及冰雪知识和观赛礼仪。加强市县（区）冰雪体育社会团体建设，发挥社会体育组织的带动作用，提升张家口冰雪运动社会化水平，引导群众体育消费。鼓励社会力量兴办冰雪运动学校、冰雪俱乐部、冰雪训练基地，培养冰雪救护、志愿、防护、制冰、导滑等方面的专业人才。

河北省冬季冰雪运动发展要举全省之力，加快推进各区市冰雪项目建设，2018年各区市冰雪项目建设达5个以上，2022年达8个以上，形成以省队为龙头、市级为支柱、中等学校为输出基地、业余体校为基础的冰雪竞技运动项目的发展格局。加强冰雪运动的专业人才队伍建设，引进和培养一批专业技能水平较高，训练素养过硬的教练员、管理人员、训练服务人员、医疗康复团队，提高运动训练的科学化水平，加强专业队建设，提高运动训练水平。

六、完善后备人才培养体系

河北省冬季冰雪运动高层次、高水平、高质量发展离不开人力资源保障，需要建立以人才为推动的运行机制，培养后备人才是实现可持续发展的内驱力。河北省冰雪运动后备人才体系建设要建立由业余体校、运动学校、高水平运动队组成的三级训练体制，加快推进冰雪后备人才培养基地建设，并做好训练基地的动态管理工作，加大经费扶持力度，制定评定办法，重点支持省内冰雪优势项目的发展，从抓好业余体校建设入手，形成由省、市、县分级管理的训练体制，完善由上至下"一条龙"管理体系。发挥地方高校优势资源和联合办学优势，如：河北体院与哈尔滨体院联合、张家口职教中心与河北体院联合、承德体育运动学校与河北民族师范联合等，支持在张家口、承德部分中小学开设冰雪课程，建设冰雪特色校园，到2022年河北省能够达到50所以上，积极开展冬季阳光冰雪计划、冬令营等活动,为河北省冰雪运动的发展提供广泛的冰雪后备人才基础。同时,河北省冰雪后备人才培养计划还要发挥社会力量,进一步探索冰雪后备人才培养的体教结合模式,加快推进冰雪俱乐部建设,不断拓宽河北省冰雪后备人才渠道,争取到2022年河北省冬季项目运动员在全国注册人数达200人以上。

建立和完善运动员、教练员奖励制度,以及教练员选拔、聘任的用人机制。建立省市、省校、省企联办冰雪运动队制度,推进承德避暑山庄冰球队省市联办,制定科学的冰雪运动训练大纲和冰雪赛事组织程序。坚持"三从"训练原则,做好2020年冬季全运会备战计划,落实训练制度。加强运动员的文化教育,抓好河北省体育院校人才培养优势,支持设立冰雪运动专业,为河北省冰雪运动发展提供专业管理与服务人才,开拓多种人才培养渠道,发挥优质教育资源优势,开设远程教育、联办与共办教育,不断提高运动员的文化水平。

七、加快推进冰雪运动产业升级

借助2022年冬奥会机遇,依托资源优势,坚持市场化、国际化和标准化的实施方案,完善冬奥会场馆和配套设施建设,打造国家冰雪训练基地,逐渐形成以崇礼为中心,逐渐向张家口辐射扩散,建设高标准的冰雪运动生态工程,打造京张冰雪产业旅游带,形成旅游、休闲养生、度假于一体的特色冰雪产业。张家口以坝下区域为装备制造业开发重点,筹建冰雪装备产业园,形成产业集群,引进国外先进的冰雪装备、制造企业参与投资,逐步发展成为具有国际市场影响力的冰雪装备产业园区,加强冰雪运动装备研发、生产和交易,培育冰雪产业市场,激发市场活力,推进商业服务模式创新,重视新能源技术、环保技术和新产品技术的研发与应用。鼓励社会资本参与张家口冰雪产业投资,积极开发冰雪运动产品,支持金融、地产企业参与,加快推进体育场馆运营、公益冰雪健身活动、大众冰雪运动健身等商业模式,把张家口打造成为具有国际市场影响力的冰雪服务精品工程,创建冰雪俱乐部、示范基地和品牌赛事,加大无形资产的开发力度,扶持赛事冠名、产品形象设计和冰雪产业品牌等相关产业。加快推进张家口冰雪产业消费升级,着力发展竞赛表演业、职业竞赛、品牌赛事、大众体育表演互为补充,协调发展,按照"以赛育市,以市促赛"的发展模式实现张家口冰雪产业链的整体协同与延伸开发,部分冰雪健身场所要定期免费向社会开放,非高峰期低费开放,引导群众参与冰雪健身合理消费。

八、创建冰雪人才实训模式

北京冬奥会冰雪人才开发按照《人才行动计划》的建设要求，从大型赛事角度开展实战培训，吸收和借鉴国外冬奥会人才开发的成功经验，结合本土实际制定实战培训的具体方案措施，形成中国特色，这种"走出去"的做法也得到了国际奥组委的高度认可与评价。为做好北京冬奥会的人才建设工作，在平昌冬奥会、冬残奥会比赛期间，北京冬奥组委会委派专门人员进行实战培训，通过直接参与学习冰雪赛事组织活动，提高自身的实践能力和业务素养。通过实战培训学习积累冰雪运动赛事的组织承办经验，随后，开展更广泛的冰雪赛事举办人才的实战培训工作，组织"透过平昌看北京"的系列讨论活动，先后1200余人参与了本次讨论，通过总结平昌冬奥会办赛经验和实战培训的收获，熟悉冰雪人才开发规律，制定冰雪人才实训模式与实训计划。

国际奥委会在工作刊物 *News Letter* 上谈到，冰雪运动人才培养要全面做好实战培训工作，这也是北京冬奥会人才战略实施的重要路径，为赛事承办提供有效的人力资源保障，加快推进冰雪运动遗产开发进程。北京冬奥组委在做好冰雪人才实战培训工作的同时，加强与国际冬奥会组织合作，引进和聘请国外优秀冰雪运动组织筹办的服务管理人才，为北京冬奥遗产及赛事开发提供人力资源保障。中国为做好北京冬奥会冰雪人才战略计划，在全球范围内征集冰雪运动人才，据统计，在全球招聘中获得来自20个多国家和地区3894名相关人才注册报名，最终通过审核录取31人。在北京冬奥会赛前冬奥遗产开发的关键时期，急需大量冬奥遗产工程建设、赛会服务保障和竞赛组织管理等多方面的人才，特别是专家型人才尤为重要，为解决这一问题，从平昌冬奥组委聘请7位冰雪赛事运营、遗产开发、服务管理等方面的专家，作为国内人才缺失的重要补充。在冬奥会人才开发测试就绪阶段、赛事运行阶段和总结善后阶段，进一步建立和完善2022年冬奥会冰雪人才全球招聘机制，积极学习和借鉴国外大型冰雪赛事组织承办的理论和实践经验，同时，进一步加强奥运会知识管理战略和残奥会卓越计划，这也是北京冬奥组委实施人才战略的重要路径。国际冬奥会组织密切关注北京冬奥会人才实战培训工作，先后委派国际专家学者152人次，在北京召开了38场冬奥会冰雪赛事组织管理系列研讨会，涉及51个业务领域，内容包括冬奥会知识传播、技能培养、赛事筹办经验交流等，打造了符合北京、张家口冰雪赛事发展实际和办赛特点的人才实训模式。

九、加快推进冰雪运动科学化训练水平

北京冬奥会科技服务保障要高度重视绩效评估，以检验科技服务的实施效果，及时发现科技服务在冰雪运动训练中的优势与不足，制定相应的改进措施。冰雪运动训练科技服务绩效评估工作通过组建科学化训练专家评估小组，对国家冰雪运动队年度训练水平进行集中评估，及时发现训练实践中存在的问题，提出整改意见，落实整改时间表，加大科学化训练指导力度，完善科技服务保障机制。具体做法如下：

第一，创新训练理念。熟悉掌握各类冰雪运动项目特征与发展规律，定期组织专家研讨，探索跨界、跨项、跨季选材，丰富和完善冰雪运动项目理论体系，不断创新训练理念，从训练周期模块化、过程动态化、实战化、体能训练常态化、方法多样化等方面入手，追求科技攻关的系统化、参赛程序化和赛练协同化，注重科学化训练方法手段的创新与应用。

第二，探索冰雪运动项目的制胜规律。组建由专家、教练、保障和辅助人员组成的研究团队，定期组织冰雪运动理论研讨会，总结冰雪强国建设的研究成果，掌握冰雪运动研究的前沿科技与发展趋势，收集整理、编写、翻译相关的冰雪运动发展的科技知识，为科学化训练提供参考依据。

第三，构建优秀冰雪运动员成长路径。从体能、技能、心理、身体形态、身体机能、运动素质等方面系统整理优秀冰雪运动员的档案信息，建立运动员成长档案，总结归纳各冰雪项目"冠军模型"，做好精准选材工作，创建优秀冰雪运动员成长路径，并通过科学系统指导，缩短成长周期。

第四，深化前沿研究。把"科技冬奥"作为冰雪运动研究的前沿方向，做好冰雪运动训练的科技攻关服务，从科学选材、技能训练关键技术应用入手，构建科技攻关关键技术研究与示范平台，借助材料学、动力学、工程学的研究成果，拓宽研究领域。

第五，提升科技意识。冰雪运动员和教练员要具备较强的科技意识，组建科学化训练培训班，或赴冰雪强国培训，加强对相关人员的科技应用能力培训，为运动队配备冰雪运动科技专业能力和业务素养突出的辅助训练师，协助教练做好科学化训练工作。

第六，强化训练监控。对冰雪运动员的训练监控是实施科学化训练的重要保障，监控的内容包括训练量和强度负荷的监控、生理生化指标的监控、身

体机能状态和运动技术的监控等,充分挖掘运动员潜力,及时了解和掌握运动员的训练状态,调整训练计划;借助高速摄像仪、传感器等高科技设备,捕捉运动员动作和运动轨迹,进行技术动作分析,优化和改进技术;加强与科研院所、高校之间的合作,对有条件的单位委派1~2个项目进行全周期技术诊断,强调技术的诊断与应用;构建冰雪运动员训练监控数据库,做好技术、生理、心理指标数据监控,实现训练的全过程、全周期监控。

第七,细化体能训练。冰雪运动员的体能训练要做到精细化,为各训练队配备专业的体能训练师,根据运动项目特点制定专门的体能训练方法和手段,提高训练的科学化水平,降低训练过程运动损伤风险的发生。冰雪运动队加强与专业体能训练机构的合作,强化体能训练指导,细化力量训练,确保力量训练与专项技术相结合,增强体能训练的针对性和实效性。

第八,优化心理辅导。随着训练水平的提高,冰雪运动员心理稳定性对于运动员竞技水平的发挥至关重要。在冰雪运动员进行心理训练中,要围绕实战选择和制定心理辅导策略,借助运动心理学、营养学等多学科辅导手段,开发多种心理辅导资源,引入宇航员、飞行员心理辅导方法,提高冰雪运动员训练和竞赛的心理调节能力;建立冰雪运动员心理档案,设置专门的心理辅导智库专家团队,拓展心理辅导范围,形成两级联动的心理辅导机制。

第九,研发装备器材。加强高科技冰雪运动装备器材的研发,加大资金投放力度和科研力度,建立与相关单位的合作关系,开发现代冰雪运动装备制造技术,从减阻、减重、保暖、导电、排湿、排汗效能增强等方面入手,实现新型冰雪装备器材的研发与改造,为运动员技术水平的提高提供技术支持;开发轻薄、防静电、保暖性能良好、符合空气动力学原理的高科技运动服饰;发挥现代3D打印技术和新材料工程技术辅助完成冰雪装备器材的设计改造。

第十,建立大数据处理中心。通过对冰雪运动员的选材、训练、管理、竞赛等方面的监控,收集每个运动队、运动员的数据,建立大数据处理中心,对这些收集到的数据信息借助现代科技技术进行快速处理与分析,形成运动员信息分析报告,及时了解和掌握运动员动态,这也是评价训练质量、反馈训练效果、改进训练方法手段的重要依据;除了对冰雪运动训练基础数据进行收集以外,还要对场地、器材、气候等方面的数据信息进行整理,形成对项目规律的正确认识;分析竞争对手的数据信息,科学分析对手情况,评估对手竞技状态和训练水平;组建第三方专家评估团队,增强数据分析、运用能力,提高训练决策的科学化管理水平;依托北京冬奥会赛事组织指挥调度信息系统,借助"北斗"定位系统和"天地一体化"技术,精准了解和掌握冰雪训练参赛情况，这也为赛事指挥做好全面的掌控与指导。

十、注重科技支持

为确保国家冰雪运动队运动训练评估工作的科学化水平，评估工作的实施高度重视科技服务管理，通过建立科学的绩效评价体系，制定科学的绩效评审办法，确定科技服务购买方式；建立监督检查机制，对负责人进行跟踪监督，实现购买科技服务的全过程管理，落实绩效评价和量化评价指标，发挥专家的职能作用，对跟队时间不达标、科技服务效果不明显、国家冰雪运动队满意度较低的科技服务人员进行撤销；打破冰雪科技服务的时空局限性，在购买科技服务资源共享的同时，引入科技服务竞争机制，不断提高科技服务水平，实现国家冰雪运动队与优质科技服务团队对接。具体可以从以下几个方面展开：

第一，完善医疗康复。充分利用和整合现有医疗康复资源，国家各冰雪运动队驻训省市区要确定至少一家医疗机构，形成完整的冰雪运动医疗康复网络，为运动员提供专门的医疗康复"绿色通道"；重视国家冰雪运动队队医建设，提高队医资质和反兴奋剂知识水平，吸引优秀的医务工作者帮扶国家冰雪运动队，通过购买医疗服务的形式为运动员提供优质的医疗康复平台，打造高水平、高层次、高水准、相对稳定的医疗团队；制定"三重"（即重点项目、重点运动员、重大伤病）冰雪运动员的医疗跟踪制度，及时了解和掌握运动员的身体状况的即时报告，组织专家会诊，安排专人进行跟踪监测，对医疗康复情况进行全程记录与归档；整合医学、体医融合、中西医、新材料等科学成果，并应用到冰雪运动员医疗康复实践当中，借助国内外顶尖医疗科技成果，研究冰雪运动员的伤病防范机制，实现防治关口前移，提高伤病检测的准确性，康复锻炼的针对性和时效性，延长运动寿命；针对我国冰雪运动跨界、跨项、跨季选材，一些非冰雪项目运动员加入到训练队当中，除了做好常规的运动损伤防范工作以外，还需要广泛开展反季节训练、模拟训练等，让转型运动员能够逐步适应冰雪项目，避免视网膜、皮肤病等损伤的发生。

第二，科学营养膳食。规范冰雪运动员的饮食行为，根据运动员的训练实际制定营养和热量摄入标准，加强科学的配餐指导，设置运动员营养配餐宣传栏，合理引导运动员的膳食行为；对不同的冰雪运动员项目要制定膳食选择的差异性，明确标识各类食品的营养成分及热量，满足运动员饮食的多样化需求，并将科学营养膳食保障纳入到冰雪运动队日常训练管理当中。

第三，精准睡眠干预。保障运动员充分的睡眠，养成良好的作息习惯是实现体能恢复、优化训练效果的重要方式。国家冰雪运动队建立睡眠重点实验室，通过与睡眠干预机构的合作，采用科学的睡眠干预手段，有效防止运动性失眠行为的发生；根据运动员、教练员睡眠实际，采用穴位刺激、推拿理疗、音乐诱导等方法，提高运动员、教练员睡眠质量，加强心理、呼吸训练，建立运动员、教练员睡眠干预体系；对运动员公寓进行优化设计与改造，部分房间增设自主调节室内压和氧含量功能，提高运动员对各类环境的睡眠适应能力。

第四，建设科训基地。国家冰雪运动队要加强与科研院所的合作，创建科训基地，加强冰雪运动专项训练和体能、康复训练等关键技术研究，以及冰雪运动场景三维感知技术、室内多自由度模拟滑雪训练系统研发；针对速滑弯道技术、跳台滑雪起跳、飞行技术研究，研制人体高速弹射装置；建立冰雪运动员骨骼、肌肉、心肺系统生物学模型，进一步探索三维动作捕捉技术，开发冰雪运动智能管理系统；强化研究成果转化，把研究成果应用到运动队科学化训练实践当中，以达到提高有效训练时间，降低运动损伤发生概率。

第五，打造国际合作平台。我国冰雪运动队要充分利用世界各国优势冰雪资源，建立与冰雪优势强国之间的合作关系，打造国际合作平台，实施冰雪运动发展"走出去"战略，加强同挪威、奥地利、芬兰等冰雪运动强国的联系，学习先进的训练理念、方法、手段，开发联合训练基地和科技工作站，设立海外转训保障基金，整合全球冰雪科技资源，组建冰雪项目科训团队，真正实现"走出去"和"请进来"，为国家冰雪运动队科研、训练、管理一体化提供全面的国际合作平台保障。

第六，加大科技投入。科技在体育领域中的渗透和应用越来越广泛，也成为优化和改进训练效果，保障竞赛公平、公正的重要支撑。北京冬奥会的组织与实施需要高度重视科技力量，推进科技助力，以实现"参赛也出彩"目标任务，这也是加快推进我国冰雪运动跨越式发展的重要技术支撑。从目前来看，我国冰雪运动发展依然滞后，在冰雪场馆设施、冰雪运动训练、竞赛、管理等方面还有待提高，冰雪运动学术研究起步较晚，很多研究领域尚未探索开发或刚刚起步，研究范围狭窄，没有充分发挥现代科技发展成果优势，冰雪运动科技人才匮乏，复合型研发团队建设面临人力资源困境，科技攻关能力有待于进一步提升。在这一形势之下，我们必须正视当前所面临的现实问题，借助北京冬奥会组织承办的战略机遇期，在后冬奥时代持续加大科技投入和科技攻关，克服训练、竞赛、管理中的一系列困难，为实现我国冰雪运动竞技水平的跨越式发展创造条件。

十一、创建冬奥博物馆，做好知识传承

为全面做好北京冬奥会冰雪遗产保护工作，按照《北京冬奥会和冬残奥会遗产战略计划》要求，针对体育、经济、社会、文化等7个领域，涉及35项内容的冬奥遗产，制定保护计划。为做好北京冬奥遗产知识传承，在后冬奥运时代要高度重视冬奥博物馆建设，设立奥林匹克学院，加强后奥运时代冬奥遗产开发的总结与研究，为其他国家承办冬奥会提供经验遗产。

2019年3月31日，张家口崇礼区奥林匹克体育中心组织冰雪博物馆藏品全球征集活动，这也是国内首家以冬奥遗产保护为主题的博物馆，博物馆藏品征集面向全球，征集的内容包括历届冬奥遗产，以及世界冰雪运动发展的历史鉴证，主要涵盖影音、证章、文献档案、器材、票据、奖杯、奖牌7个大类48项内容。崇礼华侨冰雪博物馆坐落于崇礼主城区核心区域，地处旅游商贸新区，主要表现出学术研究、教育、冰雪文化知识传播、冰雪藏品展示等功能，对世界冰雪运动文化的发生、发展史进行直观呈现，让人们更多了解历届冬奥会、北京冬奥会组织承办的实物、影像、图文等档案遗产信息。在北京冬奥会结束后，崇礼华侨冰雪博物馆将成为国内规模、展品最高端的冰雪博物馆，未来也将成为世界冰雪文化遗产研究的重要基地，通过对冬奥会遗产的总结与保护，对于实现世界冰雪文化的传承与传播有着重要意义。在全球征集活动仪式上，收集到《申办北京冬奥会部分资料手稿》、宣传片、奖牌、比赛录像等具有较高保护价值的冬奥遗产藏品123件。将北京冬奥遗产作为重点开发保护对象，对整个开发过程的档案信息进行全方位整理，并将其作为城市文化记忆的系统工程，这也是世界冬奥遗产记忆的重要组成部分。

参考文献

[1] 王宁，蒋依依，徐海滨，等.北京2022年冬奥会冰雪旅游遗产赛前评估（英文）[J].Journal of Resources and Ecology，2022，13（04）：578-591.

[2] Ashworth G J，Ashworth G J，Larkham P J. From history to heri-tage-from heritage to identity: In search of concepts and models[M]. Asbworth G，Larkbam P. Building a New Heritage: Tourism，Culture and Identity in the New Europe. London: Routlerdge，1994: 13-31.

[3] 徐拥军，王露露，宋扬.国内外奥运遗产研究述评[J].兰台世界，2020（01）：19-27，13.

[4] 何胜保.北京冬奥会张家口赛区冰雪旅游开发的昂普（RMP）模型分析[J].山东体育学院学报，2020，36（05）：37-46.

[5] 赵雅丽.2022年北京冬奥会传播策略探究[J].传媒论坛，2020，3（08）55，57.

[6] 王春玺，杜松石.运用北京冬奥遗产提升国家认同的机制与路径思考[J].北京体育大学学报，2022，45（05）：1-10.

[7] Sanne Derks，Martijn Koster，Martijn Oosterbaan. Olympic Legacies[J]. City & Society，2020，32（1）.

[8] United States Olympic Committee; An Application for the Trademark "XIII OLYMPIC WINTER GAMES LAKE PLACID 1980" Has Been Filed by United States Olympic Committee[J]. Computer Technology Journal，2020.

[9] 倪依克，曹月勇.从2008年北京奥运遗产展望广州2010年亚运遗产[J].体育学刊，2009，16（10）：14-19.

[10] 彭延春.后奥运时代北京奥运遗产旅游的开发策略[J].体育与科学，2011，32（01）：43-45.

[11] 孙葆丽，宋晨翔，杜颖，等.温哥华冬奥会遗产工作研究及启示[J].北京体育大学学报，2017，40（10）：1-8.

[12] 何胜保.体育人类学视阈下江永女书文字中歌舞鸟图腾文化解析[J].南京体育学院学报（社会科学版），2014，28（6）：46-50.

[13] 何胜保."京津冀都市圈"体育产业结构演化与经济增长的耦合关联研究[J].首都体育学院学报,2016,28(01):18-22,27.

[14] 何胜保,郑兵.京津冀体育文化产业协同发展的智库平台设计与开发[J].唐山师范学院学报,2017,39(05):145-148.

[15] 何胜保."环京津冀都市圈"体育旅游景观资源的分类与开发[J].体育成人教育学刊,2015,31(2):92-94.

[16] 吴浩.奥林匹克文化与中华文明的和合共生——北京冬奥会赋予历史、当下与未来的精神遗产[J].北京体育大学学报,2022,45(05):11-20.

[17] 靳勇,李永辉,路佳.北京冬奥会背景下京津冀冰雪人才院校协同培养研究[J].西安体育学院学报,2020,37(02):242-246.

[18] 孙鹏义.冬奥会与城市旅游的互动关系[J].旅游学刊,2020,35(04):5-7.

[19] 韩元军.以大众冰雪旅游助力北京冬奥会战略[J].旅游学刊,2020,35(04):9-11.

[20] 郭明,林锦蛟,王晓梅.奥运物流对现代体育物流发展的启示[J].物流技术,2013,32(05):153-155.

[21] 郭立亚,黄丽,何焕生.北京2022年冬奥会遗产的价值影响[J].北京体育大学学报,2022,45(05):21-31.

[22] 邱雪."新时空"理念下平昌冬奥会办赛经验及启示[J].体育文化导刊,2020(02):70-75,110.

[23] 纪成龙,易剑东.运行要求与实施进展:北京2022年冬奥会筹办的重点领域研究[J].上海体育学院学报,2020,44(02):53-63,73.

[24] 王润斌,王相飞.《奥林匹克2020议程》与北京冬奥会筹办:多维影响与践行之道[J].沈阳体育学院学报,2020,39(01):7-13.

[25] 蒋艳.冬奥会对举办城市旅游休闲的影响和启示:一个文献综述[J].旅游学刊,2020,35(04):1-3.

[26] 何胜保,高红斌.丝绸之路经济带甘肃黄金段城市群体育旅游生态圈路径规划与实施[J].体育文化导刊,2020(04):91-98.

[27] 何胜保.北京冬奥会张家口赛区冰雪旅游生态足迹评估研究[J].体育成人教育学刊,2021,37(2):21-30.

[28] 刘巍,汪秋菊.居民感知视角下北京冬奥会对城市形象的影响研究[J].沈阳体育学院学报,2019,38(5):71-76.

［29］金准.冬奥会带来的旅游业高质量发展契机——以1972年札幌冬奥会为例［J］.旅游学刊，2020，35（4）：3-5.

［30］高红斌，何胜保."一带一路"中心城市体育旅游规划管理［J］.甘肃社会科学，2018（5）236-241.

［31］邱辉，孟昭雯.北京2022年冬奥会志愿遗产及其内涵研究——基于21名志愿者的口述史［J］.北京体育大学学报，2022，45（5）：91-100.

［32］邹新娴，刘雪薇，布特，等.北京冬奥会遗产管理与运行的战略思考［J］.北京体育大学学报，2022，45（5）：65-78.

［33］白宇飞，冯珺.北京2022年冬奥会和冬残奥会经济遗产研究：理论诠释与经验证据［J］.北京体育大学学报，2022，45（05）：51-64.

［34］刘建明，李月，金乃婧，等.北京冬奥会遗产视域下京张体育文化旅游带可持续发展探究［J］.体育文化导刊，2022（5）：35-41.

［35］时婧，马学智.时空视角下的北京冬奥文化遗产生成与可持续利用分析［J］.北京体育大学学报，2022，45（5）：101-108.

［36］王月敏，何胜保.体育旅游承载力的安全测评——基于"京津冀都市圈"三个典型体育健身场所的个案分析［J］.体育与科学，2015，36（4）50-56，74.

［37］崔乐泉，王安荣.遗产层摞与创造：北京2022年冬奥会和冬残奥会遗产战略研究［J］.武汉体育学院学报，2022，56（2）：20-26.

［38］孙葆丽，朱志强，刘石，等.冬奥遗产可持续发展期研究［J］.武汉体育学院学报，2022，56（2）：5-11.

［39］洪鹏飞，蒋依依.可持续发展议题下的奥运遗产研究进展与趋势——兼论对北京冬奥遗产研究的启示［J］.北京体育大学学报，2022，45（01）：123-134.

［40］张婷，李祥虎，肖玲，等.北京冬奥会背景下我国冰雪运动可持续发展路径研究［J］.体育文化导刊，2018（7）：17-21，31.

［41］张靖.基于游客消费行为的旅游生态足迹实证研究——以北京市入境游客为例［J］.林业经济，2020，42（2）：25-37.

［42］郑兵云，杨宏丰.基于生态足迹的中国省际旅游生态效率时空演化［J］.华东经济管理，2020，34（4）：79-91.

［43］张月，蒋依依.冬奥旅游遗产的创造、识别与利用［J］.旅游学刊，2022，37（1）：13-15.

[44] 胡孝乾, 何奇泽. 奥运遗产的研究热点及其对北京2022年冬奥会和冬残奥会遗产治理的启示[J]. 首都体育学院学报, 2021, 33 (6): 656-665.

[45] 孙葆丽, 刘石, 朱志强, 等. 冬奥遗产快速积累期研究[J]. 成都体育学院学报, 2021, 47 (5): 1-6.

[46] 胡孝乾, 吴楚楚, 邓雪. 新冠疫情对2022年北京冬奥会体育遗产影响的内容、路径和方式[J]. 上海体育学院学报, 2021, 45 (3): 27-38.

[47] 孙葆丽, 朱志强, 刘石, 等. "冬奥遗产"初创期研究[J]. 首都体育学院学报, 2021, 33 (2): 199-204.

[48] 孙葆丽, 朱志强, 刘石, 等. 冬奥遗产逐步扩展期研究[J]. 武汉体育学院学报, 2021, 55 (3): 5-11.

[49] Stefan Gössling, Paul Peeters, Jean-Paul Ceron, et al. The eco-efficiency of tourism[J]. Ecological Economics, 2005, (54): 417-434.

[50] Stefan Gössling, Hansson CB, Hrstmeier O, et al. Ecological footprint analysis as a tool to assess tourism sustainability[J]. Ecological Economics, 2002, (43): 199-211.

[51] Wackernagel M, Onisto L, Bello P, et al. National nature capital accounting with the ecological footprint concept[J]. Ecological Economics, 1999, 29: 375-390.

[52] 徐拥军, 张丹, 闫静. 北京2022年冬奥会和冬残奥会遗产价值及其评估研究[J]. 武汉体育学院学报, 2020, 54 (10): 15-22.

[53] Wackernagel M, Onisto L, Bello P, et al. National nature capital accounting with the ecological footprint concept[J]. Ecological Economics, 1999, 29: 375-390.

[54] 李丹. 奥运会主题歌的文化内涵与北京冬奥会主题歌曲创作研究[J]. 广州体育学院学报, 2020, 40 (2): 52-55.

[55] 徐拥军, 闫静. "奥运遗产"的内涵演变、理性认知与现实意义[J]. 首都体育学院学报, 2019, 31 (03): 201-205, 220.

[56] 何胜保. 关于竞技体育中"赢家通吃"现象的初步探讨[J]. 军事体育进修学院学报, 2009, 28 (1) 61-63.

[57] 吕季东, 史国生, 缪律. 奥运遗产传承与保护经验及启示[J]. 体育文化导刊, 2019 (4): 24-29, 35.

［58］Juliet Davis，Christopher Groves. City/future in the making：Masterplanning London's Olympic legacy as anticipatory assemblage［J］. Elsevier Ltd，2019，109.

［59］胡孝乾，陈姝姝，Jamie Kenyon，邓雪梅. 国际奥委会《遗产战略方针》框架下的奥运遗产愿景与治理［J］. 上海体育学院学报，2019，43（1）：36-42.

［60］闫静，Becca Leopkey. 奥运遗产溯源、兴起与演进研究［J］. 北京体育大学学报，2016，39（12）：14-19，36.

［61］路云亭. 中国共产党十九大决议中的体育战略：基于奥运遗产的学理记述［J］. 体育与科学，2018，39（01）：7-13，25.

［62］Leonie Lockstone-Binney，Kirsten Holmes，Karen A. Smith，Richard Shipway. The role of corporates in creating sustainable Olympic legacies［J］. Routledge，2018，26（11）.

［63］Ben Plowden. London's Olympic Legacy［J］. Planning，2016，82（7）.

［64］霍德利，刘龙飞，袁野，等. 基于熵权法北京冬奥会社会风险预警指标权重研究［J］. 沈阳体育学院学报，2019，38（5）：47-55.

［65］陈丹. 视觉传播如何构建国家形象——基于2022年北京冬奥会申奥片的分析［J］. 传媒，2019（19）：56-58.

［66］王蓓，谢慧松. 2022年北京冬奥会背景下我国冬季奥运项目发展研究［J］. 体育文化导刊，2019（09）：26-30，37.

［67］赵普，易黎. 北京冬奥会举办的综合效益研究［J］. 广州体育学院学报，2019，39（2）：17-20.

［68］董红刚. 北京冬奥会场馆治理的现实问题、理论难题及解题之道［J］. 上海体育学院学报，2019，43（1）：31-35，71.

［69］王润斌，肖丽斌. 新发展理念下北京冬奥会举办理念的贯彻与前瞻［J］. 上海体育学院学报，2019，43（1）：17-23.

［70］郇昌店，易剑东. 奥运会"New Norm"解析与北京冬奥会筹办策略［J］. 上海体育学院学报，2019，43（1）：24-30.

［71］赵杰宏，马洪. 三网融合下北京冬奥会赛事直播节目的法律保护研究［J］. 北京体育大学学报，2019，42（7）：95-103.

［72］张金波，孙辉，张健. 奥运媒介事件视角下北京冬奥会进行环保宣传的意义及策略［J］. 体育文化导刊，2018（12）：11-14，19.

［73］张茹茹，周明华.整合传播助力北京冬奥会运动氛围创设［J］.青年记者，2019（26）：66-67.

［74］余莉萍，任海.北京冬奥会环境教育研究［J］.体育文化导刊，2018（3）：13-17，33.

［75］贾军.2022年北京冬奥会背景下我国举办大型体育赛事思考［J］.体育文化导刊，2018（9）：6-11.

［76］孙科.2022北京冬奥会改革·转型·引领——易剑东、张斌对话录［J］.体育与科学，2015，36（5）：1-8，21.

［77］史国生，范妤婧，吕季东.奥运遗产研究前沿与热点分析［J］.成都体育学院学报，2018，44（6）：68-73.

［78］徐刚.北京冬奥会竞赛工作的时代使命与规划要旨［J］.首都体育学院学报，2019，31（1）：17-21.

［79］贺幸辉，徐洁勤.奥运遗产与纪录电影——以2008年北京奥运会官方电影为例［J］.体育与科学，2018，39（2）：56-62.

［80］董杰，刘新立.北京2022冬奥会支出的风险与风险管理［J］.体育与科学，2020，41（1）：16-27.

［81］毛旭艳，霍德利.北京冬奥会社会风险识别研究［J］.体育与科学，2019，40（4）：106-113.

［82］季城，谢新涛.2022北京冬奥会遗产游憩化利用体系构建研究［J］.体育文化导刊，2020（9）：14-20.

［83］王聊，何胜保，刘斌，等.体育彩票业的区域经济贡献、耦合关联与市场前景——基于西北地区2007—2021时间序列数据实证［J］.体育学研究，2022，5（36）.

［84］何胜保，高红斌，杨春，等.融摄与对话《周易》哲学对中国传统武术文化的影响发微［J］.体育科学，2013，33（10）：93-97.

［85］张舒，果召全，王环宇，等.北京冬奥会张家口赛区冰雪遗产开发模型的构建研究［J］.唐山师范学院学报，2021，43（6）：63-68.

［86］王聊，何胜保.体育人类工效学研究的问题向度与学理思考［J］.体育与科学，2020，41（1）：43-47，111.

［87］杨艳，何胜保.河北省竞技体育优势项目信息需求与防范的情报学研究［J］.河北师范大学学报：自然科学版，2018，42（03）：267-276.

［88］王月敏，何胜保.试论我国竞技体育利益主体的博弈［J］.体育文化导刊，2014（3）：100-103.

［89］高红斌，何胜保，冯涛，等.我国数字体育图书出版十年回顾［J］.体育文化导刊，2013（06）：155-158.

［90］徐子齐，孙葆丽，董小燕."可持续发展战略框架"下北京冬奥会城市遗产愿景实现探究［J］.成都体育学院学报，2020，46（4）：89-94.

［91］谢军，茹秀英.北京2022年冬奥会和冬残奥会遗产研究助力中国相关领域发展的思考［J］.首都体育学院学报，2020，32（3）：196-201，213.

［92］谢军，汪流.北京冬奥会和冬残奥会遗产助力国家发展战略的研究框架构建［J］.北京体育大学学报，2020，43（4）：33-39.

［93］王月，孙葆丽.可持续发展视阈下北京2022年冬奥会遗产探析［J］.北京体育大学学报，2019，42（01）：42-49.

［94］孙葆丽，宋晨翔，杜颖，等.温哥华冬奥会遗产工作研究及启示［J］.北京体育大学学报，2017，40（10）：1-8.

［95］何胜保.北京冬奥会张家口赛区冰雪遗产开发与国际经验［M］.北京：人民体育出版社，2021：91-94.

［96］杨国庆，王凯，叶强，叶小榆，闫蕾.北京冬奥会背景下我国冰雪运动推广与发展研究进展——基于2008—2017年的文献分析［J］.北京体育大学学报，2017，40（12）：95-100.

［97］何胜保.少年儿童游泳运动员身体形态与竞技水平的灰色关联研究［J］.唐山师范学院学报，2014，36（5）：70-74.

［98］何胜保.《周易》哲学观对道家太极拳的影响［J］.牡丹江教育学院学报，2014（12）：15，40.